Quiérete mucho

Quiérete mucho

Tania García

VERGARA

Papel certificado por el Forest Stewardship Council®

Primera edición: febrero de 2022

© 2022, Tania García
© 2022, Cheli Balaguer, por las imágenes del interior
© 2022, Penguin Random House Grupo Editorial, S. A. U.
Travessera de Gràcia, 47-49. 08021 Barcelona

Printed in Spain – Impreso en España

ISBN: 978-84-18045-93-6
Depósito legal: B-17.705-2021

Compuesto en Llibresimes, S. L.

Impreso en Black Print CPI Ibérica
Sant Andreu de la Barca (Barcelona)

V E 4 5 9 3 6

A mis hijos, Uriel y Gadea. No tengo palabras
suficientes para describir cuánto os quiero.
Con todo y, no obstante, el amor a vosotros mismos
debe ser mil veces mayor que el que os profeso yo

A mi yo de dieciséis años. Siento no haberte cuidado
como debería. Como ves, nunca es tarde

A todos mis lectores, por acompañarme siempre

PRESENTACIÓN

—¿Estás escribiendo ya el libro que me dijiste, mami? —me preguntó mi hija de cuatro años mientras me veía teclear en el ordenador frenéticamente casi sin pestañear.

—Sí, cariño, ¿te acuerdas de que hablamos de ello ayer? —le dije mirándola a los ojos, besando su mejilla y acurrucándola en mi regazo.

—Sí, me acuerdo. ¿Es para que quieran más a las niñas y a los niños?

—Bueno —dijo de repente su hermano de nueve años, que, mientras recortaba, escuchaba atento la conversación—. Es para que ellos mismos aprendan a quererse, porque quien más te va a querer siempre vas a ser tú misma.

—La mami y el papi también me quieren —dijo ella, tristona.

—Claro, como ellos nos quieren, nosotros aprendemos a querernos más que a nadie, porque queriéndonos mucho y siempre aprenderemos a querer a los demás y los demás aprenderán a querernos tal y como somos.

No hay mejor descripción del presente libro. Deseo que este volumen abra una puerta en tu corazón y en el de tus hijos e hijas que os lleve directos a la libertad verdadera y al amor propio incondicional.

INTRODUCCIÓN

Durante toda mi infancia, adolescencia y parte de mi vida adulta tuve una baja autoestima. Ni me quería, ni me creía válida, ni sentía respeto por mí misma, ni mucho menos sentía que era merecedora de nada. Sentía muy lejos a esa persona que habitaba en mi interior, no la respetaba ni la cuidaba.

Cuando tenía siete años me diagnosticaron un problema de crecimiento: mis hormonas iban más rápidas de lo normal y la menstruación estaba a punto de aparecer si no se tomaban medidas. Todo ello iba a provocar una serie de consecuencias negativas en mi desarrollo. Me incluyeron entonces en un programa piloto y tuvieron que inyectarme hormonas todos los meses hasta los doce años. Cuando retiraron las hormonas, la menstruación vino como si nada hubiese pasado; no obstante, durante todos los años de tratamiento yo me sentía rara, no solo por mis constantes visitas al hospital y la dependencia de esas hormonas para mi bienestar, sino también porque era cuatro veces más alta que las niñas de mi edad. Además, el vello que tenía iba desapareciendo mensualmente casi de forma mágica, llevando hacia atrás una pubertad a la que me había acostumbrado y a la que años más tarde debería volver a dar la bienvenida, con todo lo que eso iba a conllevar en mi relación conmigo misma.

A raíz de eso, siempre sufrí acoso escolar. Empezaron por llamarme koala y después fueron surgiendo más calificativos como fea, gorda, caballo, jabalí, cromañón... Los profesores también se unieron a esos desprecios. Y sí, es algo a lo que te acabas habituando, es tu pan de cada día y forma parte de tu vida como comer o dormir. Por supuesto, también te lo acabas creyendo, llegando a un nivel tan alto de dolor que incluso piensas que todo eso es verdad, que por algo te lo dirán, que estás condenada a no ser nadie, o a ser solo un saco de boxeo, donde recibes impactos a merced de los demás.

Ya en la adolescencia, decidí dar un giro radical a mi vida y cambiar de instituto, de amistades, de aires... Sin embargo, al cabo de poco tiempo me encontré exactamente con la misma situación: bonitas amistades, pero, paralelamente, el mismo tipo de acoso que había sufrido hasta entonces, incluso más intenso, con pintadas en mi mesa, insultos por la calle, ofensas a mis familiares, persecuciones, etc. Mi primer amor adolescente, el que creía que era mi mejor amigo, decidió poner fin a nuestra relación, incluida la de amistad, porque cómo iba a tener él una amiga o novia fea. ¿Qué dirían los demás? Ese episodio casi me lleva a la muerte, o al menos así me sentía. No solo era el duelo de perder a alguien importante, era el acoso sufrido a diario, a todas horas y en todas partes, acoso que, por cierto, duró hasta que tuve veintidós años.

El baloncesto siempre ha sido una de mis grandes pasiones, y durante mi infancia y adolescencia fue mi paño de lágrimas, como también lo fueron la escritura y mi vocación, tan fuerte, de querer cambiar el mundo, ideando planes continuamente para que los niños y adolescentes fueran respetados tanto por sus iguales como por los adultos.

Pero... ¿eran esos los paños de lágrimas adecuados? ¿Cómo me acompañaron emocionalmente al respecto? ¿Eran mis padres conscientes de lo que ocurría? ¿Atendían correctamente mis necesidades físicas y emocionales? ¿Potenciaban mi óptima autoestima o contribuían a alimentar mi baja autoestima? ¿Me aportaban confianza, seguridad y amor incondicional?

Lo cierto es que los años de nuestra infancia y adolescencia son la base de nuestra autoestima, y la forma en la que nos tratan primero nuestros padres y figuras de vínculo afectivo y después nuestro entorno y las experiencias que vivimos en él determina el tipo de amor que nos profesamos para siempre.

Una buena autoestima lo es absolutamente todo para el correcto desarrollo psicológico, emocional e incluso físico de las personas. Por ende, es el primer indicador de una buena salud mental.

Poseer una autoestima saludable es imprescindible para tener una buena calidad de vida. Una vida en la que te quieras a ti mismo, en la que saques aspectos positivos de las adversidades, seas fiel a tu esencia y hagas siempre lo que sientes, piensas y dices, con coherencia y respeto hacia ti mismo y hacia el resto.

Por ello, como madres y padres tenemos la responsabilidad de acompañar la infancia y adolescencia de nuestros hijos e hijas de la manera más respetuosa posible para que puedan amarse a sí mismos potenciando un equilibrio en todos los sentidos, integrando en ellos habilidades sociales, emocionales y personales, constancia, tolerancia, resiliencia, cooperación, ética, respeto, empatía, asertividad y motivación ante la vida. Como ves, la óptima autoestima es una cualidad que influye en todos los aspectos de sus vidas.

Por supuesto, la autoestima cambia a lo largo de nuestra trayectoria, no es estática. En función de las situaciones y experiencias que vivimos, vamos pasando por curvas en relación con ella. De ahí que nunca sea tarde para mejorarla y situarla en el lugar que verdaderamente debe ocupar y merecemos, viviendo la vida que realmente queremos, sin dañar, dañarnos ni que nos dañen.

En la vida adulta, casi todos buscamos y necesitamos la autoestima. De hecho, la mayoría de los libros de no ficción van dirigidos a conseguir este amor por nosotros mismos que siempre estamos buscando hasta dar con la tecla adecuada. Y es que, como aprenderás en las páginas que siguen, la autoestima siempre depende de cómo nos trataron nuestras madres y padres, del apoyo, la escucha, el respeto y el amor incondicional, entre otros, que obtuvimos de ellos.

La familia es, pues, la clave. Por consiguiente, la valoración que nuestros hijos e hijas tienen de sí mismos es la valoración que como padres y madres les damos. Para garantizar su buen desarrollo es mucho más importante enfocarnos en la autoestima que en muchos otros aspectos familiares a los que estamos acostumbrados a prestar atención y en los que invertimos horas y años de esfuerzo, aspectos que sin duda aprenderán sí o sí a lo largo de su vida, tales como lavarse los dientes o hacer la cama.

Aunque podamos modificarla y reeducarla de adultos, lo cierto es que la raíz de la autoestima está siempre en la infancia y adolescencia y es necesario y urgente que acompañemos a nuestros hijos e hijas como necesitan para asegurar una autoestima en equilibrio, entendiendo que este acompañamiento adecuado nos ayudará también a nosotros a mejorar la nuestra, a conocernos mejor y a encontrar por fin esa estabilidad emocional tan anhelada.

En este volumen, que considero muy especial debido a la necesidad social de un libro así para con la infancia y adolescencia, vas a encontrar las pautas adecuadas para conocer en profundidad, de una forma diferente a la habitual, tu propia autoestima y, en consecuencia, conocerte plenamente. Te ayudará a reeducarte y, en consecuencia, podrás acompañar a tus hijos e hijas en su camino, puesto que para que ellos se amen a sí mismos primero debemos aprender a amarnos nosotros retomando el enlace con nuestra propia infancia, donde se encuentra la base de nuestra autoestima. De esta manera, comprenderás que jamás podremos demostrar amor incondicional si no lo sentimos por nosotros mismos e integrarás que ellos son el reflejo de lo que ven.

Durante la lectura obtendrás herramientas teóricas y prácticas reveladoras tanto para ti como para la relación con tus hijos. Al acabar, sabrás, sin lugar a dudas, el camino que debes seguir, sin hundirte en la culpa en tu papel de madre o padre. Tendrás claro qué hacer en los momentos difíciles y aprenderás a amar de verdad, distinguiendo qué es lo que precisan exactamente tus hijos en cada momento de sus vidas. Les demostrarás amor incondicional, cogerás su mano en este camino vital y no se la soltarás nunca.

Respecto a mí, he tenido que reestructurarme y reeducarme en la vida adulta, recogiendo los pedacitos que quedaban de mí y conociéndome de nuevo, aprendiendo a ofrecerme lo que no me ofrecieron y aportando a mis hijos lo que necesitan y merecen.

Tú también puedes.

Te mando un beso. Gracias una vez más por la confianza depositada en mi trabajo.

Tania García

PRIMERA PARTE

TU INFANCIA ERES TÚ

La autoestima
es el ingrediente
que proporciona
dignidad a la
existencia humana.

Rice

1

Conociendo a la autoestima

¿Qué es realmente la autoestima?

Hoy en día, recibimos informaciones de todas partes en relación con la autoestima: en el colegio de los niños, de los pediatras, del vecino del quinto, de la compañera de trabajo, de tu cuñada... Se habla largo y tendido de la necesidad de tener una buena autoestima, tanto es así que la obsesión por que la de nuestros hijos e hijas lo sea nos ocupa a diario, de ahí que pueda derivar en autoexigencia y culpa. No obstante, ¿sabemos qué es en realidad la autoestima y el papel que juega en nuestras vidas?

Son muchas las investigaciones y estudios científicos que se han realizado al respecto. Los primeros datan de 1860, año en que comenzó a hablarse sobre la importancia de querernos a nosotros mismos y aceptarnos tal y como somos para poder llevar una vida lo más plena posible, a pesar de las dificultades.

Desde entonces, la mayoría de los objetivos adultos implican sentirse en paz con uno mismo y valorarse, lo que redunda en una autoestima saludable. Así pues, esta se ha convertido en el santo grial del bienestar mental de las personas. Tal y como indicó en los años sesenta Nathaniel Branden, psicólogo canadiense y uno de los profesionales más importantes en el estudio de la autoestima, se trata de una necesidad humana profunda y poderosa, vital para enfrentarnos a los desafíos que la vida nos presenta.

La autoestima, tal y como la define la ciencia, es el sentimiento de valoración positiva o negativa hacia nosotros mismos. Por tanto, podemos sentir hacia nosotros aceptación y amor o rechazo. Esta percepción de nosotros mismos se traslada a nuestras acciones y comportamientos y, por eso, lo que sentimos por nosotros mismos nos guía en las decisiones que tomamos, en nuestros intereses y objetivos, en la forma de relacionarnos con los demás y, por supuesto, en el equilibrio emocional que tenemos en relación con todas las áreas de nuestra vida.

A esto hay que añadir que el nivel de autoestima también nos guía a la hora de educar a nuestros hijos, puesto que, en función de cómo nos valoremos, de cómo veamos el mundo, de lo más o menos dignos que nos sintamos de ser quienes somos y de los derechos que entendamos que debemos tener, enseñaremos a nuestros hijos a valorarse a sí mismos y a defender sus derechos.

Por todo ello, la autoestima saludable y la actitud beneficiosa hacia nosotros mismos tiene un impacto directo en nuestra calidad de vida, en nuestra identidad y en nuestros objetivos a corto, medio y largo plazo. Es lo que hace que actuemos con coherencia, respeto, independencia y responsabilidad por la vida. Es la llave para que nuestros hijos e hijas puedan hacerlo también, así que, si en algo debemos esforzarnos durante la infancia y adolescencia de nuestros hijos, es precisamente en sembrar, regar y mantener su autoestima óptima.

¿Qué factores componen la autoestima?

Cuando tenemos una autoestima saludable, somos conscientes de lo válidas que son nuestras capacidades y confiamos en ellas, sabiendo que no son ni mejores ni peores que las de otra persona, simplemente son las nuestras. Son las que nos permiten ser quienes somos, sentirnos merecedores de lo que nos ocurre y de lo que logramos con nuestro esfuerzo, así como estar a gusto con las personas que nos rodean y con la forma en la que educamos a nuestros hijos, la conexión que tenemos con ellos y la confianza que depositan en nosotros y nosotros en ellos, dejándolos ser y dejándonos ser. Esto nos conduce a no anhelar continuamente ser otro tipo de madre o padre, o que nuestros hijos sean de una forma distinta, porque sabemos sobrellevar las adversidades acompañándolos en su camino en función de lo que de verdad necesitan.

Para que esto sea posible, debemos comprender la autoestima en profundidad conociendo de forma sencilla los cuatro factores más importantes que la constituyen: actitud, valoración, procesamiento y práctica.

Actitud

Se trata de la forma en la que nos enfrentamos a la vida y la manera en la que nuestro modo de sentir y de pensar se traslada a todos los aspectos que envuelven y conforman nuestra dimensión personal.

Esta actitud es también el modo que tenemos de cuidarnos a nosotros mismos y de organizarnos interiormente, autogobernándonos, autoguiándonos y siendo conscientes de quiénes somos, de nuestros objetivos, conociéndonos interior y exteriormente e incorporando buenos o malos hábitos en muchos sentidos (higiene, sueño, alimentación...). También integra la manera en la que conocemos nuestras emociones y la consciencia que tenemos sobre ellas, sabiendo identificarlas en cada momento sin dañar a nadie (ni siquiera a nosotros mismos) con nuestros actos o palabras o, por lo menos, no de forma consciente.

Este primer factor también hace referencia a tener o no tener claro el motivo de nuestra existencia y nuestro objetivo vital, es decir, si somos conscientes cada mañana, al levantarnos, de la importancia de estar vivos y la motivación que nos hace vibrar ante nuestra vida, aquello que le da sentido a nuestros días, lo que nos gusta hacer... Nuestra razón para vivir, al fin y al cabo.

Una vez comprendida la actitud, te invito a reflexionar sobre la tuya. Esta reflexión es una primera aproximación al trabajo personal que vas a realizar a medida que avances en la lectura de este libro. Para empezar, simplemente responde con sinceridad, sin agobiarte demasiado.

Marca con una X la opción escogida:

ACTITUD	SÍ	NO
¿Crees que tienes equilibrio personal, es decir, que no vas cambiando de objetivos sin conseguir ninguno?		
¿Sabes quién eres en realidad?		
¿Tienes unos buenos hábitos?		
¿Cuidas de ti mismo de forma consciente?		

¿Conoces, de verdad, tus emociones?		
¿Sueles dañar a los demás (o a ti mismo) con tus palabras o actos?		
¿Tienes claro el motivo de tu existencia?		

Una vez completado, reflexiona sobre cómo guías la actitud de tus hijos e hijas. Hazlo también marcando con una X tu elección:

ACTITUD	SÍ	NO
¿Educas a tus hijos para el equilibrio personal?		
¿Permites que sean ellos mismos?		
¿Inculcas buenos hábitos en ellos?		
¿Los cuidas de forma incondicional?		
¿Dejas que expresen sus emociones?		
¿Los dañas con tus palabras?		
¿Los guías para que encuentren el motivo de su existencia?		

Como ves, nuestros hijos e hijas nos necesitan para poder desarrollar una óptima actitud hacia sí mismos. Por consiguiente, debemos trabajar profundamente en ello, sin prisa, es decir, sin querer una autonomía física y emocional prematura, puesto que esto solo los llevará a una actitud incorrecta ante la vida. Durante estos días, para empezar céntrate en no dañarlos con tus palabras y en permitir que sean ellos mismos, aunque eso a veces suponga para ti mil emociones que deberás identificar, conocer y equilibrar.

Valoración

Es el valor positivo o negativo que tenemos de nosotros mismos. De alguna forma, es la «tasación» que hacemos de nosotros, e implica tener consciencia de las sensaciones y emociones diarias que nos provocan desasosiego y felicidad, y también tristeza, apatía o inseguridad, con el impacto correspondiente que todas ellas causan en nuestras vidas. Debemos tener en cuenta que todas las emociones son buenas y necesarias, están en nuestro cerebro para algo e indudablemente forman parte de nuestro ser. Estar siempre alegres y en calma no es lo mismo que estar continuamente nerviosos y con miedo.

La autovaloración tiene que ver, pues, con el respeto o no que nos tenemos a nosotros mismos y que mostramos ante nuestra propia vida, aceptándonos tal y como somos o manifestando una lucha constante con nuestro propio ser.

El objetivo de esta valoración es precisamente ser conscientes de nuestras necesidades y conseguir satisfacerlas sin causarnos dolor a nosotros mismos o a los demás, pudiendo sentirnos plenos a pesar de los momentos de conflicto que la vida siempre conlleva. Si no somos conscientes de nuestras necesidades más internas, no tendremos resiliencia ante las dificultades de la vida y tampoco ayudaremos a nuestros hijos e hijas a tenerla. Fomentaremos, por tanto, el ver el vaso medio vacío en vez de medio lleno. Aunque la dificultad esté ahí, la forma de verla y sobrellevarla es radicalmente diferente.

Para que sea óptima para nosotros, esta valoración debe ser puramente personal e implica autoconfianza, es decir, poder hacer y decir lo que realmente queremos, sintiéndonos bien a pesar de nuestras limitaciones, las cuales debemos conocer, siendo conscientes de la medida de todas nuestras capacidades. Si esta valoración no procede de nosotros mismos, sino que nos damos el valor que los demás nos asignan, no estaremos otorgándonos un verdadero valor, sino que desarrollaremos el amor hacia nosotros mismos y la percepción de quienes somos en función de lo que digan o piensen los demás y de la presión social, no de la realidad. Eso nos llevará a hacer o decir cosas por miedo a perder a quien amamos (ya sea pareja, amigos, padres...) y estaremos dejando en manos de otros nuestro bienestar psicológico y emocional y, en definitiva, nuestra vida.

En la valoración positiva se encuentra el disfrutar de lo que hacemos incluso en momentos difíciles, porque no lo haremos por nada ni por nadie, sino por decisión propia.

Dentro de la valoración encontramos también la autoimagen, la capacidad de vernos a nosotros mismos tal y como somos, con nuestros defectos y nuestras virtudes, con nuestros errores y aciertos. La autoimagen está en constante movimiento, pero siempre dependerá de las experiencias pasadas, que hacen que tengamos concepciones adquiridas que van creando la imagen que tenemos de nosotros mismos cuando alcanzamos la edad adulta. Aunque dispongamos de la capacidad de modificarla mediante el autoconocimiento constante y el trabajo personal, el peso de todo lo vivido es la clave del proceso.

Cuando nos valoramos positivamente de verdad, creemos en nuestro derecho a la felicidad, a ser respetados y respetar a los demás.

Una vez comprendida la valoración, te invito a reflexionar sobre la tuya, tal y como has hecho con el primer factor.

Marca con una X la opción escogida. Es posible que en algunas preguntas pienses que unos días pondrías sí y otros no. Cuando te ocurra, debes respirar para decidir y marcar la respuesta que sinceramente creas que es la predominante; si sigues sin tenerlo claro, déjala para contestarla dentro de unos días:

VALORACIÓN	SÍ	NO
¿Crees que te valoras positivamente?		
¿Piensas que habitualmente te identificas más con la alegría que con la tristeza?		
¿Afirmas aceptarte tal y como eres?		
¿Sueles machacarte con querer cambiar, sin resultados?		
¿Disfrutas de tu vida a pesar de las adversidades y los momentos difíciles?		
¿Sientes que te dejas influir por las personas de tu entorno sobre lo que piensas de ti mismo?		
¿Satisfaces, normalmente, tus necesidades?		
¿Eres consciente de tus virtudes y de tus defectos?		
¿Amas y respetas tanto tus virtudes como tus defectos?		
¿Te gusta lo que ves cuando te miras al espejo?		

Una vez completado, reflexiona sobre cómo guías la valoración de tus hijos e hijas. Hazlo también marcando con una X tu elección:

VALORACIÓN	SÍ	NO
¿Crees que valoras positivamente a tus hijos?		
Cuando repasas el día pasado junto a ellos, ¿has estado más cerca de la alegría o de la tristeza?		
¿Los aceptas tal y como son?		
¿Te obsesionas con que cambien su forma de ser?		

¿Los dejas participar de su día a día a pesar de las obligaciones?		
¿Crees que lo que tú piensas de ellos les influye en sus decisiones?		
¿Trabajas para que satisfagan las necesidades que les corresponden según su etapa vital?		
¿Amas sus virtudes y sus defectos?		
¿Los instas a amar tanto sus virtudes como sus defectos?		
¿Los enseñas a amar lo que ven en el espejo de sí mismos?		

Amar los defectos de nuestros hijos e hijas es, hoy en día, una de las cuestiones más difíciles para los adultos. Y es que, por un lado, confundimos y etiquetamos como defectos cuestiones que simplemente no nos encajan. Por ejemplo, tú ves como defecto que tu hija nunca se quiera lavar los dientes cuando, en realidad, eso no es un defecto, es parte del desarrollo y debes llevarlo de la mejor manera posible y ser todo lo creativo que puedas para conseguir fomentar un hábito en ella sin dañar su autoestima. Por eso, debes descubrir realmente cuáles son sus defectos sin que te influyan tus expectativas, sabiendo aceptarlos y valorándolos para que tus hijos aprendan a hacer lo mismo. En los próximos días, esfuérzate en realizar este trabajo con atención.

Procesamiento

Este tercer factor hace referencia a nuestra manera de procesar la información que tenemos sobre nosotros mismos. Para que podamos comprenderlo de forma sencilla: es la parte más cerebral de la autoestima, ya que hace referencia a esa zona no palpable de la misma, pero que nos influye en todos los aspectos de nuestra vida. Se compone de los valores, proyecciones, expectativas y creencias que tenemos, de la opinión sobre diversas cuestiones y de cómo integramos en nuestro cerebro toda esa información, poniéndola posteriormente en práctica.

En el procesamiento no solo interviene la parte racional del cerebro, sino también la parte emocional. De alguna forma, es la manera en que llevamos a un plano físico todo lo que pensamos, y eso pasa a convertirse en nuestro estado anímico, en cómo nos sentimos. Por ende, depende también de nuestra forma de procesar, que a su vez está influenciada por cómo nos queremos.

Tu esencia e identidad se encuentran totalmente ligadas a tu manera de procesar la información, que te permite autoafirmarte y saber quién eres, teniendo la libertad de ser tú y tomar decisiones autónomas con madurez y seguridad emocional. Cuando tenemos autoafirmación, somos capaces de expresar sentimientos, pensamientos, deseos, miedos e inquietudes, etc., siendo asertivos. En consecuencia, esta parte cognitiva de la autoestima nos proporciona equilibrio y nos permite ser autónomos emocionalmente, sin depender de los demás.

Una vez comprendido el procesamiento, te invito a reflexionar sobre el tuyo, tal y como has hecho con los factores anteriores.

Marca con una X la opción escogida, teniendo en cuenta siempre la última versión de ti mismo, es decir, tu versión actual. Utiliza para contestar una sinceridad absoluta, esa voz interior que solo tú conoces y que habita en ti:

PROCESAMIENTO	SÍ	NO
¿Consideras que eres fiel a tus valores?		
¿Sueles marcarte expectativas que no eres capaz de cumplir?		
¿Te has replanteado alguna vez tus creencias más internas?		
¿Explotas emocionalmente de forma habitual?		
¿Te ahogas en un vaso de agua?		
¿Tomas decisiones sintiéndote presionado socialmente?		
¿Crees que tu bienestar emocional depende de alguna persona?		

Una vez respondidas todas las preguntas, reflexiona sobre cómo guías el procesamiento de tus hijos e hijas. Hazlo también marcando con una X tu elección:

PROCESAMIENTO	SÍ	NO
¿Enseñas a tus hijos tus verdaderos valores?		
¿Sueles marcarte expectativas para con ellos?		
¿Vuestra relación está condicionada por tus creencias más internas?		
¿Explotas emocionalmente de forma habitual contra ellos?		
¿Te ahogas en un vaso de agua en los quehaceres diarios con ellos?		
¿Permites que tomen decisiones libremente sin presionarlos?		
¿Crees que tu bienestar emocional depende de sus actitudes?		

Para hacer cada vez más equilibrado el procesamiento de nuestros hijos, debemos dejar que tomen decisiones adecuadas a su edad, sí, valorando que estén seguros y que no haya ningún peligro, pero dejando que puedan tomarlas, puesto que, al fin y al cabo, es la única forma de que aprendan a tomar decisiones y a conocer su procesamiento en función de ellas. En los próximos días, esfuérzate en que tus hijos tomen decisiones adaptadas a su etapa de desarrollo. Hazlo sin presiones ni juicios, puesto que, si lo haces, estarás haciendo lo contrario de fomentar una autoestima saludable en ellos.

Práctica

Este cuarto y último factor hace referencia a cómo llevamos a la práctica aquello que pensamos y sentimos. Se trata, por tanto, de la conducta que adoptamos en cada situación y los pasos que damos en función de todo aquello que sentimos, pensamos y creemos.

En la forma de llevar a la práctica el aprecio por nosotros mismos encontramos la autorrealización, es decir, sentirnos o no realizados en nuestra vida. De ello dependerá que tengamos una vida satisfactoria y provechosa y que logremos las metas que nos propongamos en función siempre de las cuestiones que nos resulten motivadoras e importantes, sabiendo en cada momento con qué nos sentimos realizados y con qué no, atrayendo a nuestra vida lo que consideremos óptimo y alejando lo que no sea bueno para nosotros. Esta realización necesita adaptarse a cada etapa vital. Saber adaptarla es imprescindible para que de verdad nos sintamos realizados en nuestra vida. Y ello siempre va a depender de cómo nos hayan educado en cuanto a la autorrealización y la realización nuestras figuras de apego.

Esta manera de llevar a la práctica nuestros pensamientos se traduce también en la forma en que cubrimos nuestras necesidades más básicas: dormir o no dormir las horas necesarias, comer adecuadamente, ser conscientes de nuestra respiración, etc., así como cuestiones que requieren constancia, superación y esfuerzo.

Nuestra vida estará completa al ir consiguiendo estos objetivos que nos marcamos de una manera totalmente personal, sin influencia de nadie. Lograrlos es saludable para nuestra autoestima y nos hace sentirnos orgullosos de ser quienes somos.

Los objetivos de cada persona dependen de muchos factores, por supuesto, también de lo que nos dejemos influir por los demás y de lo alejados que estemos de nosotros mismos, así como de la situación que tengamos en ese momento. Para una persona un objetivo puede ser escribir un buen libro (como es mi caso), lo que supondrá que cuando acabe de escribirlo me sentiré realizada no solo por el esfuerzo, la constancia y la profesionalidad, sino también por el impacto que mi esfuerzo puede generar en ti. En tu caso, puede ser aprender un nuevo idioma; cuando lo domines, te sentirás realizado e irás a por otra meta en función de tu momento vital.

Saber qué nos hace sentir realizados y saber llevarlo a la práctica es lo que nos permite conectar con quienes somos y es donde confluyen todos los factores de la autoestima movilizando nuestro día a día.

Ahora, debes reflexionar sobre la práctica. Para investigar sobre tu yo interior verdadero, tómate el tiempo que necesites. Si ahora no estás listo para hacerlo, lee de forma rápida las preguntas y realiza el ejercicio cuando lo desees, sin interrupciones y en soledad.

Marca con una X la opción escogida:

PRÁCTICA	SÍ	NO
¿Crees que haces lo que verdaderamente sientes y piensas?		
¿Piensas que estás aprovechando tu vida?		
¿Has ido adaptando tus objetivos a tu etapa vital?		
¿Te tomas en serio tus necesidades fisiológicas (alimentación, sueño...)?		
¿Te sientes realizado?		
¿Sientes orgullo de ser quien eres?		

Una vez completado el cuestionario, reflexiona sobre cómo guías la práctica de la autoestima de tus hijos e hijas. Hazlo también marcando con una X tu elección:

PRÁCTICA	SÍ	NO
¿Enseñas a tus hijos a hacer lo que verdaderamente piensan y sienten?		
¿Das ejemplo de una vida provechosa y feliz?		
¿Crees que has dejado de cumplir objetivos por su llegada?		
¿Entiendes que sus necesidades fisiológicas engloban muchas horas de juego (o vida social en el caso de adolescentes) y te lo tomas en serio?		
¿Ven en ti una muestra de lo que es sentirse realizado en la vida?		
¿Solo les dices que estás orgulloso de ellos cuando cumplen tus expectativas?		

Entender que durante la infancia el juego es tan importante como comer o dormir y, por tanto, esencial para el ser humano te llevará directamente a conectar a tus hijos con su autorrealización de cada etapa, fomentando en la práctica lo que de verdad necesita su cerebro. Durante estos días, debes esforzarte al máximo para que tus hijos jueguen, sabiendo ser flexible con muchas otras cuestiones no tan relevantes y centrándote en la importancia que tiene el juego en sus vidas. Si son adolescentes, pon el foco en propiciar que tengan su espacio e intimidad sin ser molestados, y vida social, mucha vida social.

¿Es el autoconcepto lo mismo que la autoestima?

La mayoría de las personas solemos confundir estos dos términos y pensamos que son lo mismo. Lo cierto es que, aunque tienen un vínculo directo y se complementan (con un autoconcepto óptimo tendrás una autoestima óptima; de la misma forma, con una autoestima óptima lograrás tener un autoconcepto óptimo), tienen características específicas y es importante que las integres, ya que ambos son imprescindibles en nuestra salud mental y emocional, así como en la de nuestros hijos e hijas.

Mientras que, como hemos aprendido, la autoestima hace referencia al valor afectivo que nos otorgamos a nosotros mismos y, por ende, al amor que nos profesamos, el autoconcepto es la imagen que tenemos de nosotros mismos, la descripción que hacemos de nuestra persona.

El autoconcepto incluye cinco aspectos, que son los que determinan la manera que tenemos de describirnos a nosotros mismos y que nos hacen comportarnos de una forma u otra. Son los siguientes:

- **Social:** es la forma en la que interactuamos con los demás y nos adaptamos al medio que nos rodea. La cooperación con los otros y la opinión de otras personas nos influye a la hora de opinar sobre nosotros mismos. Atañe a la relación de nuestros hijos con el entorno (compañeros, profesores, familia extensa...) y a la influencia que este entorno tiene en la opinión que desarrollan sobre sí mismos. Si dejamos que los convenzan (o los convencemos) de que son pegones,* eso asimilarán.
- **Educativo:** es la manera en la que interactuamos con nuestros procesos educativos y de aprendizaje. En este plano nuestros hijos desarrollan un concepto de sí mismos relacionado con sus capacidades educativas y los aprendizajes que van adquiriendo. Si dejamos que los convenzan (o los convencemos) de que se les dan mal las matemáticas, eso asimilarán.
- **Personal:** es la idea que tenemos de nuestra autonomía y responsabilidad para con el entorno. El estatus personal que creemos que poseemos y cómo este impacta en todas nuestras relaciones. En función de este aspecto nuestros hijos van aprendiendo a ser responsables consigo mismos, con los demás y con el mundo que les rodea. Si dejamos que los convenzan (o los convencemos) de que son irresponsables con sus cosas, eso asimilarán.
- **Afectivo:** es el bienestar que sentimos en nuestra vida en relación con nuestras emociones y la influencia de

---

* Como aprenderemos en el séptimo capítulo, las etiquetas juegan un papel negativo en nuestro amor propio y en nuestra forma de vivir las relaciones personales. Por ese motivo hay que desecharlas para educar a nuestros hijos e hijas.

estas en todos los ámbitos. En este plano nuestros hijos aprenden a conocer sus emociones y también las del resto. Si dejamos que los convenzan (o los convencemos) de que son miedicas, eso asimilarán.

- **Físico:** es la idea que tenemos de nuestro aspecto físico y su relación con nuestro entorno. En este plano nuestros hijos aprenden a apreciar su físico y a relacionarse con los demás a través de él. Si dejamos que los convenzan (o los convencemos) de que son demasiado rubios, eso asimilarán.

Mientras que la autoestima es algo que se aloja en nuestro cerebro dándonos un valor concreto, el autoconcepto es más una cuestión adaptativa a la sociedad en la que vivimos y las relaciones que tenemos. Por tanto, el autoconcepto nos ayuda a adaptarnos, acoplando nuestra genética a las situaciones, mientras que la autoestima es algo que nos viene de serie cerebralmente y en ella tiene un peso ínfimo nuestra genética: lo que la va forjando y moldeando para bien o para mal es el trato que recibimos, sobre todo, de nuestros padres.

El psicólogo Seymour Epstein concluyó en sus investigaciones, ya en 1983, que el autoconcepto depende de las emociones y del afecto de estas. Que va cambiando a lo largo de nuestra vida, teniendo como base la experiencia vivida durante los primeros años junto a los padres. Los hijos crean su autoconcepto, pues, a través de los comentarios, gestos y trato de su entorno familiar, el ambiente en el que crecen y la forma de educar de los padres. Aunque la sociedad y la forma de relacionarse con ella tienen un impacto, la esencia siempre reside en la familia, puesto que esta es la que nos guía a la hora de relacionarnos con los demás.

En consecuencia, tanto la autoestima como el autoconcepto dependen del trato recibido en la infancia y adolescencia, y por tanto necesitamos situar ambos en equilibrio para sobrevivir en un mundo puramente emocional, social y relacional.

Debemos trabajar, pues, en la consecución de un autoconcepto realista para con nosotros mismos, alejado de la idealización de nuestra propia personalidad —que nos lleva a desear ser como no somos ni queremos ser— y huyendo del desprecio por nosotros mismos. Pensar en nosotros de forma realista nos ayudará a alcanzar metas adaptadas a nuestra verdadera esencia y a lo que queremos con sinceridad.

Para que puedas hacer un ejercicio de reflexión sobre tu autoconcepto y el de tus hijos e hijas, te propongo unos interesantes ejercicios. Por favor, realízalos en un sitio tranquilo y asegúrate de responder con total sinceridad. Además, te aconsejo que lo hagas cuanto antes, en conexión con la teoría que acabas de aprender:

Escribe

5 Adjetivos **POSITIVOS** de ti mismo

↓

5 Adjetivos **NEGATIVOS** de ti mismo

↓

5 Adjetivos **POSITIVOS** de cada uno de tus hijos e hijas

↓

5 Adjetivos **NEGATIVOS** de cada uno de tus hijos e hijas

Después, responde sinceramente a las siguientes preguntas:

- ¿Te ha costado encontrar adjetivos positivos para aplicarte a ti mismo?
- Si no es así, ¿podrías encontrar cinco más?
- Estos adjetivos positivos, ¿están relacionados con lo que te han dicho toda la vida tus familiares más cercanos?
- ¿Te ha costado encontrar adjetivos negativos de ti mismo?
- ¿Es realmente algo negativo que piensas de ti mismo o quizá algo que te ha dicho tu entorno a menudo?
- Respecto a los adjetivos positivos escogidos para cada uno de tus hijos, ¿crees que tienen que ver con las expectativas que tienes con ellos? Es decir, ¿estos adjetivos son realmente importantes, o son características que a ti te gusta que tengan?
- ¿Te ha costado encontrar adjetivos positivos para tus hijos e hijas, alejándote de tus propias impresiones o anhelos en cuanto a su desarrollo como personas?
- En relación con los adjetivos negativos escogidos para cada uno de tus hijos, ¿crees que tienen que ver con las expectativas que tienes con ellos? Es decir, ¿estas características son realmente negativas, o más bien eso es negativo para ti y en realidad no lo es tanto?
- ¿Eres capaz de reconvertir esos aspectos negativos en cuestiones positivas sabiendo ver posibilidades donde otros ven limitaciones?

Una vez contestado el cuestionario, si tus hijos tienen cinco años o menos, puedes utilizar tus respuestas únicamente para llevar a cabo esta reflexión. Si tus hijos tienen cinco años o más, puedes preguntarles directamente cómo se ven a sí mismos, qué cosas ven positivas y negativas de ellos mismos, siempre adaptando el mensaje a su entendimiento. Sus respuestas te ayudarán a reflexionar sobre cómo estás acompañando su autoestima y su autoconcepto, puesto que ambos dependen del concepto que tú tengas de ellos y del trato que les profeses. En consecuencia, su personalidad está formándose en función de lo que tú verbalizas sobre ellos, de cómo les haces sentir y del clima que viven en sus hogares.

Toda esta información te ayudará a ser la madre o el padre que realmente mereces ser y el que ellos necesitan, teniendo en cuenta que todo conlleva un proceso y que hay que disfrutar del mismo. Querer llegar rápido a la meta no te asegura el éxito; sin embargo, disfrutar del trayecto te llevará sí o sí al lugar que deseas alcanzar.

Responsabilidad en tu propósito

En la autoestima, como en todo, ser fieles a nuestro propósito es la clave. De igual manera es imprescindible el conocimiento, puesto que la información real y contrastada sobre aquello que queremos aprender, emprender o conseguir nos llevará hacia el premio seguro.

Bien es cierto que cuando nuestra autoestima no está en el lugar que debiera, lograr ser unas personas responsables y conscientes y unos padres responsables y conscientes de las necesidades reales de nuestros hijos es todo un reto, puesto que esa baja autoestima se interpone constantemente en nuestro camino. No obstante, lo importante es la actitud y el enfoque que le demos a nuestro propósito, ya que podemos conseguir lo que nos propongamos siempre y cuando tengamos claro qué es.

¿Cuál es entonces tu propósito al haber adquirido este

libro? ¿Mejorar la autoestima de tus hijos? Si es así, céntrate en este objetivo, que sin duda debe ser una razón de peso suficiente como para no permitirte autoboicotearte ni creerte incapaz, puesto que sí lo eres: todos los seres humanos somos completos, únicos y especiales y estamos preparados para acompañar correctamente a nuestros hijos, aunque esto suponga un esfuerzo y un proceso gradual.

Este objetivo, que sientes que es importante en tu vida, será lo que te ayudará a enfocarte y a conocerte, aumentando no solo la autoestima de tus hijos e hijas, sino la tuya propia, consiguiendo una conexión familiar que se mantendrá para siempre.

Para comprometerte en tu propósito, te aconsejo que consigas una libreta y que pongas en la portada lo que más te apetezca en relación con el camino iniciado con este libro. En la primera página escribe tu nombre y el de tus hijos y, en la segunda, qué relación quieres tener contigo mismo dentro de cinco años, qué relación quieres tener con tus hijos y la relación que te gustaría que tuviesen tus hijos con ellos mismos en ese mismo periodo.

Esta visualización del objetivo te ayudará a esforzarte y a tener pruebas de todo lo que estás haciendo por ti y por los que más amas. Imagínatelo con todo lujo de detalles y apúntalo. Cada semana, aproximadamente, puedes echar un vistazo a tu libreta para valorar tus criterios y asegurarte de que cada día cumples parte del compromiso adquirido con el fin de conseguir tu meta.

Utiliza la libreta como diario de consecución, anota tus logros, tus aprendizajes, tus errores en relación con todo lo que estás aprendiendo... Será un talismán que te ayudará en los momentos difíciles y te mantendrá fuerte a pesar de las adversidades.

Saber que la autoestima de nuestros hijos depende en gran parte de nosotros supone una enorme responsabilidad. No debe hacernos sentir pequeños, abrumados o nerviosos, sino que tenemos que aprender a sentirnos importantes, capaces y preparados para esta gran proeza que es poder acompañar a las personas a las que más amamos y ayudarlas a que se amen tanto a sí mismas que puedan llegar a ser quienes realmente son, sin disfraces.

Ser consciente de lo que quieres y para qué lo quieres te ayudará a ser responsable con tu propósito. Puedes aplicar esta misma regla en todos los ámbitos de tu vida y mejorarás tu autoestima.

¡Es el momento de actuar!

- [ ] Entiende al 100% el concepto de autoestima y lo que implica en tu vida y en la de tus hijos.

- [ ] Esfuérzate en conocer tus emociones en profundidad.

- [ ] Deja a tus hijos e hijas expresar sus emociones.

- [ ] Mejora tu autovaloración positiva.

- [ ] Trabaja en que tus hijos se autovaloren positivamente.

- [ ] Autoafírmate en tus creencias, pensamientos, ideas... Desecha todos los valores de tu entorno que no vayan contigo.

- [ ] Deja de marcarte expectativas con tus hijos y ¡vive el momento presente con aceptación!

- [ ] Enfócate en la práctica y la conciencia diaria de todo lo aprendido.

Ámate
a ti mismo primero
y todo lo demás encajará.
Necesitas amarte
a ti mismo para
hacer cualquier cosa
en este mundo.

Lucille Ball

2

Tipos de autoestima y la relación con la autoestima de nuestros hijos e hijas

Baja, mediana y REAL

Abraham Maslow, conocido por su obra *Teoría de la motivación humana* (1843), indicó que una buena autoestima ocupa una posición superior a las necesidades fisiológicas en la pirámide de las necesidades humanas. Esto quiere decir que deberíamos darle la máxima importancia al hecho de tener la autoestima bien equilibrada, puesto que eso supondrá un equilibrio integral, que incluye lograr educar a nuestros hijos con respeto, empatía, amor incondicional, Acompañamiento Emocional* y lógica, algo que, con la autoestima en el lugar inadecuado nos resultará imposible por más que lo intentemos.

* En mi libro *Educar sin perder los nervios*, puedes encontrar el paso a paso para aportar a tus hijos un buen Acompañamiento Emocional, es decir, aprenderás a no reprimir, ignorar ni manipular sus emociones, entendiendo qué necesitan estas en cada momento, cuestión imprescindible para lograr una autoestima óptima.

Nuestros hijos e hijas forjan su autoestima en función del afecto que reciben de nosotros. Este afecto será el que utilizarán en otros entornos fuera de la familia para valorarse y tener seguridad en sí mismos.

Es incorrecto decir o pensar que alguien no tiene autoestima, puesto que, como hemos aprendido, la autoestima siempre está ahí. Puede ser baja y tener unas consecuencias negativas en ti; ser media y tener otras consecuencias incorrectas, o ser REAL e impactar de forma positiva en tu vida. Por ello, es necesario que conozcas bien los tres tipos de autoestima para que puedas entenderte mejor y empatizar con tus hijos.

La autoestima baja

En ocasiones pensamos que tener una baja autoestima es no sentirte a gusto con tu cuerpo, verte feo y, por ende, sentirte inseguro en tus relaciones. Lo cierto es que son tantos los estímulos externos que recibimos que mezclamos una cosa con la otra y acabamos creyendo cuestiones que están muy alejadas de lo que en realidad es tener una autoestima baja.

Las personas con una baja autoestima no se valoran ni sienten respeto ni cariño por sí mismas y, si lo sienten, suele ser escaso y, sobre todo, relacionado con complacer a otros.

No todas las personas con baja autoestima comparten las mismas características, pero sí la mayoría. Es muy común también que estas personas ni siquiera sean conscientes de ello y piensen que todo está bien en sus vidas, cuando lo único que ocurre es que han normalizado esa forma de tratarse, de valorarse y de pensar de sí mismas.

Entre otros aspectos, las personas con autoestima baja:

- **No saben defender sus derechos ni opiniones:** tienen miedo a equivocarse o a no ser aceptadas por las personas con las que se relacionan y por eso optan por no intervenir en determinadas cuestiones y, cuando lo hacen, suele ser en tono atacante e inseguro.
  Educan sin aceptar las opiniones de sus hijos y cuando estos las expresan suelen ponerse a la defensiva.
- **Carecen de equilibrio emocional:** son muy cambiantes, no saben lo que quieren y no sienten una motivación, al menos constante, ante la vida. Suelen mostrarse apáticas ante todo y perdidas en un bucle de dudas existenciales. Estas sensaciones suelen pasarse durante

un par de días y luego vuelven, por lo que viven en esa rueda constantemente.

Educan de forma incoherente. Tratan a sus hijos en función de su estado de ánimo, a veces con cariño y otras con gritos y exigencias impredecibles.

- **Se dejan llevar por lo que digan los demás:** se comportan con las personas a las que quieren y con el contexto según lo que socialmente pueda parecer correcto e incorrecto. No hacen lo que piensan y sienten, sino lo que está aceptado como adecuado. Incluso cuando esto pasa por hacer daño a los demás o a sí mismos.

Educan conforme a lo que el entorno piensa que es lo correcto, a pesar de que su voz interior les indique lo contrario.

- **Tienen miedo a las críticas:** se trata de personas muy débiles y fácilmente manipulables a las que se controla de muchas maneras no porque quieran, sino porque son incapaces de relacionarse de otra forma.

Educan criticando de manera constante tanto a sus propios hijos como al resto delante de estos.

- **Se llenan de ira y de pensamientos negativos todo el tiempo:** piensan que no sirven para nada, que las personas que las rodean tienen una opinión nefasta de ellas y se burlan de ellas con asiduidad.

Educan estallando continuamente en accesos de ira contra sus hijos. De alguna forma, ellos son los más vulnerables, y estas personas creen que tienen derecho a comportarse así puesto que son sus hijos.

- **La inseguridad es su fiel compañera:** piensan de sí mismas lo que piensan los demás, y por eso le dan tanta importancia a lo que los demás dicen de ellas. Cuando están acompañadas (que es casi siempre, ya que muchas veces prefieren cualquier compañía con tal de no encontrarse consigo mismas), desean gustar, aparentar y cautivar al resto. Luchan por agradar y caer bien y, si no lo logran, se sienten decepcionadas, se llenan de rencor hacia los demás y los culpan de no conectar con ellas. Pero también se autoexigen, pensando en el fondo que todo es culpa suya y que la próxima vez deben adaptarse mejor. Valoran todo el rato si dijeron o hicieron algo fuera de lugar que no deberían haber dicho o hecho, repasan los momentos y revisan una y otra vez sus movimientos. Educan exigiendo la perfección, una perfección que han creado en su propia mente, y guían a sus hijos según sus expectativas y sueños incumplidos.

- **No confían en sí mismas:** renuncian a hacer cosas que les gustaría con tal de evitar la crítica o la mirada del resto. Viven a la sombra de los demás, huyen del protagonismo.

  Educan sin confiar en sus hijos y, por ende, sin establecer una confianza familiar correcta.

- **Suelen preocuparse muchísimo por los demás:** intentan contentarlos dándoles más importancia que a sí mismas. Esta cuestión se traduce en que a veces prefieran tener menos amistades y conocidos para no tener que agradarles constantemente.

  A veces, educan más enfocadas en las necesidades de los amigos de sus hijos o familiares que en las de sus propios hijos, anteponiendo el bienestar ajeno.

- **Se machacan con sus metas incumplidas:** sobre todo cuando están a solas, creyéndose incapaces, teniendo un miedo constante a la incertidumbre o a lo que no conocen. No se atreven a probar, a arriesgarse y conocer cosas nuevas que iluminen su vida.

Educan estableciendo las metas vitales de sus hijos sin escucharlos ni prestar atención a sus preferencias, y sin ningún interés en valorar qué es lo que realmente desean.

- **Suelen despreciarse:** se califican continuamente a sí mismas con adjetivos negativos, dado que han normalizado esta conducta.
Educan enseñando ese trato a sus hijos, a quienes también se suelen dirigir con adjetivos negativos.

- **Son bastante impacientes, sumisas o autoritarias:** tienen pocas habilidades sociales a la hora de resolver conflictos comunes e incluso actitudes agresivas y la sensación de no merecerse (o no poder tener) otra vida.
Educan imponiendo autoridad a sus hijos, que integran la sumisión como modo de comunicación en las relaciones sociales y personales.

- **Son conformistas:** creen que no pueden tener otro tipo de vida e interiormente no se sienten bien, aunque veces ni tan siquiera son conscientes de ello.
Educan en el conformismo, no en la persecución de las propias metas.

- **Suelen estar inmersas en procesos de cambio, pero sin lograr cambiar:** la fuerza de voluntad apenas existe, puesto que solo tienen voluntad para acoplarse socialmente, por lo que todo intento de cambio fracasa una y otra vez.
Educan en exigencia constante y dando ejemplo de poca fuerza de voluntad, lo que provoca que sus hijos integren esta incongruencia: deben exigirse mucho, pero no llegan a tener la voluntad necesaria para conseguir los objetivos.

- **A veces, en realidad son narcisistas:** en ocasiones, las personas con baja autoestima creen que tienen una autoestima saludable. Poseen un ego desmesurado, se creen superiores a los demás, son arrogantes y repelentes. En realidad, no se conocen a sí mismas y su personalidad es pura fachada.
  Educan creyéndose superiores a sus hijos, que asimilan la egolatría como modo de vida.
- **Se comparan constantemente con los demás:** en estas comparaciones siempre salen perdiendo, a no ser que tengan un modo narcisista de vivir, entonces siempre se creen mejores.
  Educan a sus hijos comparándolos con sus iguales, ya sean hermanos, amigos u otros familiares.
- **Utilizan una fachada social:** en su afán de encajar, suelen dar una imagen tanto física como emocional que no es con la que en realidad se identifican. Solo quieren que las valoren y, como ellas mismas no se valoran, creen que deben ser diferentes a como son.
  De la misma forma, educan a sus hijos para aparentar y utilizar un disfraz en sus relaciones con el fin de ser bien acogidos.
- **No se atreven a decir no:** aunque estén sintiendo interiormente que el no es la respuesta adecuada, no son capaces de pronunciarlo por temor a la reacción de esa persona o personas.
  Educan en el no continuo. Parece como si con los demás no se atreviesen, pero con sus hijos no se abren al sí, aunque en realidad es lo que quisieran. De esta forma, sus hijos tampoco aprenden a decir no de forma adecuada. Además, reciben críticas u opiniones no pedidas de sus hijos y no saben establecer límites.

- **Se sienten no capaces:** creen que tienen poca inteligencia y bajas capacidades, que no pueden llegar a ser nada y que no están preparadas para conseguir lo que quieren. De alguna forma, piensan que no se merecen alcanzar sus sueños.

  Educan haciendo sentir a sus hijos poco capaces y merecedores de lo que tienen en su hogar. Se sienten internamente culpables y se valoran negativamente a sí mismas de forma continua.

- **Distorsionan la realidad:** al tener esa valoración negativa de sí mismas, su autoimagen difiere de la real. Quizá sean altas, pero se creen bajas, se consideran feas aunque no lo sean, etc. Esto hace que vean de sí mismas lo contrario de lo que ven los demás.

  Educan de esta misma manera a sus hijos, que asimilan la distorsión y acaban aplicándola a sí mismos cuando se miran al espejo.

- **Tienen muchos problemas de salud mental y física:** miedos continuos, trastornos alimenticios, ansiedad y depresión, autoagresiones, adicciones de todo tipo, ataques de pánico, dependencias emocionales, anemia, hipertensión, intenciones suicidas, etc.

  Educan a sus hijos en malos hábitos alimenticios, en la tendencia a la adicción y en la agresividad emocional constante. Sus hijos suelen ser niños o niñas depresivos o estresados, tristes y con necesidad de complacer a los demás todo el tiempo...

No confían en sí mismas

Se decepcionan con facilidad

Nunca están realmente felices

Tienen la necesidad de quedar bien

No viven acorde a sus valores

Se llenan de culpabilidad

No saben decir no

Se autoexigen queriendo una perfección imposible

Sienten malestar emocional constante

Tienen rabia y tristeza interior

Tienen falta de objetivos vitales o se creen incapaces de conseguirlos

Exageran sus errores

Se critican continuamente a sí mismas

AUTOESTIMA BAJA

Cuando tienes la autoestima baja estás muy lejos de ser la persona que deseas ser, de llevar la vida que realmente quieres llevar y de conocer tu verdadera esencia. En consecuencia, cuando tienes la autoestima baja te encuentras a años luz de ser la madre o el padre que de verdad quieres y necesitas ser y que tus hijos e hijas requieren.

Los hijos de las personas con baja autoestima aprenden a tratarse a sí mismos de esta manera, puesto que ven en sus padres que no quererse y tratarse de forma incorrecta es lo natural, y así es como debe ser siempre.

La baja autoestima se desarrolla en la infancia en función del trato recibido, primero de nuestras figuras de apego y del vínculo afectivo, y también de las experiencias vividas, aunque en estas siempre influye el trato recibido. Para que genere una autoestima baja, ese trato tiene que impedir que seamos nosotros mismos y que se nos respete tal y como somos.

Por suerte, y como hemos aprendido, podemos cambiar nuestra autoestima. A medida que crecemos cuesta más trabajo hacerlo, pero nunca es tarde. De hecho, mejorarla es una obligación ☺.

Reflexionando sobre la autoestima baja

Como hemos aprendido, la autoestima nos acompaña allá donde vamos. De la misma forma que no podemos huir de la necesidad de beber agua, tampoco podemos huir de la autoestima que llevamos en nuestro ser y de la necesidad de que esta sea óptima.

Una autoestima baja nos coarta al relacionarnos con los demás, nos limita en la relación con nosotros mismos y afecta a nuestra manera de educar.

Para ayudarte a trabajar en profundidad sobre este primer tipo de autoestima, te propongo que realices este pequeño cuestionario sin juzgarte, es decir, de una manera totalmente autónoma y sincera.

Debes tener en cuenta que el número 1 es el grado más bajo y el número 5 el grado más alto:

N.º de pregunta	TEST PARA SABER SI TU AUTOESTIMA ES BAJA	1	2	3	4	5
1	¿Te cuesta mucho decir no?					
2	¿Necesitas la aprobación de los demás (tu madre, tu padre, tu pareja...) para tomar decisiones?					
3	¿Te cuesta defender tus derechos e ideales?					
4	¿Te influye lo que los demás dicen de ti?					
5	¿Te invade la ira con facilidad?					
6	¿La inseguridad es tu compañera?					
7	¿Crees que eres una persona sumisa?					
8	¿Piensas que eres una persona egocéntrica?					
9	En cuanto a los adultos, ¿te preocupas más por los demás que por ti?					
10	¿Crees que siempre tienes estrés o ansiedad?					
11	¿Te sientes no capaz continuamente?					
12	¿Consideras que dependes emocionalmente de alguien o de algo?					
	TOTAL =					

- **Entre 12 y 15 puntos:** No tienes la autoestima baja, no obstante, debes seguir trabajando en ti y descubriéndote.

- **Entre 16 y 28 puntos:** Parece que debes trabajar en tu autoconocimiento y empezar a ser realmente quien deseas y anhelas.

- **Entre 29 y 60 puntos:** Tu autoestima es baja, debes realizar un proceso de transformación para lograr una autoestima saludable y poder mantenerla.

Al revisar tus resultados, reflexiona sobre si eras consciente del estado de tu autoestima antes de comenzar la lectura de este libro. De ser así, estupendo: ser consciente es el primer paso para seguir avanzando. Si no lo eras, lo importante es que ahora sí lo eres y has abierto la puerta hacia tu libertad.

A continuación, completa el siguiente cuestionario, en el que valorarás de una forma más concreta si educas o no en la autoestima baja:

N.º de pregunta	TEST PARA SABER SI ESTÁS EDUCANDO A TUS HIJOS E HIJAS EN LA AUTOESTIMA BAJA	1	2	3	4	5
1	¿Les dices que no continuamente sin pensar en si hay otra opción?					
2	¿Les dices que sí continuamente por miedo a su reacción ante tu negativa?					
3	¿Crees que necesitan tu aprobación constante?					
4	¿Les das besos y abrazos cuando hacen lo que crees que deben hacer?					
5	¿Te llenas de ira fácilmente con ellos?					
6	¿Piensas que se sienten seguros de sí mismos?					
7	¿Se muestran sumisos delante de ti?					
8	¿Prefieren no enfadarse contigo?					
9	¿Se preocupan más de lo que tú puedas pensar que de sus propios intereses?					
10	¿Crees que se sienten no capaces?					
11	¿Tienen altos niveles de estrés?					

12	¿Los comparas constantemente con los demás?				
	TOTAL =				

- **Entre 12 y 15 puntos:** No estás educando en la autoestima baja, aunque seguir aprendiendo te dará las claves para no decaer.

- **Entre 16 y 28 puntos:** Parece que sientes inseguridad a la hora de educar y puede que eso te juegue malas pasadas al tratar de lograr el equilibrio de la autoestima de tus hijos.

- **Entre 29 y 60 puntos:** Educas en la autoestima baja, debes realizar un profundo trabajo para cambiar esta realidad y que tus hijos e hijas puedan ser realmente ellos mismos.

Si no nos respetamos, es imposible que respetemos a nuestros hijos, aunque sea lo que más deseamos en el mundo, porque nuestra autoestima baja se interpone entre ellos y nosotros.

Es importante que no te preocupes en exceso por los resultados, eso solo hará que te culpabilices y que tu baja autoestima te impida ver de lo que eres capaz. Estás leyendo este libro precisamente para avanzar, evolucionar y generar una transformación familiar. Te aseguro que no es tan difícil, solo debes dar pequeños pasos para ir situando tu autoestima y la de tus hijos en el lugar que de verdad les corresponde, motivándote cada día y cogiendo las riendas de su educación y de tu amor propio.

La autoestima mediana

Muchas personas confunden la autoestima saludable con la autoestima mediana. Este tipo de autoestima, en realidad, nos hace estar en desequilibrio y nos lleva a creer que tenemos una estabilidad de la que carecemos y que somos alguien que no somos.

Es tanta la presión social que existe actualmente por conseguir un nivel de autoestima adecuado que la confundimos y la mezclamos con el ego, el éxito, la fama, el dinero y la perfección de cara a la galería. Y nada más lejos de la realidad.

Aunque debes saber que no todas las personas con este tipo de autoestima tienen necesariamente las mismas características, estas siempre son parecidas.

Entre otros aspectos, las personas con autoestima mediana:

- **Están siempre entre el sí y el no:** suelen estar entre dos mundos constantemente, por lo que pueden sentirse bien, quizá, en las relaciones sociales, con sus amistades y compañeros de trabajo o en la labor que realizan diariamente, pero luego se sienten desgraciadas en las relaciones personales, o todo lo contrario, sentirse muy bien en su hogar con su familia y mal en el aspecto laboral. Esto implica que se valoran positivamente en un aspecto, pero lo hacen de forma muy negativa en otros. Educan en función de si guiar a sus hijos es su punto débil o fuerte, por tanto, son bastante inestables y trasladan esta misma inestabilidad a sus hijos.
- **Dejan de lado sus propias emociones:** no indagan ni conocen sus emociones. De forma inconsciente prefieren no saber, puesto que, si empezaran a mirar en su interior, descubrirían que en realidad hay aspectos de sus vidas con los que no se sienten bien y deberían ponerse manos a la obra. Aplican el «ojos que no ven...». Educan en el desconocimiento emocional, suelen decir a sus hijos que «no pasa nada» cuando están expresando sus emociones o los distraen para que dejen de sen-

tir lo que sienten. De esta forma, los alejan de su conocimiento emocional, interior y psicológico.

- **Suelen silenciar sus ideales:** prefieren adaptarse a los ideales o creencias socialmente aceptados, eso sí, siempre relacionados con el ámbito en el que se sienten débiles. Es decir, si el área en la que se sienten personas exitosas, admiradas y seguras es en la maternidad o paternidad, nunca se dejarán influenciar por nadie ni por los ideales que imperen socialmente si son opuestos a los suyos, e incluso impondrán los propios de alguna forma en su entorno. Sin embargo, si ven confrontados sus ideales en un ámbito en el que se sienten incompletas, tristes e inseguras, no serán capaces de defender las creencias propias, sino que se unirán a la versión más extendida y aceptada.

Educan a sus hijos con esta misma premisa, según la cual debes expresarte solo si dominas o tienes la seguridad de algo, pero no hacerlo si no es tu punto fuerte, algo totalmente opuesto a la autorrealización.

- **Cumplen muy pocas metas:** al concentrarse únicamente en el aspecto de sus vidas con el que se sienten bien, solo alcanzan metas relacionadas con él. Nunca consiguen objetivos relacionados con aquellos ámbitos en los que no están bien, y, si lo hacen, en realidad, no es lo que les gustaría.

Educan a sus hijos de forma que los animan a ir a por aquello que como padres consideran adecuado sin tener en cuenta la opinión, motivación, interés y talento de sus hijos.

- **Son muy débiles en situaciones negativas:** tanto si es su punto fuerte como si no, si hay situaciones negativas de por medio, suelen sentirse fracasadas o poco preparadas para enfrentarse a ellas.

Educan a sus hijos con mucha negatividad en relación con los aspectos con los que como padres no comulgan. Esto aleja a sus hijos de sus verdaderos gustos.

- **Les cuesta aceptar otros puntos de vista:** si están relacionados con su punto fuerte, puesto que creen que ellos lo dominan mejor que nadie y no aceptan otras opiniones.

Educan a sus hijos en la intransigencia, no aceptan sus opiniones y no los ayudan a respetar la opinión de otros.

- **Los caracteriza la indecisión:** aunque toman decisiones, se preguntan constantemente si ese era el camino correcto o no, lo que las lleva a no disfrutar de la decisión tomada.

Educan sin dejar que sus hijos tomen decisiones, lo que hace que estos piensen que no son capaces de tomarlas y que más adelante suelan ser indecisos.

- **Los fracasos son de otro:** en su punto fuerte, se atribuyen todo el éxito, aunque haya sido en equipo. Como en otras parcelas de su vida no se sienten dichosas, rozan el narcisismo en su sector de referencia, creyéndose indispensables.

Educan a sus hijos en este mismo sistema. Cuando es su punto fuerte hacen que sus hijos se crean los mejores y los elogian y llenan de prejuicios hacia quienes no piensan como ellos; si es su punto débil, los enseñan a agachar la cabeza y despreciarse sin darse una oportunidad.

- **Tienen problemas de salud mental y física:** padecen bastante estrés y ansiedad, adicciones, preocupaciones y sentimiento de culpa constante, etc.

Educan en la culpa si sus hijos no cumplen lo que ellos como adultos desean y, por tanto, los hijos sienten estrés constante y necesidad de aprobación.

Interiormente saben que es todo *fachada*

En algunas cuestiones sí se *valoran*

Es una autoestima *fingida*

En otras cuestiones se *detestan*

Enseñan a sus hijos e hijas *inseguridades*

Los demás *creen* que tienen buena autoestima

AUTOESTIMA MEDIANA

A la autoestima mediana se la suele llamar también pseudoautoestima, precisamente por esos dos planos que conlleva (a veces más), que en realidad solo indican una autoestima baja, porque la autoestima saludable debe abarcar todas las áreas de tu vida. Aunque a veces estés mejor y otras peor, se trata de mantenerte en equilibrio y que las diferencias entre unas áreas y otras no sean tan bruscas.

Algunos expertos en la materia denominan a la autoestima mediana «autoestima inestable» y la emparejan con la baja o con la saludable. Es decir, como si tuviésemos una autoestima baja inestable que en según qué áreas sería óptima o una autoestima saludable e inestable que en según qué áreas sería baja. Aunque es prácticamente lo mismo, prefiero quedarme con el término autoestima mediana porque es más preciso.

En realidad, no la tienes ni baja ni alta y te pones un disfraz para enfrentarte a tus puntos débiles y te lo quitas en tus puntos fuertes. No obstante, bajo este disfraz tu autoestima es baja, puesto que no eres realmente tú. Por este motivo, tanto si tienes la autoestima baja como si la tienes mediana, debes trabajar por lograr la óptima y conseguir el equilibrio que necesitas.

Los hijos e hijas de padres con autoestima mediana aprenden a quererse y respetarse de esta misma manera. Toman a sus padres como ejemplo y, por ello, se suelen valorar en un aspecto y llegar a odiarse en otro. No se sienten muy seguros a la hora de expresarse porque no tienen la certeza de si eso que piensan o esperan de ellos sus padres va a ser bien acogido o no y, en consecuencia, acaban por esconder sus emociones para asegurarse de que los acepten.

Reflexionando sobre la autoestima mediana

La autoestima también nos ayuda a afrontar las pruebas que nos pone la vida, obstáculos que después nos hacen más fuertes si nos enfrentamos a ellos con una autoestima saludable; por el contrario, nos debilitan cuando nuestra autoestima es baja o mediana. Con una autoestima mediana, algunos retos vitales supondrán experiencias importantes. Serán aquellos relacionados con el punto fuerte de esa persona, los atenderá conscientemente y logrará superarlos con motivación. Los relacionados con su punto débil llevarán a esa persona directamente al suelo, que incluso llegará a pisarse a sí misma, puesto que cree que eso la hará sentirse mejor por sus errores, cuando lo único que conseguirá será seguir rebajando su autoestima.

Para poder descubrir si tu autoestima es mediana, completa el siguiente cuestionario sin exigirte ni criticarte, de forma honesta e individual. Marca los números que te identifiquen en este caso:

N.º de pregunta	TEST PARA SABER SI TU AUTOESTIMA ES MEDIANA	1	2	3	4	5
1	¿Tienes una vocación clara?					
2	En el caso de tenerla, ¿te apasiona?					
3	¿Te sientes completo junto a tus hijos?					
4	¿Sueles encajar con las parejas que has tenido?					
5	¿Silencias tus ideales para ser aceptado en tu ámbito débil?					
6	¿Hay un área de tu vida en la que nunca cumples metas?					
7	¿Las situaciones negativas te superan?					
8	¿En tu ámbito fuerte sueles atribuirte el éxito?					
9	¿Eres una persona indecisa?					
10	¿Te invade el sentimiento de culpa habitualmente?					
TOTAL =						

- **Entre 10 y 13 puntos:** Tu autoestima es o alta o baja, pero no estás dentro de la autoestima mediana.

- **Entre 14 y 24 puntos:** Parece que te acercas a la autoestima mediana. Crecer personalmente es lo mejor que puedes hacer por tus hijos y por ti.

- **Entre 25 y 50 puntos:** Tu autoestima es saludable, sigue manteniendo el equilibrio para contigo mismo.

Reflexiona sobre los resultados obtenidos y busca ejemplos en tu día a día que demuestren en qué punto te encuentras. Anótalos después en un papel para releer lo que hayas escrito al acabar la lectura de este libro.

Ahora, completa el siguiente cuestionario, en el que valorarás de forma precisa si educas o no en la autoestima mediana:

N.º de pregunta	TEST PARA SABER SI ESTÁS EDUCANDO A TUS HIJOS E HIJAS EN LA AUTOESTIMA MEDIANA	1	2	3	4	5
1	¿Les has verbalizado qué te gustaría que fuesen cuando sean mayores?					
2	¿Vas a enfocarte en que sean eso mismo?					
3	¿Les dedicas atención suficiente cuando estás presente?					
4	¿Te preocupan mucho sus resultados académicos?					
5	¿A veces no dicen lo que piensan por si eso no te parece bien?					
6	¿Las situaciones negativas con ellos te superan?					
7	¿Sueles atribuirle el éxito a tus hijos cuando estáis con más niños?					
8	¿Propones a menudo tomar decisiones entre todos los miembros de la familia?					
9	¿Les cuesta decidirse?					
10	¿Crees que se preocupan demasiado por algunas cuestiones?					
	TOTAL =					

- **Entre 10 y 13 puntos:** No estás educando en la autoestima mediana; aun así, debes seguir indagando dentro de ti, este trabajo será óptimo para ti y tus hijos.

- **Entre 14 y 24 puntos:** Parece que a veces te va muy bien al educar y otras no tanto, lo mejor es que estás aquí para aprender y poder lograr la estabilidad que necesitáis.

- **Entre 25 y 50 puntos:** Educas en la autoestima mediana, debes realizar un profundo trabajo para cambiar esta realidad y que tus hijos e hijas no estén siempre entre dos aguas.

La autoestima mediana implica que no nos queremos de verdad a nosotros mismos, y eso conlleva que inculquemos este tipo de amor propio a nuestros hijos, ya que, tal y como tú te quieras, ellos se querrán y valorarán.

¿Cuáles son los sentimientos que crees que tienes ahora mismo en relación con la autoestima? ¿Qué cuestiones de tu vida te estás planteando? ¿Qué aspectos cambiarías de tu forma de educar ahora que hemos avanzado en esta parte del conocimiento de la autoestima?

Hacer una lluvia de ideas te ayudará a encauzarte y plantearte los primeros pasos sin exigirte demasiado ni querer conseguirlo todo en un día, puesto que hacerlo solo postergará la consecución de tus objetivos y te desmotivará. Lo importante es estar comprometido con lo que verdaderamente quieres.

La autoestima saludable: la autoestima REAL

La autoestima saludable es la autoestima que todos necesitamos para tener una salud mental óptima.

Siguiendo la línea de la Educación Real,* vamos a familiarizarnos con la idea de denominar a la autoestima correcta autoestima real, ya que engloba todas las premisas que nos permiten estar en equilibrio con nuestra autoestima:

- ♥ Respeto por uno mismo y por los demás.
- ♥ Empatía con uno mismo y con los demás.
- ♥ Amor por uno mismo y por los demás.
- ♥ Lógica en nuestras acciones y en las que implican a los demás, respetando los tres principios anteriores.

---

* Aprenderás todo sobre la Educación Real® a lo largo de este libro. Además, tienes la descripción completa al final de esta misma obra.

A continuación, vas a poder leer todas las características de las personas con este tipo de autoestima. Aunque, por supuesto, cada uno es como es, la esencia es la misma, de manera que, al leerlas, podrás ir recapacitando de forma rápida sobre tu propia autoestima, al tiempo que irás haciéndote una idea de si es este el tipo de autoestima que tienen tus hijos e hijas o el que deseas que alcancen.

Entre otros aspectos, las personas con autoestima real:

- **Conocen sus pasiones y saben lo que quieren:** buscan la autorrealización, por tanto, establecen metas que las conduzcan a conseguir sus propósitos, sabiendo que estos propósitos conseguidos serán también beneficiosos para otras personas, puesto que no piensan solo en sí mismas. Su bienestar también implica el bienestar de otros.

  Educan a sus hijos buscando su bienestar, ayudándolos a conseguir sus metas y a perseguir la autorrealización verdadera, sin que importe la opinión ajena.

- **Expresan sus ideas y opiniones:** no tienen problema en expresar lo que piensan, incluso con personas que piensan totalmente lo contrario. No temen esta exposición, puesto que integran que lo natural es ser fiel a lo que uno piensa, saber escuchar a los demás y respetarlos. Entienden que otras personas no aprobarán sus ideas, pero eso no las hace tambalearse.

  Educan teniendo como base la escucha, posibilitando siempre que sus hijos expongan sus ideas y opiniones y que estas sean bienvenidas. Aunque no siempre es posible aceptar lo que estos proponen, son capaces de establecer una conexión familiar basada en el respeto mutuo.

- **Afrontan el estrés con entereza:** por supuesto, estas personas viven momentos de estrés, pero son asertivas, se cuidan interiormente y, aunque atraviesen épocas estresantes, lo llevan de una forma más equilibrada y logran dejarlas atrás antes.

  Educan a sus hijos integrando que el estrés es un factor humano que hay que acoger y saber llevar para afrentarlo con asertividad y responsabilidad.

- **Creatividad emocional y social:** son creativas a la hora de relacionarse, no les asusta ser rechazadas, puesto que creen que hasta de los rechazos se puede sacar algún aprendizaje.

  Educan sin rechazar las ideas de sus hijos ni humillar sus sentimientos ni pensamientos.

- **Admitir errores y aprender de ellos:** todos los errores son beneficiosos para su evolución personal, les ayudan a desarrollarse y a seguir siendo conscientes de sus carencias para ir proyectándose siempre hacia una mejor versión de sí mismas.

  Educan con la premisa de que los errores son oportunidades, por tanto, no hacen añicos emocionalmente a sus hijos por cometerlos, sino que los ayudan a comprenderlos y a aprender de ellos.

- **Abogan por la cooperación:** al no pensar en su propio ombligo, les gusta cooperar con los demás y sentirse parte de un todo.

  Educan cooperando con sus hijos y siendo un equipo, entendiendo y empatizando siempre con sus necesidades de juego libre, atención amorosa y contacto físico.

- **Son independientes:** en la vida adulta, no dependen de nadie, solo se necesitan a sí mismas para sentirse completas, aunque, por supuesto, estén a gusto en compañía de sus seres queridos y amistades. Son libres en esencia. Educan sabiendo que, para tener una futura independencia, sus hijos e hijas primero deben ser dependientes física y emocionalmente, y que es a través de los cuidados y el afecto como integrarán y lograrán su independencia.

- **Practican la flexibilidad:** entienden que en la vida saber ser flexible y adaptarte a las situaciones es importante para lograr el equilibrio. No se cierran en banda y se abren a nuevas formas de hacer, siempre bajo el respeto a sí mismas y a los demás.

  Educan siendo flexibles con sus hijos para que ellos puedan serlo ahora y en el futuro, no se cierran a nada ni son exigentes con los demás, ni tan siquiera consigo mismos. Saben alcanzar la estabilidad social, personal y emocional.

- **Aceptan la realidad:** no necesitan disfraces, se aceptan tal y como son, conscientes de sus defectos y sus virtudes, valorando qué quieren cambiar y qué no, pero sin desear ser alguien que no son.

  Educan siendo realistas, sin pretender que sus hijos se pongan máscaras y haciendo que valoren y sean conscientes siempre de quiénes son.

- **Actitud positiva ante los problemas y fracasos:** por supuesto, sus vidas no son de color de rosa, existen problemas y baches, pero su actitud no catastrófica es la clave para que la experiencia sea más agradable y llevadera. Saben extraer un aprendizaje de las situaciones adversas y lo emplean para seguir avanzando y mejorar.

  Educan huyendo de la negatividad y siendo auténticos, aceptando que sus hijos tienen derecho a su propia autenticidad.

- **Se comunican abiertamente:** tampoco quieren ser más que nadie, por lo que se comunican de forma extrovertida y agradable en todas sus relaciones, tienen facilidad para hacer amigos y mantenerlos.

  Educan en la comunicación plena y respetuosa, sabiendo atender a sus hijos y dando ejemplo de una comunicación afectiva.

- **Son honradas:** tienen buena voluntad, por tanto, tienen un buen sentido de la justicia y la honradez está presente en todas sus acciones.

  Educan siendo justas y éticas con sus hijos, fomentando en ellos este mismo sentido de la justicia y de la integridad.

- **Buscan alternativas:** aunque parezca que está todo perdido, intentan probar otras soluciones que les aporten resultados, sin dañar ni que las dañen.

  Educan ayudando a sus hijos a encontrar soluciones y valorar opciones, sin intolerancia ni egolatría.

- **Confían en sí mismas:** al tener claras sus capacidades, son conscientes de lo que tienen y de lo que no tienen, y confían plenamente en ellas. Por supuesto, a veces no consiguen sus propósitos. No obstante, lo intentan, porque confían en que lo pueden lograr.

  Educan dando prioridad a establecer una confianza entre sus hijos y ellos, sabiendo que esta confianza familiar les dará la llave de muchas puertas que deberán ir traspasando a lo largo de los años.

- **No se hunden ante las críticas:** asumen que algunas personas critican, a veces constructivamente y otras de forma ofensiva y dañina. No obstante, no se vienen abajo con estas críticas, sino que escogen qué quedarse como aprendizaje.

  Educan en la comprensión del dolor que la crítica externa genera en sus hijos, pero siendo respetuosas y coherentes para poder ayudarlos a que estas críticas no definan sus vidas ni marquen sus experiencias.

- **No critican a los demás:** no tienen necesidad de hablar de las vidas de otros, entrometerse y hacer un juicio que no les incumbe. Por supuesto, tienen sus opiniones, pero no se dejan llevar por la crítica hacia el prójimo, ni tampoco por la autocrítica.

  Educan sin criticar a sus hijos, puesto que son conscientes de que esto los lleva directamente hacia la autocrítica destructiva y la crítica ajena constante, lo que dañará su personalidad y hará que abandonen su propia esencia.

- **Saben pedir ayuda:** y no se avergüenzan por ello. Asumen cuándo es necesario y lo hacen de buen grado, sin querer abusar de nadie, solo siendo conscientes de su vulnerabilidad en ese momento.

  Educan aportando y ofreciendo ayuda a sus hijos, sabiendo que nada hay de malo en ello y que esa ayuda será la que les dé alas cuando las necesiten para volar.

- **Les gusta participar en grupos:** aunque les agrada estar solas, también disfrutan de la compañía, respetan al grupo, saben escuchar y sostener a quien lo necesite.

  Educan a sus hijos en la vida social y afectiva, entendiendo que a lo largo de la vida vamos conociendo a muchas personas que van y vienen y que lo importante es disfrutar de ellas y del momento.

- **No se creen perfectas:** no se consideran el centro del universo y, por ende, no tienen la necesidad de autoexigirse para ser siempre mejores. Saben dónde está el punto óptimo de exigencia para cuidar su salud mental.

  No educan en la perfección y por ello se alejan de cualquier estereotipo y se centran en que sus hijos logren ser ellos mismos, respetando su esencia y sus características interiores.

- **No ven sus defectos como algo negativo:** saben que errar es humano y que no hacerlo sería algo ajeno a su naturaleza. No utilizan los errores para machacarse, solo para seguir aprendiendo y avanzando.

Educan sabiendo hablar con sus hijos de virtudes y de defectos, de la aceptación personal y de lo importante que es mejorar los defectos si así lo deseamos, pero también dejarlos tal cual si no queremos mejorarlos, así como saber reflexionar sobre lo que es verdaderamente un defecto y lo que no.

- **Se autorrespetan y se valoran:** son personas que se conocen a la perfección y saben lo que valen, asumen que son únicas e irrepetibles. Refuerzan su valía y amor propio.

Educan valorando positivamente a sus hijos y respetándolos con todo su ser, sabiendo que el respeto nada tiene que ver con la permisividad, sino que el respeto es educar en la autoestima real.

- **Se abren a las nuevas experiencias:** se atreven con nuevas formas de hacer las cosas, siendo conscientes de que en esto consiste la vida: renovarse, crecer, probar, tomar consciencia de las nuevas ideas y quedarse con aquellas con las que se sientan cómodas.

Educan incorporando nuevas formas, siempre y cuando se sientan en sintonía con ellas, probando experiencias diferentes y ofreciendo a sus hijos ese mismo aprendizaje.

- **Se enfocan en lo que quieren conseguir:** intentan ir a por aquello que desean, siempre con coherencia y sentido común. Eso no quiere decir que siempre lo consigan, puesto que es imposible, pero el solo hecho de enfocarse en el sí ya hace que se tomen las cosas de otra manera y encaren las situaciones siempre con motivación, más que con miedo e incertidumbre.

Educan enseñando a sus hijos a ir a por lo que realmente desean sin dañarse a sí mismos ni dañar a los demás.

- **Saben escuchar a los demás:** aunque toman decisiones por sí mismas, escuchan todas las versiones entendiendo la situación de los demás y su punto de vista, sin querer imponer o mandar sobre las decisiones del otro.

  Educan a sus hijos en la escucha real y concentrada en sus necesidades.

- **Respetan sus decisiones:** no solo las toman sin necesidad de la aprobación de nadie, sino que son capaces de no ceder ante las opiniones de los demás si no están en línea con las suyas. No huyen, son coherentes con lo que sienten, dicen y piensan.

  Educan respetando las decisiones de sus hijos y, cuando no es posible por seguridad, salud y bienestar de estos, saben acompañar emocionalmente sus frustraciones y distintas sensaciones.

- **Sus emociones están en equilibrio:** no necesitan explotar con ira, odio o nervios contra nadie, sino que saben identificar lo que ocurre, aceptarlo y equilibrarlo sin dañar.

  Educan de manera que sus hijos puedan expresarse emocionalmente y sin que sus emociones sean criticadas, juzgadas o modificadas.

- **Perdonan:** no son personas rencorosas ni le dan muchas vueltas a lo que ha ocurrido, saben perdonar y olvidar aquello que sucedió.

Educan pidiendo perdón a sus hijos, sabiendo que perdonar es un valor que se aprende cuando se comete un error y que de nada sirve que te fuercen a pedirlo, sino que debes conocer de verdad la importancia del perdón, incluso en la relación con uno mismo.

- **Son responsables con el planeta:** consideran que es de todos y que hay que cuidarlo, y así lo hacen, de forma responsable.
  Educan dando ejemplo de solidaridad, tolerancia y cuidados hacia el planeta, sembrando esta misma semilla en sus hijos.

- **La culpa no entra en sus vidas:** tanto cuando actúan bien como cuando consideran que actúan mal, no dejan que la culpa las arrastre hacia una vida triste y desolada.
  No educan culpabilizando a sus hijos ni de sus emociones, ni de su estrés, ni de su cansancio, entre otras muchas cosas, sino que alejan la culpa de sus vidas totalmente para que sus hijos sepan cómo establecer una relación sana con ella.

- **No se dejan manipular:** no son vulnerables ni débiles, por tanto, pueden valorar otras opciones, pero si no les convencen, no las aceptan y continúan fieles a su convicción.
  Educan sin manipular a sus hijos a su antojo, para que puedan llegar a ser lo que realmente quieren ser, así como poniendo límites a los que intentan manipularlos a ellos o a sus hijos.

- **La convivencia con ellas es agradable:** no pagan sus emociones con las personas con las que conviven, saben equilibrarlas e identificar en qué lugar se encuentran ese día, planteándose cómo lidiar con ellas sin tratar a nadie como no les gustaría que las trataran a ellas.

Educan trabajando diariamente para que haya una buena atmósfera en el hogar, siendo conscientes de que esta responsabilidad nos corresponde a los adultos e impactará directamente en nuestros hijos.

- **Disfrutan de la vida:** en todas las situaciones, tanto si están trabajando, estudiando, en mitad de un tráfico horrible, durmiendo a sus hijos sin éxito, etc. Saben qué es lo importante en la vida: estar vivo y amarse, pase lo que pase, y respetar a los que más amamos.

Educan disfrutando de sus hijos y estableciendo en ellos estas mismas sensaciones, tales como vivir saboreando la vida, siendo quien eres, respetándote a ti mismo y a los demás, sabiendo que nacemos y morimos y que lo importante es vivir siendo fieles a nosotros mismos.

- **Salud mental y física óptima:** cuidan de sí mismas, tienen buenos hábitos y no entran constantemente en bucles de culpabilidad y presión. No tienen ninguna adicción, no dependen de los demás para ser felices, tienen miedos, como todos, pero no les impiden hacer las cosas, no dejan que las emociones y creencias las limiten. Si padecen alguna enfermedad física, la afrontan con entereza, asertividad, coherencia y amor propio.

Educan a sus hijos en el aprendizaje del error, el amor incondicional tanto si creen que han hecho bien como si piensan que han hecho mal. Son niños a los que les gusta su cuerpo y su imagen, no pisan a nadie ni tampoco se pisan a sí mismos. Expresan sus emociones y viven en un clima de alegría y seguridad personal, obteniendo protección, ayuda, escucha, respeto, tolerancia, amabilidad y cariño en todas las situaciones por parte de sus padres.

Se sienten realizadas

Confían en sí mismas

Son coherentes entre lo que piensan, sienten, dicen y hacen

Son felices

El conflicto es una oportunidad de aprendizaje

Tienen objetivos vitales claros

Aprenden de los errores

Educan en equilibrio

AUTOESTIMA REAL

La autoestima REAL es la autoestima que todos debemos conseguir. Y no, de verdad que no es tan difícil como parece. Una de las formas más eficaces de aumentar nuestra autoestima es precisamente educar a nuestros hijos en una autoestima óptima. El simple hecho de enfocarnos en respetar sus necesidades psicológicas para de esta forma conseguir que tengan una autoestima real ahora y en el futuro hará que vayamos subiendo peldaños en la nuestra propia.

Los hijos e hijas de padres con autoestima real integran este mismo tipo de autoestima, que les lleva a no creerse ni mejor ni peor que nadie, saber relacionarse óptimamente con los demás y consigo mismos, defender sus derechos sin pisar los de nadie, tomar decisiones, aprender a conocer sus emociones en libertad y sentirse satisfechos en todas las áreas de su vida, entre otras muchas cuestiones.

Reflexionando sobre la autoestima real

Para poder descubrir si tu autoestima es real, completa el siguiente cuestionario cuando te apetezca, sin presión ni autoexigencia, sin culpabilidad ni buscando la perfección (recuerda que todo eso solo promueve la baja autoestima). Marca los números que te identifiquen en este caso.

N.º de pregunta	TEST PARA SABER SI TU AUTOESTIMA ES REAL	1	2	3	4	5
1	¿Confías mucho en los demás?					
2	¿Crees que te hundes ante las críticas de los demás?					
3	¿Piensas que te respetas y valoras?					
4	¿Sabes escuchar?					
5	¿Te cuesta pedir ayuda?					
6	¿Tus emociones están equilibradas?					
7	¿Convivir contigo es agradable?					
8	¿Expresas tus ideas y opiniones?					
9	¿Te tomas el estrés de forma asertiva?					
10	¿Admites y aprendes de tus errores?					
11	¿Te gusta cooperar con tus familiares y amigos?					
12	¿Crees que dependes de alguien?					
13	¿Eres flexible contigo y tu entorno?					
14	¿Confías en ti mismo?					
15	¿Crees que eres una persona perfecta?					
16	¿Te dejas manipular fácilmente?					

17	¿Sientes que estás disfrutando de la vida?				
18	¿Eres honrado?				
19	¿Eres positivo ante los problemas?				
	TOTAL =				

- **Entre 19 y 22 puntos:** Tu autoestima no es real, seguramente te hayas sentido identificado con tipos de autoestima descritos anteriormente.

- **Entre 23 y 57 puntos:** Parece que te acercas a la autoestima real, debes seguir conociéndote a ti mismo para avanzar y lograr lo que necesitas y necesitáis.

- **Entre 58 y 95 puntos:** Educas en la autoestima real, de esta forma, potencias en tus hijos una autoestima equilibrada. Ahora lo importante es proporcionarles las herramientas adecuadas para que la mantengan de por vida.

Una vez valorada tu situación, sé comprensivo contigo mismo, integrando que, si es mejorable, adelante, y, si no lo es, lo importante es mantenerse en la aceptación y el equilibrio.

Ahora, responde al siguiente cuestionario, en el que valorarás de forma precisa si educas o no en la autoestima real:

N.º de pregunta	TEST PARA SABER SI ESTÁS EDUCANDO A TUS HIJOS E HIJAS EN LA AUTOESTIMA REAL	1	2	3	4	5
1	¿Confías en tus hijos?					
2	¿Crees que ellos confían en ti?					
3	¿Realizas muchas críticas a tus hijos?					
4	¿Piensas que los valoras tal y como son?					
5	¿Los escuchas atentamente cuando te hablan?					
6	¿Te molesta que te pidan ayuda?					

7	¿Entiendes que en la infancia y la adolescencia las emociones no pueden estar equilibradas?					
8	¿Convivir con ellos es agradable para ti?					
9	¿Les dejas expresar sus ideas y opiniones?					
10	¿Te estresas a menudo con ellos y lo notan?					
11	¿Los regañas por sus errores?					
12	¿Cooperas en sus quehaceres cuando lo precisan?					
13	¿Piensas que es negativo que dependan de ti?					
14	¿Eres flexible con ellos?					
15	¿Quieres que sean perfectos socialmente?					
16	¿Crees que los amenazas continuamente?					
17	¿Sientes que disfrutan de la vida?					
18	¿Piensas que serán honrados en su vida adulta?					
19	¿Les enseñas a enfrentar de forma positiva sus problemas?					
	TOTAL =					

- **Entre 19 y 22 puntos:** Todavía no estás educando en la autoestima real, debes seguir trabajando en este proyecto de crecimiento familiar.

- **Entre 23 y 57 puntos:** Vas acercándote a la autoestima real, sigue enfocándote en respetar a tus hijos y eso te ayudará a respetarte a ti mismo.

- **Entre 58 y 95 puntos:** Educas en la autoestima real, no obstante, el camino del autoconocimiento continuo, como sabes, es esencial para mantener el equilibrio y ayudar a tus hijos a hacer de esta forma de vida su forma de vida.

Si nos respetamos a nosotros mismos, respetamos también a nuestros hijos e hijas, y eso hace que todos tengamos autoestima real, con momentos buenos y malos, pero sin rebajar ni un ápice el amor que nos profesamos a nosotros mismos ni el amor que les profesamos a ellos.

Cuando nuestros hijos crecen con una autoestima real, fortalecen no solo su amor propio, sino también el sentido de la responsabilidad y el respeto hacia el prójimo y hacia el entorno, respetando la propia vida por ser vida y el mundo por ser mundo, tomando consciencia del poco tiempo que tenemos y, por ende, de lo importante que es amar nuestras capacidades y respetar las de los demás.

Si los acompañamos óptimamente no solo tendrán la autoestima que necesitan, sino que lograrán disfrutar de unas relaciones saludables en todos los ámbitos (personal, académico, familiar, laboral...) y, además, tomarán decisiones desde sus propios valores sin dejarse influir por la aprobación o no de los demás.

Queriéndonos a nosotros mismos, nuestros hijos se querrán

La necesidad de ser amados es una necesidad biológica en el ser humano, en consecuencia, todos necesitamos sentirnos queridos de una forma u otra en función de la etapa de la vida en la que nos encontremos para poder sobrevivir.

Sentirnos amados cuando somos niños o adolescentes no es solo una necesidad para desarrollarnos de forma óptima, es un derecho. Derecho a sentirnos cuidados física y emocionalmente, protegidos, respetados y comprendidos. Este derecho que se traduce en salud mental y, por tanto, en equilibrio psicológico de por vida, que es lo que todos necesitamos. Si no lo tenemos, lo buscamos hasta la saciedad, porque sin equilibrio psicológico adaptado a nuestras capacidades no vivimos la vida que realmente merecemos y necesitamos.

Este amor no solo engloba actitudes, sino también ideas, pensamientos, acciones... En definitiva, incluye y requiere relaciones entre todas las personas que comparten ese amor y que de alguna forma interaccionan entre ellas en un dar y un recibir continuo sin contratos ni exigencias.

El amor es el vehículo que nos transportará hacia nuestra verdadera esencia, empezando, por supuesto, por el amor hacia nosotros mismos y enseñando esto mismo a nuestros hijos.

Ellos solo aprenderán a amar siendo amados por lo que ya son, nuestros hijos e hijas, no por lo que hacen o por cómo se comportan, sino por el mero hecho de ser. De esta forma, integrarán esta misma premisa como estilo de vida: quererse por ser ya alguien, no anhelando ser quienes no son.

¡Es el momento de actuar!

- [ ] No te dejes llevar por las opiniones de los demás.
- [ ] Aleja los pensamientos negativos.
- [ ] Deja de estallar en ira con tus hijos.
- [ ] Trabaja en confiar en ti.
- [ ] Enfócate en ser paciente.
- [ ] Toma decisiones importantes cada mes.
- [ ] Acepta tus fracasos y aprende de ellos.
- [ ] Enfréntate al estrés de forma asertiva.
- [ ] Sé flexible con tus hijos
- [ ] Aprende a pedir ayuda.
- [ ] Ofrece a tus hijos ayuda cuando creas que lo necesitan.
- [ ] Plantéate el amor incondicional como meta en tu relación con ellos.

Sé fiel a lo que existe dentro de ti.

André Gide

3

Saber quiénes somos para ayudar a nuestros hijos a ser ellos mismos

Reencontrándote con tu historia

Negar que nuestra infancia y nuestra adolescencia están ligadas al tipo de personas que somos (y a las madres y padres en los que nos hemos convertido) es algo no solo irracional, sino también contraproducente para nuestra evolución y para el óptimo desarrollo de nuestros hijos.

Lo cierto es que todo lo que nos ocurre actualmente, bueno o malo, se moldeó en nuestra infancia en función de lo que vivimos en ella. Por lo tanto, las emociones que sentimos, lo que hicimos y lo que hicieron con nosotros, los anhelos secretos, las frustraciones, los miedos, los celos y las alegrías... nos hicieron ser quienes somos hoy.

La mayoría de las personas adultas no somos conscientes de ello e intentamos rebatir esta realidad porque no queremos aceptar que algún comportamiento de nuestros padres nos hizo daño (pensarlo, de algún modo, nos hace sentirnos culpables). Esta culpabilidad ya es un indicio de que nos marcó para siempre, puesto que nos educaron en una atmósfera en la que nos hacían sentir mal si no nos comíamos todo, si no sacábamos tan buenas notas como el vecino, si gritábamos más de la cuenta, si nos peleábamos con nuestros hermanos, etc.

Cuando somos conscientes de ello, muchas veces preferimos seguir idolatrando a nuestros padres, ya que nos parece casi un insulto pensar que nos faltó algo, en vez de abrirnos a nuestros propios sentimientos y sensaciones.

No hay duda de que los adultos de hoy no recibimos en su momento una verdadera educación emocional, ni personal ni de la vida compartida, sino que cuando no hacíamos lo que se nos pedía no nos comportábamos como se suponía que debíamos hacerlo, y eso nos hacía sentir culpables por haber fallado a nuestros padres, cuando en realidad solo éramos niños con necesidades de niños.

Si rehuimos esta realidad, lo único que hacemos es vivir en la ignorancia y la inconsciencia, mirar hacia otro lado e idolatrar a nuestros padres por el mero hecho de serlo, pensando que lo hicieron lo mejor que pudieron, que nos dieron la vida y que no tenemos derecho a quejarnos ni a autoconocernos, así como tampoco a reconocernos como niños a los que les faltó algo en alguna ocasión, lo que nos permite poder retomar nuestra vida y nuestra autoestima y aprender a educar a nuestros hijos y su autoestima de manera muy distinta a como lo hicieron con nosotros.

Realizar un trabajo de conexión con nuestra propia historia no supone en absoluto criticar a nuestros padres, enfadarnos con ellos y llenarnos de rencor y tristeza (aunque también podemos experimentar esas emociones durante el proceso y es lícito, solo hay que dejarse llevar hasta que todo fluya y se recoloque), sino que se trata de aceptar lo ocurrido, tanto si fue intencionado como si no, conectar con esas experiencias y situaciones y con las emociones relacionadas con ellas, permitiéndonos liberarnos y lograr que nuestra autoestima se equilibre. De esta manera, podremos tener por fin una autoestima real y ser verdaderamente nosotros mismos. Habremos desterrado hábitos arraigados que antes creíamos imposibles de eliminar y evitaremos errores con nuestros hijos, permitiendo que ellos crezcan con una autoestima saludable desde su infancia o adolescencia.

¿Sabes quién eres?

Hace ya unos años, Luisa,* una alumna de mi Formación Intensiva Edurespeta (primera formación española que trabaja la propia infancia y adolescencia para conectar de verdad con nuestros hijos y, por ende, con nosotros mismos), me comentó que al comenzar la formación se había dado cuenta de que ignoraba quién era en realidad, cuáles eran sus verdaderos intereses y talentos o con qué tipo de personas encajaba más. Tampoco sabía con certeza si alguna vez había experimentado un orgasmo, no entendía por qué tenía a su lado a la pareja con la que convivía y, aunque tenía claro qué tipo de madre quería ser, le era imposible conseguirlo porque siempre acababa gritando a sus hijos y humillándolos: era como una fuerza interior que resurgía cuando menos se lo esperaba y arrasaba con todo. Esta actitud generaba culpa y rencor

---

* Todos los casos que se nombran en este libro son reales, no obstante, he modificado los nombres para preservar la intimidad de mis alumnos.

hacia sí misma y le hacía cuestionarse si valía la pena seguir viviendo o no.

Sin duda, mi alumna necesitaba aceptar su historia y aprender a respetarse no solo como adulta, en el presente, sino reencontrarse con el pasado, curar heridas que ni tan siquiera sabía que existían y poco a poco ir organizado y preparando su mente y su corazón para que trabajasen juntos en el camino de su vida.

Luisa fue una niña muy deseada por sus padres, que habían perdido a dos gemelos anteriormente, y a quienes les había costado mucho llegar hasta allí. No esperaban que fuese una niña y, aunque ansiaban tener un varón, estaban muy felices. El primer año de vida, Luisa estuvo a cargo de varias personas, puesto que su madre había decidido trabajar en la empresa familiar como secretaria y pasaba todo el día fuera de casa. Las personas que la cuidaban atendían sus necesidades físicas (higiene y comida), pero no las emocionales. Pasaba muchas horas en la cuna, sola, sin demasiada atención. Por las noches, sus padres estaban tan agotados que optaban por dejarla llorar sin atenderla hasta que acababa cayendo agotada y se dormía.

Creció sin hermanos, pero sus padres la comparaban constantemente con los gemelos fallecidos en el embarazo. Le decían cosas como «seguro que Pedro habría sido más estudioso que tú» o «Enrique habría sido más simpático». Luisa sentía todo el tiempo que no estaba a la altura. Fue creciendo entre cuidadoras y abuelos exigentes que la obligaban a limpiar la cocina con siete años. Después, la internaron en un colegio solo para niñas y vivió, sobre todo, con mucha soledad y falta de contacto físico. No recuerda ni un solo abrazo desinteresado de su madre.

Luisa se veía como una víctima, pero no de los demás, sino

de sí misma. Asumía y se regodeaba en su propia culpa y en su propia victimización, se hallaba atrapada en una autoestima bajo cero, con una vida bajo cero.

Para poder saber quién era, Luisa realizó infinidad de procesos, pero no logró dar el paso hacia el autoconocimiento y la autosuperación hasta que comenzó mi formación. Fue entonces cuando empezó a reconstruir su propio mundo y a saber realmente quién era y a recolocar su autoestima.

Ejercicio: quién soy

Este es uno de los trabajos que realizó Luisa en su camino de autodescubrimiento. Ahora te toca a ti:

En los próximos días, busca fotos tuyas actuales (o lo más recientes posible) con las que te sientas en sintonía, aquellas que crees que te definen. Después, elige una en la que solo aparezcas tú; si no tienes una así, intenta hacértela antes de realizar el ejercicio, hazte un selfi mirando a la cámara o, en su defecto, una foto en la que se te vea bien la cara.

Una vez elegida la foto, imprímela, ten a mano la libreta sobre la autoestima que comenzaste en el capítulo anterior y pega la foto en una de sus páginas. Si no quieres imprimirla, puedes simplemente observarla. Decide lo que te haga sentir mejor, pero que de alguna forma te empuje a comprometerte con el trabajo que vas a realizar.

Como sabes, durante toda nuestra infancia y nuestra adolescencia (y parte de nuestra vida adulta), hemos estado recibiendo mensajes verbales, físicos y emocionales por parte de nuestros padres y, en consecuencia, hemos moldeado lo que somos y lo que sentimos en función de esos mensajes. Ahora nos sentimos en la famosa zona de confort con dichos mensajes porque creemos que ya no hay nada más que escarbar: somos así y nada ni nadie podrá cambiarlo. Por supuesto, eso no es cierto, ya que siempre podemos aprender más sobre nosotros mismos y afrontar nuestra vida de una manera diferente (o igual, si es eso lo que deseamos), pero sabiendo en realidad quiénes somos y cómo queremos ser.

Ahora, mientras observas la foto e intentas conectar con tu verdadera esencia, responde a las siguientes preguntas con sinceridad:

- **¿Cómo te ves físicamente en la foto?**
  Sentirnos bien con nuestro cuerpo y con nuestra cara y amar cómo somos es signo de que estamos viviendo la vida que realmente queremos. Y esto es, sin duda, indicativo de buena autoestima e implica que trasladamos este ejemplo a nuestros hijos. Además, en la era

que vivimos, con las redes sociales y todo lo que las rodea, cada vez es más difícil mantener un equilibrio emocional correcto en relación con la parte física (filtros con los que falseamos la realidad, comparaciones con *influencers* de cuerpo y cara perfectos...). No obstante, todo está en nuestra base. Si sabemos quiénes somos y hacia dónde vamos, esto no debería afectarnos y, además, ayudaríamos a nuestros hijos a crear un escudo ante la pésima realidad social de la autoestima con respecto al físico.

- **¿Qué expresan tus ojos?**
Dicen que la mirada es el espejo del alma. A través de la mirada de una persona podemos ver realmente lo que siente, lo que esconde, lo que hay detrás. ¿Qué expresan tus ojos? ¿Tristeza, alegría, inseguridad? ¿Miedos, sueños cumplidos, plenitud? Estudia en detalle tu mirada en la foto y descubre qué te pueden estar diciendo tus ojos sobre ti mismo.

- **¿Ves inseguridad en la persona de la imagen?**
Si constantemente sientes miedo de perder a tus amigos o a tu pareja y no soportas la idea, si sueles tener pensamientos negativos, si padeces infinidad de complejos y nunca te sientes protegido social y emocionalmente, es probable que tengas una gran inseguridad que hace que eduques en la inseguridad a tus hijos; en consecuencia, ellos integrarán esos mismos hábitos. Para poder ir deshaciéndote de ella, empieza a disfrutar de la vida. Sí, cambia lo máximo posible los pensamientos negativos por positivos, dales la vuelta y siéntete satisfecho de ser quien eres y cómo eres. Intenta pasártelo bien con cada cosa que hagas, incluso cuando cometas errores, porque tratarás de encontrar algún aprendizaje en ellos.

- **¿A qué le tienes miedo actualmente?**
  Tener miedo es algo natural. De hecho, dejar de temer al miedo es uno de los grandes logros que podemos hacer por nuestra salud mental. Debemos aceptar el miedo, conocerlo, identificarlo cuando llega, dejarlo fluir y ser conscientes de su esencia para ir superándolo poco a poco. Sincérate entonces con tus miedos y valora cuáles se basan en tu falta de autoestima.

- **¿Crees que eres una víctima?**
  Cuando vivimos con una actitud victimista, vivimos en la queja constante, queriendo de algún modo que los demás nos cuiden, nos protejan y nos aporten aquello que creemos que nos pertenece. Vivir en un clima de victimismo es una señal más de baja autoestima. Buscamos esa atención por parte de los demás, queremos ser los protagonistas y que nos atiendan emocionalmente como nosotros mismos no podemos atendernos. Cuando nos identificamos como víctimas, sentimos que somos seres vulnerables que necesitan urgentemente ayuda, pero, a su vez, exigimos demasiado a los demás y también a nosotros mismos. Educamos a hijos e hijas que creen que deben cuidar a sus padres y que, además, aprenden a autoexigirse siguiendo ese ejemplo, utilizando el victimismo como herramienta social.

- **¿Con qué personas eres verdaderamente tú sin condiciones?**
  Rodearnos de personas con las que podamos ser nosotros mismos sin condiciones es una necesidad social, emocional y personal. Para ello, las relaciones tienen que ser realmente saludables: nadie debe manipular a nadie y ha de existir un equilibrio real. Ninguno de los implicados en ellas abusa, ni juzga, ni critica, ni daña,

ni hace sentir mal al otro. Cuando somos nosotros mismos en nuestras relaciones, no necesitamos gustar ni complacer a todo el mundo, ya que nos complacemos por el mero hecho de ser nosotros mismos en compañía. Tener relaciones saludables siendo verdaderamente nosotros hará que demos este mismo ejemplo a nuestros hijos.

- **¿Te dedicas tiempo?**
  Cuando tenemos una autoestima baja, apenas nos dedicamos tiempo, puesto que nos colocamos siempre en último lugar. Además, cuando nos lo dedicamos, nos sentimos culpables porque de alguna forma pensamos que estamos siendo egoístas, en vez de creer que somos merecedores de ese espacio. Cuando no nos dedicamos tiempo, somos menos pacientes con nuestros hijos y pagamos con ellos esta falta de tiempo haciéndoles sentir culpables de nuestra vida frenética, del cansancio y el estrés y de la decisión de no dedicarnos tiempo. Cuidarnos nos aportará tranquilidad, equilibrio, lucidez y comprensión hacia nosotros mismos y los demás.

- **¿Confías en ti?**
  Cuando no confiamos en nosotros mismos, dependemos mucho de los demás a nivel emocional y precisamos todo el tiempo de su aprobación, su influencia y su cobijo. No nos sentimos completos, necesitamos a otras personas y nos dejamos manipular. Confiar en nosotros mismos es básico para que nuestros hijos e hijas aprendan a confiar en ellos mismos, así como a confiar en nosotros. La confianza que depositemos en ellos será proporcional a los objetivos que puedan alcanzar en la vida a todos los niveles (social, personal, académico...).

- **¿Qué talento crees que tienes?**
  Descubrir nuestros talentos se vuelve algo casi imposible si de pequeños no nos acompañaron en este proceso. En consecuencia, en la vida adulta debemos reencontrarnos y valorar aquello que nos apasiona. Pensar en tu talento es pensar en aquello que te hace sentir bien, con lo que vibras y te conecta con la vida. Aunque creas que no tienes ningún talento, lo cierto es que todos tenemos uno. Saber identificarlo y empezar a vivir acorde a él es esencial para fomentar una autoestima real y ayudar a que nuestros hijos la desarrollen también.

- **¿Qué metas tienes actualmente?**
  Tener metas y objetivos es algo necesario para nuestro cerebro. Si no, dejamos de tener ilusión por nuestro día a día y por la vida y nos alejamos cada vez más de la persona que queremos ser. Sin aceptarte tal y como eres y creer verdaderamente en ti, las metas se van a resistir; por ende, entrarás en un círculo vicioso: no crees en ti, no consigues metas, no crees en ti... y así sucesivamente.

- **¿Te machacas con tus errores?**
  Cometer errores es señal de que estamos vivos, de que necesitamos seguir esforzándonos en atrapar metas, en cumplir sueños, en querer ser mejores y llegar más lejos, allá donde el corazón lata más fuerte. Si nos machacamos con los errores es porque somos perfeccionistas e inflexibles con nosotros mismos. Así somos también con nuestros hijos: esperamos que sean perfectos y no les aportamos confianza ni flexibilidad.

- **¿Tienes poca fuerza de voluntad?**
  Cuando no tenemos fuerza de voluntad, en realidad nos queremos poco o nada, ya que no nos sentimos capaces de conseguir aquello que nos proponemos y

procrastinamos, dejando para mañana lo que desearíamos hacer hoy. Y es que, al no sentirnos capaces, queremos los resultados de manera rápida, obviando el esfuerzo. Si no es así, preferimos no hacerlo porque, interiormente, estamos convencidos de que no lo vamos a conseguir.

- **¿Tienes claro lo que deseas en la vida?**
  Siempre debemos tener claros nuestros sueños, acercarnos a ellos, aunque sea solo en nuestra imaginación, ya que es el primer paso para sentirnos más cerca de lo que somos. Sentir lo que deseamos en la vida nos conducirá poco a poco a ello, sabiendo qué puntos tenemos a favor y en contra, pero siendo conscientes de la persona que somos. Una vez que lo tenemos claro, podremos empezar a materializar todos esos sueños, cumpliendo pequeñas metas que lleven a nuestra autoestima hacia la autoestima real. De la misma forma enseñaremos a nuestros hijos y les inculcaremos que deben tener sus sueños y, saber siempre qué es lo que quieren en realidad, lo que les permitirá alcanzar poco a poco sus metas.

Puede que las respuestas a estas preguntas te hagan sentir mal en algún punto, ya que nos incomoda salir de lo que habíamos creído hasta ahora, cuestionar creencias arraigadas a las que nos sentimos fieles, nos cuesta soltar y nos sitúan en un eterno conflicto entre lo que creemos que debe ser y lo que nos gustaría que fuese. Atrevernos a indagar un poco sobre cómo es nuestra vida actualmente y replantearnos estas creencias nos ayudará a avanzar.

Es conveniente señalar que, durante este avance, todos nos caemos y nos levantamos. La vida es una vía con diferentes destinos y eso supone que muchas veces tengamos que cambiar de andén, transformarnos, respirar, mejorar, acercarnos a lugares y situaciones molestas que quisiéramos evitar... Pero, para poder conseguir resultados, la evitación no es nunca la vía correcta, puesto que alcanzaremos el destino no deseado.

Descubrirnos a nosotros mismos supone darnos valor y, con ello, dar valor a nuestras vidas, decidir el verdadero camino que vamos a tomar sin pisar a nadie y lograr la coherencia y el equilibrio entre lo que sentimos, decimos, pensamos y hacemos. De esta manera, alcanzaremos, por fin, la libertad, sin que nos importe lo que los demás puedan decir o pensar, sintiéndonos orgullosos de ser quienes somos, dejando atrás la frustración, la tristeza y la infelicidad.

Todo está dentro de nosotros y debemos integrarlo de una vez por todas. Somos la llave que nos da acceso a todo lo que queramos, pero debemos dejar de mirar hacia fuera. Nos han educado en mirar hacia fuera: las personas importantes en las que debemos fijarnos, los logros de la gente importante, las profesiones a las que nos debemos dedicar, etc. Olvidándonos de que lo verdaderamente importante es lo de dentro, lo que ya somos sin necesidad de mirar hacia fuera. Es así como debemos aprender a vivir: cogiendo las riendas de nuestra vida y escribiendo nuestra propia historia en sintonía con nuestro interior.

Saber quién eres en realidad te ayudará a reeducar tu autoestima, reeducando con ella la de tus hijos e hijas. La buena noticia es que este trabajo te corresponde únicamente a ti, y no hay nada más gratificante y revelador que llevar el timón de nuestra vida de forma consciente, dejando este mismo legado a nuestros hijos.

Ayuda a tus hijos a ser quienes verdaderamente son

Ayudar a nuestros hijos a ser ellos mismos es algo imprescindible si queremos que tengan una autoestima real. Aunque puede parecer algo muy difícil; lo cierto es que no lo es tanto si conseguimos respetar su esencia y aceptar y cubrir sus necesidades.

Las dificultades vienen cuando nos empeñamos en encajarlos en un determinado molde social, cuando vemos sus necesidades como problemas, queremos que lleven a cabo nuestros sueños no cumplidos, vinculamos la relación maternal-paternal a sus logros escolares y no acompañamos sus emociones, sino que las reprimimos, las ignoramos y exigimos una madurez para la que no están preparados, entre otras muchas cuestiones.

Cuando nos convertimos en madres y padres, tenemos a un niño entre nuestros brazos al que debemos imaginar como un lienzo, pero no un lienzo completo y terminado, sino un lienzo vacío, salvo por la base de color, correspondiente a la genética. Después, con nuestras palabras, cuidados, atenciones, cariño y trato nuestro hijo o hija va rellenando el cuadro, que se convertirá en un lienzo que inspirará alegría o tristeza en función de lo que le hayamos hecho creer de sí mismo.

Nuestros hijos nunca van a poner en duda nada de lo que les digamos. Si les decimos que son tímidos, serán fieles a ese papel que les hemos hecho creer, aunque en el fondo no sean tímidos, sino que están atravesado una determinada etapa de sus vidas, como muchas otras. Sin embargo, si en el lienzo queda fijado que son tímidos, así será.

Debemos ayudar a nuestros hijos a que sean ellos mismos. Solo de esta manera vivirán la vida que realmente merecen, se aceptarán tal y como son, con sus defectos y virtudes, sabrán ver sus errores y aciertos, tomarán consciencia de su esencia, valiosa como cualquier otra esencia, se respetarán a sí mismos y aceptarán y respetarán también a los demás.

Lo que define la esencia de nuestros hijos y, por tanto, aquello que de verdad son es su ser, lo que hay dentro de cada uno de ellos. Por eso debemos guiarlos y tratar su esencia con un profundo respeto.

Estamos acostumbrados a conectar con nuestros hijos según su comportamiento:

Esto los aleja de su verdadera esencia y de sentirse conectados con su yo interior y con la satisfacción de ser quienes son. Por ello, tenemos que aprender a mirar y a encontrar su verdadero yo, quitarles de encima todos los estigmas que arrastramos y las creencias sobre nosotros mismos que nos limitan y ayudarlos a que sepan reconocer sin dificultad y sin disfraces su verdadera esencia.

Ejercicio: quién es mi hijo/a

Te propongo realizar el mismo ejercicio que has hecho anteriormente, pero eligiendo una foto de cada uno de tus hijos y completando un ejercicio individual para cada uno. Intenta que en la foto salga solo el protagonista y que mire a la cámara en la medida de lo posible. Pégala en la libreta o donde te apetezca y, cuando estés a solas o tengas tiempo suficiente, obsérvala.

Ahora, intenta responder a las siguientes preguntas de forma sincera. Ten en cuenta que tienes que hacerlo tú, es decir, no debes compartir este ejercicio con tus hijos:

- **¿Qué aspectos de su físico cambiarías?**
  Es muy normal sentir en el fondo de nuestro corazón que queremos que nuestros hijos sean físicamente de otra manera. Esta sensación legítima viene dada por la presión y los estigmas sociales, que han hecho que moldeemos nuestra autoestima en función de esas convenciones y que hace que queramos que nuestros hijos entren dentro de los cánones establecidos con el falso propósito de que no sufran, sin darnos cuenta de que como verdaderamente sufrirán es si no son fieles a ellos mismos, independientemente de cómo sean exterior e interiormente. Reflexionar sobre ello te ayudará a aceptarlos tal y como son y, por ende, favorecerá que se acepten a sí mismos.
- **¿Qué te indican sus ojos?**
  Los ojos de nuestros hijos tienen un brillo especial, a través de su mirada expresan sus emociones y sentimientos. Observarlos durante unos segundos y ver qué dicen sus ojos nos enseñará en qué punto está el amor por sí mismos.
- **¿Crees que tiene seguridad en sí mismo?**
  Sabes que se sienten seguros de sí mismos cuando no tienen miedo al rechazo de los demás. Tampoco viven para buscar tu aprobación, sino que son capaces de decirte lo que piensan y sienten, a sabiendas de que puede no gustarte. Son como son, no se dejan influenciar por nada ni por nadie y defienden sus decisiones, aunque a veces no puedan llevarlas a cabo. Son responsables con

ellos mismos y con los demás. Pensar en ello te dará pistas sobre cómo enfocar tus siguientes pasos en el acompañamiento de su óptima autoestima.

- **¿Cómo acompañas sus miedos?**
Para acompañar los miedos correctamente, lo primero que debemos hacer es huir del juicio de valor adulto, integrar que ningún miedo es absurdo y que todos son necesarios. En segundo lugar, tenemos que acompañarlos, como deberíamos hacer con toda emoción. Nuestro papel como padres es proporcionar a nuestros hijos el Acompañamiento Emocional que necesitan, sabiendo ofrecerles empatía, tolerancia, paciencia, tranquilidad, amabilidad, contacto físico, presencia, escucha, respeto, contacto visual amable, paciencia y amor, mucho amor incondicional. Si no lo hacemos así, es el momento de reeducarnos y de comenzar a ver los miedos como oportunidades de aprendizaje que merecen ser escuchados y acompañados.

- **¿Es víctima o culpable?**
Sea cual sea tu respuesta, lo estás etiquetando. Lo que debemos hacer es no verlos como víctimas de sus procesos ni tampoco como culpables, sino simplemente como personas que viven sus vidas, siendo ya alguien en el presente y sabiendo que este presente marcará su mañana. Reflexiona, pues, sobre el porqué de tu respuesta.

- **¿Crees que es verdaderamente él mismo cuando está contigo?**
El objetivo es que puedan sacar su esencia real cuando están contigo. Que no teman mostrarse tal y como son. Que puedan reír, llorar, quejarse, enfadarse, suspender, probar, caerse, levantarse, sufrir, explotar, amar... siem-

pre de tu mano. Si tu respuesta ha sido negativa, ya sabes que debes enfocarte en ello a partir de hoy.

- **¿Le dedicas tiempo?**
  Para que tu hijo pueda ser él mismo, tanto contigo como con los demás, debes pasar tiempo con él. Y no un tiempo cualquiera, sino un tiempo dedicado realmente a atenderlo, escucharlo y cuidarlo; un tiempo en el que te centres en conectar con él, sabiendo que esa será la llave hacia su autoestima real. Si le dedicas poco tiempo, organiza un calendario semanal para aumentar este tiempo de conexión entre vosotros.

- **¿Confías en él?**
  Para que confíe en sí mismo debes confiar primero en él. Solemos desconfiar de lo que nuestros hijos dicen, de lo que hacen, de los propósitos que se plantean, los ponemos sobre aviso de muchas cuestiones sin esperar a que ellos mismos puedan aprender. Centrarte en confiar y en guiar sin exigir lo ayudará a él y te ayudará a ti. Si crees que confías poco, márcate esta meta de manera consciente.

- **¿Qué talento tiene?**
  Vivimos tan preocupados por lo que pueden llegar a ser mañana que nos olvidamos de que ya son alguien hoy. Tenemos que pararnos a observarlos más, sin emitir ningún tipo de juicio, pensar y ser capaces de ver cuáles son sus intereses y potenciarlos sin hacer críticas, alentarlos a aprender más de aquello que les gusta, ponérselo fácil proporcionándoles materiales que los ayuden a desarrollar sus gustos, motivándolos a probar, a intentarlo con ilusión, establecer en ellos esas ganas de profundizar en lo que les gusta, sin olvidarnos de hacerlo también a través del ejemplo.

- **¿Qué objetivos te gustaría que tuviese?**
Sean cuales sean, deben ser únicamente suyos. Acostumbramos a crear expectativas en función de lo que nosotros mismos queremos, pero nos olvidamos de ayudarlos a que tengan sus propios objetivos. En función de tu respuesta, intenta eliminar cualquier atisbo de presión social para poder ayudar a tu hijo en sus metas y favorecer que sea quien realmente desea ser.
- **¿Lo machacas cuando comete errores?**
Hay que plantearse primero si esos errores son, en realidad, cuestiones normales en la infancia. Por ejemplo, vemos como un error que griten, que salten en el sofá, que se enfaden, etc., cuando estos comportamientos son naturales en la infancia, lo raro sería no hacerlo. Por tanto, tenemos que alejarnos de esos falsos errores y dejar de etiquetarlos como tales. Cuando cometan errores reales, solo debemos escucharlos, comprenderlos, guiarlos, ayudarlos a encontrar soluciones, mostrarles cosas que antes no veían, ser tolerantes y pacientes, abrazarles y sostener nuestras emociones mientras expresan las suyas..., pero nunca machacarlos, ya que, si lo hacemos, les arrebatamos autoestima.
- **¿Cómo es la persona que ves en la foto?**
Estoy segura de que la parte más difícil de esta pregunta es conseguir alejarte de las etiquetas. Solemos decir que son «buenos», «responsables», «tranquilos»... cuando consideramos que son como nos gustaría («bueno» si se porta bien, «responsable» si hace sus tareas escolares, «tranquilo» si no grita ni corretea). Hacemos lo mismo con lo que consideramos negativo. Son «malos» si no hacen lo que queremos, son «irresponsables» si no se quieren duchar, o «nerviosos» si corren y gritan como

necesitan. Lo difícil, por tanto, es describir a nuestros hijos logrando ver su interior, alejándonos de lo que nos gustaría o de lo que la sociedad espera y respondiendo según sus propios objetivos, intereses y expectativas, y no en función de los que como adultos establecemos para con ellos. Teniendo en cuenta esto, solo debemos conectar con lo que sentimos por nuestros hijos y lo que vemos en su interior. Esto nos ayudará a tratarlos viendo su verdadera esencia y a que ellos se identifiquen con esta esencia y no anhelen otras.

Es muy importante que nos permitamos tener emociones muy diferentes cuando hacemos este tipo de ejercicios. Puede ocurrir que nos culpemos por los errores que creemos que cometemos con nosotros mismos y con nuestros hijos, que sintamos rabia por tener que aceptar los errores y el malestar que podemos provocar en nuestros hijos con nuestras acciones, que nos avergoncemos porque pensamos que podríamos haber actuado de otra manera en un momento determinado, que nos invada la nostalgia por años pasados que no podemos recuperar, que nos llenemos de alegría por lo dichosos que nos sentimos de tenerlos y ser sus padres, que nos solidaricemos con sus necesidades y sus emociones, que nos sintamos plenos por el camino que estamos recorriendo... En definitiva, podemos experimentar emociones antagónicas que se irán recolocando poco a poco si las dejamos fluir y de alguna manera las disfrutamos reconociéndolas, entendiéndonos a nosotros mismos y perdonándonos cuando debamos hacerlo, sabiendo que nuestras intenciones siempre son y han sido buenas, solo necesitábamos guía y, sobre todo, una adecuada autoestima.

Los niños merecen ser libres. Son pura creatividad y fantasía, imaginan e inventan mediante el juego y así aprenden, configuran su personalidad y van desarrollándose. Los adolescentes son pura magia, están sumergidos en dudas existenciales continuas y necesitan de nuestro cariño y comprensión para desarrollarse, autoconocerse y aprender a respetarse, teniendo en cuenta, además, el entorno social en el que encajan, que en esos momentos es su único mundo. Nuestros hijos necesitan que respetemos esa imaginación y esa magia con flexibilidad, cariño y entrega, que los ayudemos a comprenderse a sí mismos, alejando la sumisión y la exigencia, logrando el equilibrio familiar y consiguiendo la autoestima real para todos.

La resiliencia emocional solo se consigue siendo uno mismo

Sufrimos por nuestros hijos constantemente. Este sufrimiento suele proceder de nuestra baja autoestima, ya que es tanta nuestra propia inseguridad que creemos que estamos haciendo muy mal nuestro papel de padres.

Creer que debemos ser duros, exigentes, autoritarios y mandar sobre nuestros hijos para que aprendan a saber quiénes son y, en consecuencia, sean libres, respetuosos, responsables y autónomos en su etapa adulta es un gran error, puesto que los conduce a lo opuesto. No hay nada que limite más durante toda la vida que el haber tenido una infancia en la que no pudimos depender de nuestros padres. Durante la infancia, la dependencia emocional bien atendida es, precisamente, lo que nos hará libres y nos librará de la dependencia emocional de los demás tanto de niños y adolescentes como de adultos (aprenderemos más adelante a saber diferenciar entre la sobreprotección y el respeto real por sus necesidades). Es un error muy común creer que, si les tratamos con respeto, permitimos que dependan de nosotros y les proporcionamos atención y cuidados, vamos a malcriarlos o volverlos unos violentos que no respetarán a nada ni a nadie.

Como madres y padres, tenemos el deber de educar en un clima en el que nuestros hijos no solo se sientan protegidos, amados, escuchados, alentados, atendidos y comprendidos, sino también en un ambiente donde se mantenga el espíritu alegre y el buen humor a pesar de las adversidades, y se vea la parte positiva de las cosas para quedarse con ello como comodín para cuando las cosas no sean tan divertidas. Al permitir que saquen su lado alegre y positivo hasta en los momentos más difíciles y hacer que integren ese *modus operandi* para el resto de sus vidas, conseguimos que nuestros hijos sean verdaderamente resilientes, entendiendo resiliencia como la capacidad para superar adversidades y desarrollar herramientas internas para afrontar las diferentes situaciones que la vida nos presenta.

Debemos acercar a nuestros hijos a su verdadera esencia, a lo que hay dentro de ellos, como si pudiésemos ver su alma* por un agujerito y la motiváramos a ser realmente quien ha venido a ser, desde la incondicionalidad que profesamos a nuestros hijos y el respeto por su verdadero yo.

No podemos permitir que nuestros hijos quieran parecerse constantemente a alguien, que su premisa sea alcanzar los objetivos logrados por otras personas solo porque a nosotros como padres eso nos produzca admiración, sino que debemos ayudarlos a que elijan su propio camino, valorando

---

* Debes pensar en lo que te haga sentir mejor, huyendo de toda imposición religiosa, conectando con esa esencia de la forma en la que la entiendas tú.

qué es lo que quieren en cada momento; que se tomen las dificultades como oportunidades de aprendizaje, que aprendan a convivir con el miedo y lo lleven como compañero de viaje sin dejar que los domine, siendo críticos consigo mismos sin rebajar su autoestima, solo para crecer personalmente todavía más, consiguiendo que sean conscientes, hoy y siempre, de que en la vida no hay nada más preciado que ser ellos mismos.

Nuestros hijos ya son únicos y especiales por ser quienes son, no deben parecerse a nadie. Dejemos entonces que se desarrollen siendo dueños de sus propias vidas, démosles la mano a lo largo del camino y dejémosles nuestro hombro para que se apoyen y sientan sus emociones, ofreciéndoles siempre nuestra guía sin juicio, sin crítica y sin menosprecios. Permitamos que se descubran a sí mismos sin pintar su lienzo por ellos.

¡Es el momento de actuar!

- Acepta tu verdadera esencia.

- Conoce tus emociones en profundidad, comienza por reconocer el motivo que hay detrás de cada una.

- Deja el victimismo atrás.

- Dedícate tiempo personal sin interrupciones.

- Trabaja en potenciar tus talentos, enfocándote en ellos y respetándolos.

- Mejora tu fuerza de voluntad, esforzándote un poco más cada día.

- Deja a tus hijos ser ellos mismos.

- Respeta su imaginación y sus emociones.

- Busca siempre el lado positivo de las situaciones y enséñales a tus hijos a hacerlo también.

Cada estrella
es un espejo
que refleja
la verdad
dentro de ti.

Aberjhani

4

El origen de tu autoestima es el origen de la autoestima de tus hijos

Nuestra voz interior, el niño que fuimos

Uno de mis alumnos, Javier, de cuarenta y tres años, comenzó la formación casi a la fuerza, espoleado por su mujer. Esto es algo que casi nunca sale bien, puesto que solo aprende quien está preparado para hacerlo. Si te obligan a aprender o a cambiar y no estás verdaderamente motivado para ello porque no ha llegado aún tu momento, el objetivo se tornará fatigoso y casi llegarás a aborrecerlo.

No obstante, en su caso, aunque renegaba y no parecía dispuesto a cambiar, Javier me contó más adelante que algo en su interior le decía que quizá había otra forma de hacer las cosas y podía comenzar a tratar a sus hijos y a sus alumnos (también es profesor) de una manera distinta, que tal vez podía mejorar lo que sabía hasta entonces, ya que ni la relación con sus hijos ni con sus alumnos era buena.

En el momento en que empezó a ver resultados en su pareja, comprobó que, efectivamente, las cosas podían hacerse de otra manera. Ella no gritaba tanto, perdía menos los nervios, parecía estar feliz cada día, conectada con sus hijos, y resolvía los conflictos comunes sin accesos de ira... Javier se puso en contacto conmigo porque quería hacerlo igual que ella y profundizar, sobre todo, en el tema de la propia infancia, la voz o el niño interior.

A Javier eso de que «todos llevamos un niño dentro» le parecía una auténtica tontería y se veía incapaz de recordar nada que tuviese que ver con su infancia. Por tanto, tuvimos que comenzar desde cero para que pudiera comprender la relación entre su infancia y su vida adulta, así como la relación actual con sus hijos y con sus alumnos. Una vez que comenzó este trabajo, nada volvió a ser lo mismo en su vida, todo se recolocó como por arte de magia, se conoció de nuevo a sí mismo, supo darse un lugar en este mundo, con su familia, amigos y trabajo, reconstruyó su autoestima y reeducó la relación con sus hijos, contribuyendo a que ellos también equilibraran su autoestima y cambiaran su visión de ella para siempre.

A la voz o niño interior podemos llamarlo de múltiples formas, puesto que no es más que una manera de poner nombre a cuestiones que no fueron atendidas óptimamente en nuestra infancia y adolescencia y que, por ello, seguimos arrastrando actualmente y determinan nuestra vida: el niño que éramos conforma quienes somos hoy. Esta voz interior la tenemos todos, puesto que todos pasamos por una infancia que marcó la base de nuestra existencia.

Es posible que tengas reticencias para trabajar esto, es muy común. Mirar hacia atrás a veces es doloroso o desconcertante; no obstante, siempre es revelador y necesario. En este libro lo trabajaremos juntos, ya que hacerlo es la base para poder modificar nuestra autoestima y colocarla donde corresponde.

El niño que habita en nosotros es ese ser emocional, esa voz a la que consideramos nuestra alma, nuestro yo verdadero, que comenzó a desarrollarse y a acompañarnos en nuestra más tierna infancia. La reconoces, ¿verdad? ¿Cuándo crees que la empezaste a escuchar y a reconocer?

En mi caso, comencé a reconocerla cuando tenía unos seis años, sin ningún tipo de guía ni ayuda (lo ideal es que nos ayuden a conocer quién es esa persona que habita en nosotros, nos guíen y nos enseñen a quererla y escucharla). Me di cuenta de que eso que vivía en mí era precisamente mi yo, y que no solo debía amar y respetar mi cuerpo físico, sino también a esa voz que, interiormente, me indicaba el camino, me decía qué pensaba en realidad, qué sentía, qué quería y qué necesitaba.

Siempre pensé que cuando me hiciera mayor esa voz interior, esa persona que estaba ahí, sería distinta, pero no, sigue siendo yo, todo este tiempo ha sido yo y es ahora cuando he aprendido a cuidarla y a amarla tal y como es, con sus defectos y virtudes, mejorando lo que se puede, aceptando lo que no y abrazando lo que es.

Durante nuestra infancia, se nos preparó para ser quienes somos hoy. Esta preparación se desarrolló en forma de un sistema interior que se ha quedado dentro de nosotros.

Debemos imaginarnos como si fuéramos un ordenador con un *software* concreto. Este ordenador sale así al mercado, pero después descubren que ese *software* de serie tiene muchas carencias y es necesario hacer diferentes actualizaciones y reestructuraciones para que funcione de manera óptima y le podamos sacar todo el partido. En nuestro caso, ese *software* lo configura la forma en la que nos han tratado, las necesidades que nuestros padres cubrieron o no, la manera en la que se relacionaban con nosotros y el afecto con o sin condiciones que nos demostraron. Cuando no trabajamos a ese niño o niña que habita en nosotros, es como si dejáramos que ese ordenador funcionara con las carencias de serie: se queda parado cada dos por tres, de repente el ratón no funcionar, la pantalla se pone azul o el Word se cuelga... Por tanto, si no indagamos en ese niño y no lo atendemos ni lo reparamos, surgen dificultades en nuestra vida presente y en nuestra autoestima, así como, por supuesto, en la relación con nuestros hijos y nuestra pareja y en todos los ámbitos de nuestra vida.

A nosotros no se nos queda la pantalla congelada, pero, si gritamos todo el tiempo a nuestros hijos y no sabemos frenarnos o les amargamos la existencia comparándolos con sus hermanos o compañeros de colegio (a veces, a sabiendas de que eso muy respetuoso no es), entramos en estados depresivos sin saber muy bien qué hacemos y para qué estamos aquí e incluso nos preguntamos por qué hemos tenido hijos si en realidad no nos hacen felices. Nos cuesta comprender sus emociones y nos dan ganas de pegarles cuando explotan, se quejan o lloran, y nos invade una culpa que nos atrapa y nos sumerge en un laberinto sin salida.

Tenemos muchos miedos que no nos dejan avanzar, vivimos con ansiedad y estrés continuo, e incluso con dolores físicos crónicos (de espalda, estómago, cabeza...). Repetimos palabras y actitudes con nuestros hijos que juramos y perjuramos que nunca tendríamos, etc. En realidad, quien siente todo es tu voz interior, llena de carencias infantiles y adolescentes, y que de alguna forma sigue esperando ser tratada y escuchada como merece y necesita.

Cuando les pregunto a mis alumnos qué es lo que necesitan como adultos para poder ser ejemplo de templanza y cariño en los momentos en los que sus hijos se enfadan, frustran, gritan o tienen una explosión emocional, siempre me contestan que ellos mismos necesitarían ese trato cariñoso y esa templanza. Es decir, cuando nuestros hijos explotan nos vendría muy bien que otro adulto a quien amamos nos cuidase, nos diese su cariño y su amor, nos dijese que está ahí para atendernos con tranquilidad, nos diese su apoyo y nos ayudara a hacernos fuertes para poder tratar bien a nuestros hijos cuando están sintiendo esas emociones. De alguna forma, seguimos necesitando lo que no obtuvimos, puesto que, cuando una persona ha sido bien atendida durante su infancia y sus emociones han sido aceptadas, acompañadas y respetadas, no pierde los nervios ante las emociones de sus hijos, puesto que ya fue atendida cuando tocaba y ahora tiene la madurez emocional suficiente como para equilibrar sus emociones y atender las emociones de los más vulnerables: sus hijos. Y se rescata a sí misma, no sigue necesitando que nadie la rescate.

Por lo tanto, ahora, siendo adultos, los únicos que podemos ayudarnos somos nosotros mismos. Aprender a darnos lo que no nos dieron (analizándonos, conociéndonos, prestándonos atención, escucha y amor) es precisamente el quid de la cuestión: hacer que esa voz que somos y que habita dentro de nosotros entienda de una vez por todas que es amada por quien es y no por lo que hace o deja de hacer. Desde el momento en que entendemos que solo nosotros mismos podemos salvarnos, empezamos a ver la vida de otra manera, aprendemos a superar las adversidades con motivación y a ser felices, conociendo realmente quiénes somos. En consecuencia, nuestra autoestima será real y para siempre, propiciando que la de nuestros hijos también lo sea.

Reconocer esa voz dentro de ti, a ese niño o niña que todavía sigues siendo y que necesita lo que no obtuvo, así como ser consciente de lo que sí obtuvo, es lo primero que debes hacer.

EJERCICIO: CÓMO TE SENTISTE DE NIÑO/A

Para ayudarte con este reconocimiento y valorar cómo te sentiste de niño o niña, te propongo que hagas el siguiente ejercicio y completes las siguientes frases. Puedes hacerlo en la libreta que te acompaña durante este trabajo o donde desees. Intenta explicarte en varias líneas. Recuerda estar totalmente a solas, sin interrupciones y tranquilo, tomándote tu tiempo:

1. Me gustaba complacer a mi madre y a mi padre. Lo solía hacer de esta manera ....
2. Experimentaba emociones que me producían buenas sensaciones si mi mamá o mi papá ....
3. El peor día de mi infancia fue ....
4. Durante la noche me sentía ....
5. Los conflictos conmigo solían ser por ....
6. Me decían no sobre todo cuando ....
7. Mi madre/padre decía a otros adultos que yo era ....
8. Me ridiculizaban si ....
9. Las notas académicas en mi casa eran consideradas ....
10. Lo que más miedo me daba de mi madre/padre era ......
11. Si lloraba me decían que ....
12. Lo que más me gustaba en el mundo era ....

13. Cuando se enfadaban conmigo ....
14. A la hora de la comida ....
15. Si me enfadaba ....
16. Me solían comparar con ....
17. El número de abrazos diarios por su parte era de aproximadamente ....
18. De mis amigos decían ....
19. Hablábamos de la sexualidad de forma ....
20. El tiempo diario que pasábamos juntos era ....

Esta reflexión intensa pero necesaria nos permitirá abrir la puerta hacia nuestro interior y nuestros verdaderos sentimientos. Una vez que la abrimos, no hay vuelta atrás: todo irá a mejor en nuestras vidas, equilibraremos nuestra autoestima y ayudaremos a crear una autoestima real en nuestros hijos.

Es posible que, al comenzar este trabajo, no sepas qué le ocurre a tu memoria. Llegarás a plantearte si recuerdas verdaderamente algo o no, o si has inventado parte de tus recuerdos, y te sentirás un poco perdido a medida que vayas recordando situaciones, emociones y relaciones. Lo cierto es que la memoria en la infancia comienza a consolidarse a partir de los tres años y medio, aproximadamente. Esto quiere decir que, hasta entonces, el cerebro ha estado tan ocupado aprendiendo a un ritmo frenético que no retiene los recuerdos tan pronto, por eso la memoria suele «despertar» a partir de esa edad. No obstante, desde los seis años todo comienza a ser más sólido y podemos recordar muchísimas cosas de nuestro pasado, que se instauran en la consciencia de forma permanente, haciéndose cada vez más palpables en nuestra memoria.

Las vivencias y situaciones relacionadas con las personas,

sobre todo con nuestras figuras de apego, se recuerdan con total seguridad, mientras que las cuestiones vinculadas con cosas materiales se olvidan más fácilmente.

Debemos saber que los recuerdos se van almacenando en nuestra memoria como si fuese una cámara de seguridad, que se abre solo cuando nosotros lo deseamos verdaderamente. Además, estos recuerdos inconscientes se alojan en nuestro cerebro y nos influyen a la hora de tomar decisiones, relacionarnos y educar a nuestros hijos. Por tanto, los recuerdos no se borran, se quedan para siempre y nos definen.

Al estar almacenados en nuestro cerebro, este escoge cuáles necesita conscientemente para poder sobrevivir. Esto quiere decir que hay muchas cuestiones que nos hicieron mucho daño y que decidimos olvidar y nos quedamos solo con lo que es útil para nuestra vida, desechando aquello que pone en peligro nuestro equilibrio, al menos el equilibrio que creemos que tenemos. Sin embargo, aunque no recuerdes algo, esa memoria está dentro de ti y deja una huella inconsciente en tus emociones y decisiones, tal y como constató el neurocientífico inglés Martin Conway.

El cerebro es selectivo y decide qué recordar para que lleves tu vida lo mejor posible, moldeando así los recuerdos según tus necesidades. Por esa razón, puede que al comenzar este trabajo no tengas muchos recuerdos o incluso busques justificaciones para cosas que sucedieron. Por ejemplo, si tus padres pasaban poco tiempo contigo, tendrás la necesidad de justificarlos y pensarás «trabajaban mucho», «lo hicieron como pudieron», etc. De alguna forma, crees que estás fallando a tus padres y sientes que vas a dejar de tener su beneplácito o aceptación si haces algo diferente a lo que te inculcaron o, si finalmente lo llevas a cabo, vives con miedo por sus constantes juicios y críticas.

Como adultos, podemos elegir educar a nuestros hijos y vivir de acuerdo con el camino que, en nuestro interior, sentimos que es el verdadero. Aceptaremos la manera en la que nuestros padres lo hicieron y los entenderemos, pero sin dejarnos arrastrar por lo que puedan pensar de nuestras decisiones, que, al fin y al cabo, deben ser solo nuestras.

RECUERDOS QUE RECUERDAS

SÍ

Generaron emociones que te influyen hoy.

Que mayoritariamente son conscientes.

Tomas decisiones según ellas.

NO

Generaron emociones que te influyen hoy.

Inconscientes.

Tomas decisiones según ellas aunque ni siquiera te das cuenta.

TRABAJAR LA VOZ INTERIOR PARA CONOCER LAS EMOCIONES EN PROFUNDIDAD

Mientras realizas este trabajo, es importante que no te centres en tus padres, puesto que este proceso de autodescubrimiento es tuyo. Solo debes centrarte en ti, en tus emociones, en lo que sentías, en lo que necesitabas... Poco a poco irán aflorando más y más recuerdos e irás dejando que salgan muchas emociones que tenías escondidas, pero que te liberarán.

Nuestra infancia marca nuestro camino para siempre y de ella depende nuestra autoestima; además, en función de cómo fue nuestra infancia educamos a nuestros hijos durante la suya. Puede que siempre hayas sido consciente de las carencias con las que te educaron tu madre o tu padre, pero huyes una y otra vez para no cometer los mismos errores, a sabiendas de que es muy difícil no hacerlo debido a la gran falta de amor por ti mismo. Ese intento incansable de no repetir patrones te desgasta y te hace cometer otros errores; quizá dedicas tiempo a tus hijos, pero estás deseando que ese tiempo se acabe o revisas tu móvil todo el rato. O puede que ni tan siquiera seas consciente de las cosas que te dañaron y seas fiel a todo lo que viviste, pese a tu falta de autoestima y a tu desequilibrio, y, en consecuencia, eduques a tus hijos de la misma forma.

Tanto en un caso como en el otro no podrás ser realmente tú. Vivirás en función del *software* de tu infancia y pasarás ese legado a tus hijos, que no se conocerán a sí mismos y tendrán que redescubrirse en la vida adulta, si es que la consciencia los lleva hasta allí.

Responsabilidades de tus padres durante tu infancia y adolescencia

Ya sabes que, desde mi primer libro, que escribí en 2016, hablo de las necesidades en la infancia y adolescencia y de las consecuencias negativas que tiene para nuestros hijos no cubrir esas necesidades. También hablo de lo revelador que resulta trabajar nuestra propia infancia para poder ser lo que verdaderamente queremos y necesitamos ser no solo como madres y padres, sino en todos los ámbitos de nuestra vida.

Y este libro, por tanto, no podía ser menos. La autoestima, como ya hemos integrado a lo largo de la lectura, es el resultado directo del trato recibido durante nuestra infancia y adolescencia. Para poder recolocar nuestra autoestima y ser unos buenos modelos para nuestros hijos e hijas en ese aspecto, debemos hacer un estudio exhaustivo del trato recibido.

¿Cómo era nuestro cerebro cuando éramos niños?

Nuestro cerebro era y sigue siendo totalmente social. Esto quiere decir que se va formando y transformando en función de las relaciones con las personas de nuestro entorno. Por tanto, podemos afirmar que nuestras figuras de apego configuran nuestro cerebro mediante el trato que nos dispensan, y nuestra identidad depende de las relaciones que tenemos y de si nos sentimos acogidos por las personas con las que convivimos. Nuestra autoestima está determinada por las relaciones sociales y personales más cercanas que tuvimos durante nuestra infancia.

El acompañamiento que recibimos cuando somos niños y adolescentes se convierte en nuestra carta de presentación, determina nuestra autoestima y es la base sobre la que la sostenemos, configura nuestros valores, prejuicios, actitudes, emociones, decisiones, pensamientos..., lo que influye en las relaciones con nuestros hijos y con los demás, así como en el entorno y las experiencias vividas y las que nos quedan por vivir.

Nuestra identidad es cambiante y se va adaptando a las experiencias que tenemos, a las personas que vamos conociendo a lo largo de nuestra vida y a la influencia de otras culturas, pero nuestra carta de presentación siempre será la misma. Sin embargo, debemos saber que podemos realizar cambios (más costosos a medida que pasa el tiempo), pero que nunca es tarde para llevarlos a cabo.

Como nuestro cerebro se adapta, nuestras emociones, pensamientos, creencias y todo lo que el cerebro contiene de una forma inconsciente y automática aprende a funcionar a medida que interactuamos con las personas que más amamos y nos aman. En consecuencia, nuestra motivación vital, aquello que da significado a nuestra vida, también se elabora en función de la relación con nuestros padres. Esta es la razón de que todo lo que hay dentro de nosotros esté influido poderosamente por lo que nuestros padres construyeron para nosotros, lo que nos mostraron. Esto hace que, incluso teniendo un juicio interior propio, nos dejemos arrastrar por la realidad que ven, necesitan y sienten nuestros padres.

La autoestima crea una armadura resistente y las ideas arraigadas que tenemos sobre nosotros mismos no son las conclusiones que hemos sacado de nuestra propia observación interior, sino que se han ido creando en función de lo que hemos escuchado a nuestros padres, de la percepción que tienen de nosotros y de lo que nos han ido inculcando con la ayuda de familiares, profesores y otras personas de nuestro entorno.

Por ejemplo, si tus padres decían que de pequeño comías muy mal porque nunca te acababas todo lo que había en el plato, es posible que también tu abuela, tu tío, tus primos, la profesora del colegio, etc., asumieran esa etiqueta. Así, todo tu entorno quedó impregnado de este estigma, incluso tú mismo, hasta el punto de que quizá ahora comes mucho o poco, de forma no equilibrada, o eres muy autoexigente en este ámbito y no sabes cómo manejar la alimentación de tus hijos, y, cuando no se lo quieren comer todo, experimentas mucha ansiedad por culpa de esa misma etiqueta. Lo que nos dicen y las acciones que nuestras figuras de apego llevan a cabo en ese ámbito se convierte en nuestro diálogo interior y ejerce una influencia vital.

Esta armadura que ha elaborado la autoestima es fuerte, pero se puede modificar, por lo que podemos ir librándonos de ella y ser capaces de generar cambios en nuestra carta de presentación. Eso es lo que pretendemos con esta lectura; el proceso, además, nos ayudará a que nuestros hijos e hijas elaboren su propia carta de presentación para que ahora y en su vida adulta puedan mantenerse en equilibrio y no tengan que cargar una mochila que luego es muy difícil vaciar.

Sabiendo que nuestro cerebro es una esponja durante la infancia y adolescencia y que todo lo que dicen de nosotros es lo que acabamos creyendo de nosotros mismos, vamos a aprender ahora las responsabilidades que nuestros padres tenían para con nosotros —además de las básicas (proporcionarnos comida, higiene, descanso...)— para comprender nuestra autoestima de hoy y poder hacer los cambios que creamos necesarios, así como integrar que todas estas responsabilidades son las que tenemos para con nuestros hijos e hijas.

Estas son las pautas y las premisas que deberemos seguir para que nuestros hijos puedan tener una buena salud mental ahora y en el futuro.

La responsabilidad de aceptarnos tal y como somos

Sentir durante la infancia que pertenecemos a nuestro hogar y que somos tan importantes como las personas adultas que lo conforman es básico para poder desarrollar una buena autoestima.

Era tarea de nuestros padres hacernos sentir importantes y aceptados para que de esta forma pudiéramos reconocernos a nosotros mismos y conocernos en las relaciones con los demás. La aceptación verdadera hacia nuestro ser debió darnos una tranquilidad y seguridad dentro de nuestra familia, y eso es lo que conforma nuestra autoestima actualmente y posibilita nuestro equilibrio emocional. Sin embargo, si no se nos aceptó de esa forma, ocurre totalmente lo contrario.

A menudo, creemos que nos aceptaron y nos aceptan tal y como somos sencillamente porque ni siquiera nosotros mismos sabemos cómo somos. Cuando nos ponemos a escarbar, nos damos cuenta de que hemos aprendido a aceptarnos de la manera que nos han hecho creer que éramos, pero no como realmente somos. Por tanto, descubrimos que somos a imagen y semejanza de las expectativas de nuestros padres, pero no de las nuestras.

Por ejemplo, si en tu infancia eras muy movido y no te permitían expandirte según tu necesidad cerebral (y, por tanto, tus padres creían que lo correcto era que te estuvieras quietecito y te reprimían), no te aceptaban tal y como eras, sino que hicieron que moldearas tu propia aceptación en función de lo que ellos creían óptimo. Probablemente, no dejas que tus hijos se muevan, los comparas contigo (tus padres y familia extensa también lo hacen) e intentas moverte poco para ser fiel a esa aceptación superficial de ti mismo, según la cual consideras que la necesidad de movimiento es incorrecta, etc.

Ejercicio: ¿te aceptaban tal y como eras?

Cuando no te aceptan realmente como eres, acabas sobreviviendo (que no viviendo en plenitud) en función de lo que dicen o piensan los demás, intentando no fallar a tus padres y valorando una y otra vez si eso estará bien visto o, por el contrario, si debes reprimirlo para que nadie se sienta mal, aunque quien se acaba sintiendo mal eres tú, que creces siendo una persona que no eres. Para trabajar esta relación con tu aceptación personal, debes revisar muy dentro de ti y escuchar lo que tu voz interior quiere explicarte, lo que tu yo infantil sintió.

En mi caso, siempre he sido una persona muy sensible, lloraba por todo lo que me impactaba, desde ver una puesta de sol a escuchar una canción que me inspiraba o abrazarme a mi perro, al que aún echo de menos... También hoy sigo llorando por cosas como esas y por muchas más. No soy una persona débil o insegura, no obstante, así me hacían creer que era porque me emocionaba con las cosas más simples del día a día. Cuando íbamos al cine, por ejemplo, mi madre se reía de mí si lloraba viendo la película. Hace muy poco tiempo que comprendí que ser así es tan lícito como ser de cualquier otra manera, y comprender eso me ha facilitado ser yo misma y sentirme unida a mí, tal y como soy, respetándome y reconociéndome.

Este mismo ejercicio de reflexión es el que te pido que realices. Te doy algunas ideas más para ayudarte.

Solían no aceptarnos si:

- Éramos tímidos.
- Llorábamos mucho.
- Teníamos miedo por la noche.
- No queríamos dar un beso a la abuela.
- Éramos muy altos o muy bajos.
- Las notas eran pésimas para ellos.
- Nos decían que nuestros hermanos eran mejores.
- No aprobaban nuestra orientación sexual.

Intenta responder a la siguiente pregunta de manera honesta. Si no lo haces, solo te estarás fallando a ti mismo. Te aconsejo que lo hagas en un lugar tranquilo y sin presión:

> ¿En qué aspectos crees que no te aceptaron tal y como eras, y eso hace que hoy no te aceptes totalmente?

Por supuesto, debes valorar cómo influye tu respuesta en la relación con tus hijos e hijas, si los aceptas tal y como son o sueles querer que sean como tú quieres que sean, como la sociedad espera y como está aceptado a todos los niveles.

Es clave para su autoestima que esta aceptación sea total, sincera y mantenida a lo largo del tiempo.

La responsabilidad de proporcionarnos amor incondicional

El amor incondicional es uno de los componentes de la Educación Real®. Sin él es imposible tener una óptima autoestima. Es, como su propio nombre indica, un amor sin condiciones, una manera de amar honesta y verdadera en la que no buscamos la perfección de las personas a las que amamos, tampoco tenemos expectativas con ellas ni un camino marcado, no queremos que sean ni se comporten de ninguna forma. Las amamos por el simple hecho de ser, no hay fallos que puedan cometer que hagan que dejemos de demostrarles nuestro amor.

Este tipo de amor solo es posible entre padres e hijos. De hecho, los hijos anteponemos a nuestros padres por encima de nosotros mismos debido a esta incondicionalidad, a pesar de sus errores y dificultades. Ahora bien, este amor incondicional de padres a hijos a veces se ve eclipsado, entre otras cosas, por la presión social, los mitos entorno a la infancia y la adolescencia y nuestra propia infancia. En consecuencia, dejamos de demostrar este amor a nuestros hijos y nos limitamos a demostrarlo solo cuando hacen, dicen y se comportan como queremos, o cuando dejan de hacer, decir y comportarse como no nos parece bien.

Los padres deben mostrar el amor sin condiciones a sus hijos física y emocionalmente todos los días y a todas las edades. Es el alimento necesario para construir una base emocional y una autoestima óptimas en el presente y el futuro. Una persona que se siente amada de manera incondicional durante su infancia y adolescencia se sentirá por siempre segura de sí misma y segura con los demás, se querrá incondicionalmente sabiendo ver sus defectos y sus virtudes, se aventurará a vivir nuevas experiencias sin importar los aciertos y los errores, se caerá y se levantará, lo intentará una y otra vez, sabrá convivir con el miedo sin que este la paralice y se amará a sí misma eternamente.

Ejercicio: ¿te sentías amado incondicionalmente?

Plantearnos esta cuestión es sincerarnos con nosotros mismos, además de acercarnos a nuestra verdadera esencia. Supone comprender muchas de las cosas que hemos hecho, sentido y pensado, así como otras que hacemos hoy en día con nosotros mismos, nuestros padres y nuestros hijos. Este tipo de ejercicios, lejos de tener el objetivo de hacerte sentir mal, son herramientas pacificadoras entre el niño que fuiste y la persona adulta que eres. Te ayudarán a comprender que sigues amando a tus padres tal y como son, pero sabrás revisar el amor recibido, para, de esta manera, sentirte más preparado para aportar a tus hijos un amor incondicional.

En mi caso, el amor que sentía era condicional. Se trataba de unas condiciones no basadas tanto en mis propios comportamientos, sino más bien en el estado emocional de mi madre. Si ella estaba de buen humor y se sentía equilibrada, todo era amor y besos; si se sentía desequilibrada (por problemas de pareja, trabajo o consigo misma), entonces asomaba la violencia. Yo solo me sentía querida a veces y eso no es sentirse amada de forma incondicional. Eso producía en mí el deseo de mantener en equilibrio sus emociones como si yo, siendo una niña y no estando en su interior, pudiese ocuparme de ello. Me preocupaba todo el rato por cómo estaba ella y cómo me iba a tratar, me sentía insegura en otras relaciones con amigos, profesores y tíos, por si la forma de establecer afecto de estas personas funcionaba de la misma manera.

Por supuesto, mi madre también tuvo infancia, una infancia marcada por el continuo maltrato físico y psicológico de su padre hacia su madre, hacia ella y sus hermanos; además su abuelo intentó asesinarla dos veces. Todo eso fue muy duro y marcó la vida de mi madre, la de mis tíos y la de mi abuela para siempre, pero que yo sienta empatía por esa situación no me exime de trabajar mi infancia con sinceridad. Que yo entienda las carencias de mi madre no significa que las deba justificar. Aceptarlas solo aportará lucidez a mi vida.

Te doy algunas ideas más que te pueden ayudar. Solíamos no sentirnos amados incondicionalmente cuando:

- No hacíamos lo que se nos pedía.
- Gritábamos o corríamos.
- Pegábamos a nuestros hermanos.
- No nos comíamos todo.
- En el colegio nos castigaba la profesora.
- Teníamos explosiones emocionales en la calle.
- No queríamos dar la mano para cruzar.
- Teníamos miedo por la noche.

Contesta a estas preguntas de forma tranquila y observa las emociones que te provoca:

> ¿En qué situaciones no te sentías amado incondicionalmente y en cuáles sí sentías ese amor incondicional? ¿Cómo crees que ha afectado esto a tu autoestima?

Como ves, el amor incondicional va íntimamente ligado al punto anterior, puesto que cuando te aceptan como eres realmente te aman de forma incondicional, en las buenas y en las malas, en situaciones difíciles o más sencillas, ya crean que tu actuación ha sido correcta o incorrecta.

El amor incondicional que recibiste es proporcional al amor incondicional que das a tus hijos, puesto que amas como te han enseñado a amar. Pero no debes alarmarte por ello, es lo más natural: durante la infancia y la adolescencia nuestros padres son el espejo en el que nos reflejamos y, por tanto, repetimos patrones cuando crecemos, sobre todo si nos toca ejercer el papel de progenitores.

Lo importante es realizar este trabajo para equilibrar tu

autoestima y mantenerla en este estado para siempre, así como para poder ayudar a tus hijos a que tengan siempre la autoestima real suficiente como para ser ellos mismos.

La responsabilidad de protegernos

Parece que todos tenemos aparentemente claro que debemos proteger a nuestros hijos. Cuando pensamos en esta protección, nuestra mente nos lleva directamente a pensar en las necesidades básicas de higiene, comida, agua, cobijo y protección ante los peligros físicos que pueda presentar el entorno, pero todo lo que se salga de eso hace que nos planteemos continuamente las mismas preguntas: ¿estaré protegiendo demasiado?, ¿esto es correcto o se va a volver una persona débil e inestable?

Lo cierto es que la protección óptima y segura es mucho más que atender las necesidades básicas de nuestros hijos. No debemos tener miedo a dar una buena protección, porque precisamente lo que hace de ellos seres débiles, inseguros y perdidos emocionalmente es no obtener aquello que, biológicamente, su cerebro necesita.

Sentirte protegido cuando eres niño es sentirte totalmente apoyado y lleno de afecto, sean cuales sean tus emociones, situaciones o decisiones; también que, cuando algo no puede ser, no se te juzgue por tu enfado o frustración, sino que se te dé cariño y comprensión y se te escuche de forma plena, teniendo una comunicación bidireccional en la que nadie es más que nadie.

Cuando nos sentimos protegidos por nuestros padres, nos sentimos protegidos en nuestro hogar y «como en casa». Parece contradictorio, pero millones de personas en su vida adulta confirman no haberse sentido «como en casa» en su propia casa, y eso se debe a que no sintieron ese calor de hogar tan necesario y difícil de describir.

Esta desprotección también nos hace protegernos de los demás, como si de alguna forma no pudiésemos mostrar nuestro verdadero yo. Dicha autoprotección intenta aportarnos lo que no recibimos, pero de manera sesgada y mal gestionada. A veces no buscamos esta protección excesiva en nosotros mismos, sino que lo hacemos en una pareja, en una adicción, en el exceso de trabajo... De alguna forma, dependemos emocionalmente de ello y buscamos una y otra vez sentirnos protegidos y amados incondicionalmente.

Ejercicio: ¿te sentías protegido?

Habernos sentido desprotegidos cuando éramos niños nos influye a la hora de dar protección a nuestros hijos, de forma que, o bien acabamos controlándolos demasiado sin dejarles oxígeno y espacio para encaminar sus propias vidas y desarrollar su propia identidad, o bien abandonamos sus verdaderas necesidades emocionales.

En mi caso, solo me sentía protegida en mi habitación, puesto que allí me adentraba en mi propio mundo, con mi música y mis libros. Fuera de mi cuarto casi sentía que convivía con desconocidos que me aportaban cariño solo cuando estaban por la labor, que apenas me escuchaban ni me estrechaban entre sus brazos para hacerme sentir que mi casa era precisamente ese lugar, sus brazos.

Para darte algunas ideas más, solían no protegernos porque:

- Creían que con aportar lo básico (casa, comida, agua...) era suficiente, llegando incluso a echarnos en cara estas cuestiones básicas que hacían por nosotros.
- Pensaban que dar cariño nos volvía blandos.
- Su casa era suya y ellos eran los dueños, imponiendo normas y leyes poco coherentes con la infancia y adolescencia.

Reflexiona sobre esta pregunta y elabora un texto para responderla, con sinceridad y entrega:

> ¿Sentías tu casa como tu hogar o a menudo te daba la impresión de que no tenías el cobijo emocional suficiente?

Cuando somos niños (y durante toda nuestra vida), amamos de forma incondicional a nuestros padres. Cuando no nos sentimos correspondidos de esa forma y esa protección necesaria se nos escapa de las manos, nos pasamos los días intentando alcanzarla, por lo que dejamos de lado nuestra autoestima óptima y nuestra propia esencia para lograr dicha protección, tan ansiada.

Repetimos este mismo patrón con nuestros hijos, a quienes ponemos ciertos requisitos para aportarles esta protección. Es decir, si se lo comen todo, somos cariñosos y les ofrecemos nuestra mirada y aprecio; si no se lo comen, nos sentimos decepcionados, se lo hacemos saber y ellos lo perciben así y, en consecuencia, aunque no les quepa nada más en el estómago, se esfuerzan por comérselo todo para no dañarnos emocionalmente y no dejar de recibir lo que necesitan para gozar de una buena salud psicológica.

Hogar dulce hogar

La responsabilidad de ofrecernos atención plena

Para poder conseguir objetivos en nuestra vida, debemos dedicarles atención. Por ejemplo, si queremos aprender un idioma nuevo, es necesario que dediquemos nuestra atención de forma constante, delicada, motivada y plena; si queremos disfrutar de una alimentación sana, debemos atender a lo que comemos y a las premisas que seguimos para cuidar nuestro cuerpo y nuestra mente; si queremos que nuestros hijos e hijas sean personas mentalmente sanas y posean una autoestima real que les permita ser verdaderamente ellos mismos y no tener que andar perdidos por la vida hasta que decidan recuperarse de sus carencias, tenemos que atenderlos con dedicación y de forma plena y consciente, sin que ellos deban demandarlo, suplicarlo o pedirlo a base de llanto, irritabilidad, enfados o miedos, sino que sea algo que les aportamos diariamente sin miedo, sin pesar y sin queja.

Cuando no nos proporcionaban esta atención, creíamos en lo más profundo de nuestro ser que no éramos lo suficientemente importantes como para que nos la dieran y no nos sentíamos merecedores de ella. En consecuencia, nuestra autoestima no se construía como debía, puesto que la atención plena es imprescindible para el buen desarrollo, sobre todo, de los cero a los diecisiete años.*

La atención plena tiene las siguientes características:

- Estar al cien por cien con los hijos e hijas.
- No estar pendiente de otras cosas (ni móvil, ni televisión, ni la ropa por doblar...).

---

* Aprenderemos más sobre ello en el sexto capítulo de esta obra.

- Intercambiar momentos de atención plena exclusivos para cada hijo.
- Escuchar todo lo que tienen que decirnos.
- Mirarlos a los ojos.
- Dar muestras de cariño.
- Ser amables y pacientes sin que nos lo tengan que solicitar.

Esta atención debe ser totalmente plena para ser válida, es decir, que nuestros padres estuviesen a nuestro lado viendo la tele o hablando entre ellos no era mostrarnos atención, sino simplemente estar con nosotros. Esto no es atención plena, es solo estar en el mismo lugar sin compartir una verdadera conexión emocional.

Ejercicio: ¿Cuánta atención plena te dedicaban?

Si nunca gozamos de esta atención o fue escasa, la buscaremos siempre en otras fuentes y en otras personas, puesto que es la forma de rellenar nuestro vacío emocional interior.

En mi caso, nunca me proporcionaron esta atención, siempre había algo más importante, ya fuera en la tele, en el trabajo, en la pareja, en la obsesión por la limpieza del hogar... No hubo momentos a solas en los que compartiéramos no solo espacio, sino también cariño, risas, escucha, abrazos, en los que yo supiera que era de mi madre y mi madre era mía. Todo era bajo condicionantes que luego se convirtieron en mis habilidades sociales, llevándome a intentar ser la mejor amiga de todos, la mejor en la universidad, la mejor hermana, olvidándome de ser mejor conmigo misma.

Para darte algunas ideas más, no nos sentíamos atendidos si:

- Las cuestiones del hogar eran prioritarias y se anteponían a nosotros.
- Durante el tiempo compartido, las conversaciones entre adultos eran lo habitual.
- No había confianza emocional para comentar mutuamente nuestros sentimientos.
- Los momentos individuales con cada hijo eran escasos.

Intenta rememorar el día a día con tus padres y plantéate la siguiente pregunta:

¿Crees que te atendieron plenamente durante tu infancia y adolescencia?

Cuando no nos atienden de forma plena, carecemos de una autoestima óptima, puesto que interiormente creemos que hay algo en nosotros que no está bien, ya que no nos merecemos algo tan natural como la atención de una madre o un padre.

Es tanta la aversión social que hay a dedicar atención que siempre que un niño llora, se queja, quiere ir todo el tiempo con mamá, desea dormir acompañado o se enfada, enseguida pensamos que quiere llamar la atención. No somos verdaderamente conscientes de que no es que quiera llamar la atención y molestar al adulto, es que reclama algo que no solo merece, sino que también necesita para su bienestar psicosocioemocional.

La responsabilidad de proporcionarnos contacto físico

Parece algo evidente y natural: las madres y padres nos dan muestras de cariño físico porque son nuestros padres. Y sí, así debería ser.

Lo cierto es que con el contacto físico sucede lo mismo que con los puntos anteriores. Lo hemos convertido en una cuestión sujeta a condiciones y hacemos cosas como las siguientes: te doy un beso si haces los deberes, te abrazo si te duchas sin rechistar, te acaricio el pelo si tratas bien al bebé, etc. No solemos hacerlo en forma de amenaza, sino que nos sale como algo natural. Cuando acaba los deberes pronto y sin quejas, besamos a nuestro hijo, con un «muy bien» incluido para que el refuerzo sea mayor; cuando lo hemos secado después de la bañera lo abrazamos porque ese baño no ha sido intenso y se ha querido bañar a la primera, y si vemos que tiene un buen día con su hermana bebé, le acariciamos el pelo mientras duerme, entre otros ejemplos. De alguna forma, nos cuesta ofrecer contacto físico cuando nuestros hijos no hacen las cosas como a nosotros nos gustaría. Este condicionamiento implica que, como hijos, sientan que tienen que ganarse no solo nuestro amor y reconocimiento, sino también nuestro contacto físico.

Infinidad de estudios científicos han corroborado la importancia del contacto físico para llevar una vida digna, entre ellos los de la doctora experta en tacto Tiffany M. Field, de la Escuela de Medicina de la Universidad de Miami, quien constató que, al ser la piel el órgano más grande de nuestro cuerpo, tratarla con cariño, afecto constante y contacto nos ayuda a desarrollarnos óptimamente no solo psicológica, sino también fisiológicamente. Una de las razones por las que los adultos arrastramos una autoestima baja de por vida es, precisamente, no haber recibido el suficiente contacto físico por parte de nuestros padres, es decir, que, de manera natural y sin condiciones, nos besen, abracen, acaricien, etc. El contacto es básico para nuestra óptima salud mental.

A través del contacto físico percibimos todo el amor que nuestros padres nos profesan y comenzamos a amarnos.

EJERCICIO: ¿RECIBÍAS CONTACTO FÍSICO?

Al no recibir el contacto físico que necesitábamos, crecemos pensando que así debemos comportarnos con nuestros hijos, porque no somos conscientes del verdadero contacto físico que necesitan y no tenemos la posibilidad de ofrecérselo.

En mi caso, mi madre sí me daba besos y abrazos. El problema era que, la mayoría de las veces, esas muestras de cariño venían después de una explosión emocional de ella contra mí, es decir, provenían de su arrepentimiento. Me ha costado mucho tiempo aceptar que mi madre, ya en mi vida adulta, me bese o abrace. De alguna forma, me parecía antinatural que lo hiciese sin motivo aparente, sin una explosión emocional previa, sin enfado o arrepentimiento.

Para darte algunas ideas más, recibíamos muestras incorrectas de contacto físico cuando:

- No nos lo daban.
- Nos lo daban con condiciones.
- Lo recibíamos si hacíamos algo considerado correcto.
- Lo recibíamos si dejábamos de hacer algo que no debíamos hacer.
- Lo recibíamos si no sacábamos malas notas.
- Lo recibíamos si no nos enfadábamos.

Contesta a esta pregunta siendo fiel a la verdad que sientes ahora dentro de ti:

¿Tus padres te abrazaban y besaban diariamente sin condiciones?

En las familias, una de las cuestiones más repetidas respecto al contacto físico es precisamente obligar a los hijos a que besen y abracen a familiares o personas a las que no tienen ganas de abrazar ni besar. Es curioso que nuestros padres, sin apenas aportarnos ellos mismos contacto físico, nos obligasen a mantenerlo con extraños o familiares con los que no nos apetecía mantener esa intimidad.

Esto ocurría (y ocurre) únicamente por la incomprensión social hacia la infancia y la obsesión por quedar bien con los demás, hasta el punto de que importen más los sentimientos ajenos que los de nuestros propios hijos.

Es importante que no obliguemos a nuestros hijos a besar, abrazar o a tener ningún otro contacto físico con quienes no desean. Si queremos que aprendan a respetar su propio cuerpo y a decir no, esto es imprescindible.

Debemos poner límites a los demás y no dejar nunca que las emociones del resto dependan de nuestros hijos. Cada uno debe ser responsable de sus propias emociones.

La responsabilidad de sostenernos emocionalmente

Los adultos de hoy somos personas que de niños fuimos reprimidos emocionalmente. Estaba mal llorar, enfadarse, sentir frustración, rabia e incluso alegría, puesto que, si nos poníamos demasiado contentos y sentíamos esa euforia tan maravillosa, también éramos silenciados, no fuera a ser que nos comportásemos como niños ☺.

Esa manera de reprimir las emociones de los hijos sigue produciéndose actualmente, puesto que, en nuestra sociedad, las emociones y su expresión están mal vistas e incomodan. De alguna forma, creemos que un niño enfadado es un malcriado, un niño frustrado es un agresivo, un niño que grita es un maleducado, un niño que llora es débil... Y así nos pasamos los días etiquetando sus emociones de forma negativa (demonizándolas, me atrevería a añadir). En consecuencia, nos dedicamos a reprimir sus emociones, que se enquistan y hacen que nuestros hijos crezcan con una pésima educación emocional, presente y futura.

Las emociones que no se exteriorizan se quedan dentro de nosotros y se adormecen cerebralmente, esperando su turno y preparándose para aflorar en algún momento de la vida. Si durante la infancia y adolescencia no lo hacen porque a eso te han enseñado, se van quedando dentro y, después, surgen cuando tienes hijos, se despiertan de tu subconsciente y se liberan. Esta liberación es profundamente dolorosa, ya que no corresponde al presente, sino a algo muy lejano. Al tener hijos con necesidades emocionales, brotan de diferentes formas y solicitan su sitio, como si no quisieran permanecer escondidas durante más tiempo. Desean liberarse, pero lo hacen de una manera perjudicial para ti y para tus hijos.

La OMS (Organización Mundial de la Salud) indica que el 90 por ciento de las enfermedades tiene un origen psicosomático; por tanto, como ha constatado el doctor Ramón Bayés, psiconeuroinmunólogo de la Universidad Autónoma de Barcelona, los tratamientos psicológicos pueden utilizarse para mejorar el sistema inmune, habiendo una relación probada entre las emociones y nuestra salud física. Las emociones enquistadas, en consecuencia, tienen un efecto negativo tanto en el plano mental como físico y afectan a nuestro cerebro y su funcionamiento, llegando a provocar enfermedades como la depresión, la ansiedad crónica, la hipertensión, la diabetes e incluso el cáncer.

Los niños y los adolescentes no necesitan aprender a gestionar sus emociones ni que los reprimamos cuando las experimentan. Lo que su cerebro necesita es que los sostengamos y acompañemos emocionalmente, puesto que las emociones no se gestionan ni se reprimen: se experimentan, identifican, conocen y equilibran, y este proceso solo se puede llevar a cabo siendo acompañado en el camino.

Ya sabes que el Acompañamiento Emocional es una terminología que acuñé hace años. Este acompañamiento hace referencia al sostén que debemos aportar a nuestros hijos cuando están sintiendo, para que puedan expresarse sin dejar nada enquistado y eviten problemas físicos y mentales, aprendan de sus emociones y las identifiquen, tengan una educación emocional completa y logren no repetir patrones cuando les llegue el turno de educar a ellos.

EJERCICIO: ¿PODÍAS EXPRESAR TUS EMOCIONES?

Cuando no nos dejan expresar nuestras emociones, solemos sufrir de estrés y ansiedad y nuestro cuerpo lo expresa mediante miedos y dolores de estómago o de cabeza, por ejemplo. Es más, existe una relación directa entre las emociones reprimidas y las enfermedades más graves y mortales que existen hoy en día.

En mi caso, nunca podía hacer nada que se considerase

políticamente incorrecto a nivel emocional, ni gritar, ni enfa-
darme y expresarlo, ni frustrarme, ni explotar, ni decir lo que
sentía en esos momentos. Acabé creyendo que debía silenciar
mis emociones, dejándolas en el olvido del cerebro.

Para darte algunas ideas más, reprimían nuestras emociones si:

- Llorábamos.
- Gritábamos.
- Nos quejábamos por los motivos que fuese.
- Sentíamos celos de nuestros hermanos.
- Nos frustrábamos.

Reflexiona sobre la siguiente pregunta:

> ¿Podías expresar tus emociones sin que te coartaran?

Si nos han educado mediante la represión emocional, re-
petiremos patrones con nuestros hijos, aunque hayamos ju-
rado y perjurado que no educaríamos de esa misma forma
porque sabemos lo que es sentirse limitado emocionalmente.
Sin embargo, aun así, no podemos resistirnos a hacerlo de
forma incorrecta, puesto que no tenemos las herramientas
adecuadas ni suficientes para poder enseñar de la forma adecuada. Es imposible que tengamos una idea realista de lo que
es y supone sostener a nuestros hijos emocionalmente.

Cuando reprimen nuestras emociones, generamos más
cortisol, que es la hormona del estrés, y lo mantenemos en
niveles altos durante largos periodos de tiempo, lo que genera estrés crónico. Cuando esto ocurre, nuestro sistema ner-

vioso está estresado de forma constante y tenemos miedo, nervios, malestar emocional, problemas de sueño y dificultades sociales y personales.

Nuestro cerebro no goza de bienestar, alegría y esperanza, sino que vivimos en una tensión perpetua.

La responsabilidad de criarnos en un entorno sano

Crecer en un entorno sano, equilibrado, calmado, tranquilo, paciente y tolerante es una necesidad que tenemos todos los seres humanos para poder desarrollarnos de forma óptima durante la infancia.

Muchos de nosotros fuimos criados en un ambiente de gritos, amenazas, cariño condicional, exigente y de mano dura. No crecimos en el ambiente adecuado.

Aunque luchemos con todas nuestras fuerzas para cambiar esta atmósfera, lo cierto es que cuesta fomentar un ambiente sano en nuestro hogar adulto porque, básicamente, no sabemos cómo es. Tememos que demasiada calma sea mala para su desarrollo y que demasiada bondad, amor y tolerancia pueda crear «osos amorosos» en vez de hijos.

Nos han hecho creer que el amor es algo que sobra, y esta falta de amor la arrastramos incluso con nosotros mismos. Nos cuesta amarnos y profesarnos un profundo respeto solo por el mero hecho de ser quienes somos, la persona a la que más deberíamos amar.

EJERCICIO: ¿VIVÍAS EN UN AMBIENTE AGRADABLE?

Cada familia es un mundo, por supuesto. No obstante, todos los niños tienen las mismas necesidades, adaptadas a su etapa, personalidad e identidad.

En mi caso, el ambiente era tenso y estábamos desconectados. Había días mucho más duros a nivel emocional, sobre todo, cuando tocaba limpieza general, normalmente los sábados y los domingos. Mi padre no biológico no colaboraba en nada que tuviera que ver con eso y de alguna forma mi madre estallaba más esos días por su propia impotencia. Mi sensación era de miedo, incertidumbre, nervios, malestar y ganas de huir.

Para darte algunas ideas más, vivíamos en un ambiente insano si:

- Había gritos diarios.
- Las exigencias eran constantes.
- La desconexión emocional era el punto de partida.
- Enseñaban con castigos y amenazas.
- Comparaban y etiquetaban.

Plantéate la siguiente cuestión y desarrolla tu respuesta:

¿Se respiraba tranquilidad, amor y tolerancia en tu hogar?

Cuando no vivimos en el ambiente adecuado, no hay afectividad, y de alguna forma sentimos que no nos quieren, no somos importantes y el día a día cargado de tensión, rabia y gritos a la primera de cambio es lo normal. En estos ambientes impera la baja autoestima, tanto en los adultos como en los niños, que no se sienten en conexión con las personas a las que más aman y, en consecuencia, no se sienten seguros ni protegidos a su lado.

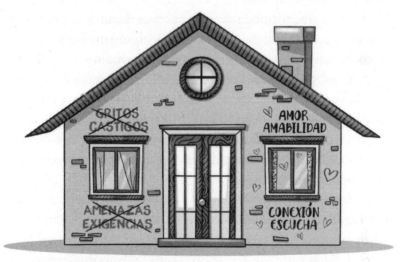

La responsabilidad de utilizar las palabras adecuadas

Durante la infancia y adolescencia, las palabras que nos dicen nuestros padres son las que acabamos utilizando en nuestro día a día y las que nos decimos a nosotros mismos en nuestro interior a nivel profundo. También son las palabras que utilizamos para dirigirnos a los demás.

Desde que nacemos, nos llenan de palabras que moldean nuestra autoestima, ya sea para bien o para mal.

Cuando continuamente te dicen cómo tienes que comportarte y cómo no, qué cosas puedes decir y qué no o qué emociones puedes exteriorizar y qué emociones están prohibidas, acabas haciendo y diciendo lo que los adultos que te rodean esperan de ti, aunque sea lo contrario a lo que piensas y sientes.

De esta forma, crecemos siendo quienes no somos y nos ceñimos únicamente a lo que se espera de nosotros, movidos por el miedo al abandono o al rechazo. Creemos que nos van a abandonar física o emocionalmente, que van a dejar de querernos o nos van a rechazar si no somos quienes quieren que seamos y, en consecuencia, vamos a dejar de ser importantes para ellos.

Este miedo que nos domina y atrapa nos guía a la hora de relacionarnos con nosotros mismos y con los demás y también hace que cuando tenemos hijos repitamos esta forma de relacionarnos, imponiendo órdenes, no empatizando con sus necesidades, haciendo juicios de valor sobre la manera en la que se lavan los dientes, hacen los deberes o se relacionan, criticando su forma de vestir, de hablar o de quejarse, o permitiendo que otros adultos se entrometan en sus cosas y los etiqueten por la personalidad que creen que tienen o por su físico.

Resulta muy difícil utilizar otras formas de comunicación con nuestros hijos cuando con nosotros han empleado la autoridad, la invasión, la amenaza, el insulto o la burla y la comparación.

Ejercicio: ¿Qué palabras utilizaban contigo?

Las palabras con las que hemos construido nuestra propia realidad son mensajes que seguimos recibiendo actualmente. Consejos de tu madre para que vistas de una manera o de otra, o hagas con tus hijos esto o lo otro, comentarios de que el trabajo que tienes no es apropiado, que tu hermano es más apañado que tú, o su pareja más alta, etc.

En mi caso, mi madre me decía todo el tiempo, entre otras cosas, que me parecía a mi padre biológico, con el que no convivíamos y al que yo no veía desde hacía años; pero ella, siempre que se enfadaba, me decía que todos mis fracasos se debían al parecido que me unía a mi padre. Además, solía amenazarme con llevarme con él y separarme de ella para siempre si me salía del perfil asignado para mí. Por otro lado, para mi madre y mis familiares, siempre fui «muy buena», lo que hizo que cumplir con esa etiqueta haya sido mi objetivo: ser siempre buena y dejarme pisar cuando fuera preciso (incluso de forma inconsciente) para no salirme de esa categoría que habían construido para mí.

Para darte algunas ideas más, las palabras que nos dominaban eran tales como:

- Porque lo digo yo.
- Come y calla.
- Tu primo aprueba todo.
- Así no vas a llegar a ninguna parte.
- Cámbiate ese pantalón, que vas embutido.
- Pórtate bien y no te muevas tanto.
- Los niños no juegan a cocinitas.
- Las niñas no juegan al fútbol.

Piensa en tu infancia y contesta a la siguiente pregunta:

¿Qué palabras de tu madre o tu padre crees que han marcado tu personalidad?

De todas las palabras que nos transmitieron, algunas han sido beneficiosas para la creación de nuestra identidad y otras debemos aprender a desecharlas para dejar de boicotearnos a nosotros mismos y conseguir equilibrar nuestra autoestima.

Tenemos que aprender a comunicarnos con nuestros hijos de forma que respetemos sus necesidades y cumplamos con las responsabilidades que nos competen de forma honesta y verdaderamente empática.

¿Cómo ha repercutido en tu autoestima y en la de tus hijos que tus padres no cumplieran estas responsabilidades?

Hemos aprendido cuáles son las responsabilidades que tenían nuestros padres y que por tanto tenemos nosotros ahora, y que incluyen, cuando somos niños y adolescentes, la necesidad de aceptación, amor incondicional, protección, contacto físico, atención plena, Acompañamiento Emocional, ambiente sano y palabras óptimas para tener un buen desarrollo psicológico.

Es posible que, después de las reflexiones que has hecho, creas que quizá cubrieron mucho una necesidad y poco otra. Tal vez esa necesidad fue atendida según la época o no se cubrió casi nunca... Esta variación dependerá de tu situación personal, de la percepción que tengas de tu propia infancia, de tu autoestima, de tu nivel de aceptación, de tu consciencia al respecto, etc. Debes saber que todo ello es tu base y que te influye en todos los aspectos de tu vida, aunque no seas consciente.

Así pues, no es necesario que hayas recibido insultos, gritos, violencia física y/o castigos de manera constante para sentir que hay necesidades que no fueron atendidas. Simplemente con que una de ellas haya quedado un poco coja, ya es bueno que realices un trabajo profundo para reencontrarte.

Debemos tener todas estas necesidades cubiertas de manera equilibrada. Para entenderlo bien, podemos imaginarnos una coctelera en la que debemos echar la cantidad apropiada de cada ingrediente para que el coctel esté realmente bueno y no le falte ni le sobre nada. Ahora que somos adultos, nosotros mismos somos los que preparamos el cóctel, por ende, somos nosotros los que debemos cubrir esas necesidades.

Veamos qué consecuencias tiene esta falta de atención en función de cada necesidad, algo que, por supuesto, variará según cada persona y experiencia:

- Nos llenamos de preocupaciones que derivan en ansiedades y problemas físicos como el insomnio y los dolores de estómago, entre otros.
- Tenemos una desconexión total con nuestro cuerpo. No aceptamos nuestro físico y nos sentimos inseguros, lo que hace que solo nos encontremos defectos.
- Estando en este plano emocional no podemos utilizar bien el razonamiento, puesto que la emoción lo engloba todo. No damos permiso a la razón, cuyo criterio deberíamos seguir y que nos indica todo lo que nos tendríamos que amar a nosotros mismos.
- Nos criticamos constantemente a nosotros mismos, lo que nos lleva a tener muchos problemas para resolver conflictos con las personas de nuestro entorno, llegando a no poder distinguir entre situaciones prevenibles y no prevenibles.
- No creemos tener capacidades suficientes para realizar aquello que deseamos, nos cuesta ver que podemos llegar adonde nos propongamos y nos conformamos con facilidad, aunque eso no nos haga felices.
- No aceptamos a nuestros hijos tal y como son, nos parece injusto que a ellos sí y a nosotros no. Es una especie de rabieta emocional, como si los niños que habitan en nosotros no soportaran la idea de que otros niños (los nuestros) puedan llegar a tener una autoestima plena.
- Llegamos a obsesionarnos con algunas cuestiones y buscamos incansablemente una tranquilidad emocional que no alcanzamos.

- Permanentemente tenemos la sensación de que nos falta algo en nuestras vidas.
- Necesitamos que nos den amor todo el tiempo y lo buscamos incansablemente de muchas formas, por lo que solemos desarrollar celos y mecanismos de control hacia las personas.
- Reprimimos nuestras emociones para no mostrarnos como verdaderamente somos.
- Solemos ser excesivamente amorosos y encantadores con los demás para que, de alguna forma, nos den su amor.
- Pensamos que no nos merecemos ser amados porque ni siquiera nuestros padres nos amaron como necesitábamos.
- Dependemos emocionalmente de una persona o varias personas, pareja, amistades, madre... y queremos tener siempre contenta a esa persona, exigiéndonos demasiado.
- Intentamos cubrir la falta de amor con otras cuestiones, materiales o físicas, o con adicciones que de alguna manera calman nuestra sensación de vacío.
- No nos queremos a nosotros mismos y, por ende, nos cuesta dar a nuestros hijos el amor que necesitan y merecen. De la misma forma, también nos resulta difícil sentirnos merecedores de una buena relación entre ellos y nosotros.

CUANDO ARRASTRAMOS FALTA DE PROTECCIÓN

- Somos muy inseguros en las decisiones que tomamos, las relaciones que tenemos, nuestra forma de educar, etc.
- Escapamos de las situaciones que pensamos que son

peligrosas para nuestro bienestar emocional, aunque eso implique dejar de lado nuestras necesidades.

- Los miedos están presentes en nuestro día a día, miedos por cuestiones incluso irracionales, que nos paralizan y nos hacen tomar caminos equivocados.
- Solemos tener relaciones que no nos llenan, puesto que vivimos para agradar y soportamos cosas que, si realmente siguiéramos nuestro instinto, no aguantaríamos, pero no nos atrevemos a hacerlo.
- Damos mucho a los demás, los cuidamos y queremos que sientan que les aportamos todo lo que necesitan, pero lo hacemos esperando que hagan lo mismo con nosotros.
- No sabemos dar esta protección de igual modo a nuestros hijos, con ellos no aparentamos, por lo que mostramos más nuestras debilidades y carencias.
- No nos sabemos proteger del maltrato de otros y nos cuesta poner límites a los demás.
- Puede que nos hayamos convertido en personas narcisistas, con ego desmedido y empatía inexistente.

CUANDO ARRASTRAMOS FALTA DE ATENCIÓN PLENA

- Socialmente aparentamos ser muy felices, sin fallos ni problemas, ofreciendo siempre nuestra mejor cara.
- Estamos poco motivados ante la vida y solemos mostrarnos apáticos.
- Tenemos un ego desmesurado y conductas narcisistas que, por supuesto, afectan a todas nuestras relaciones, y más con nuestros hijos.
- Acumulamos mucha tristeza, que nos hace sentir pena por nosotros mismos.

- Siempre dudamos de nosotros mismos, de lo que queremos y no queremos en nuestras vidas.
- No ofrecemos atención plena a nuestros hijos, estamos siempre pendientes del móvil, de la tele, de la pareja, de la comida... Buscamos una excusa para no tener que realizar ese esfuerzo que nos resulta imposible, creemos que no podemos dar lo que no nos han dado.
- Sentimos mucho miedo a equivocarnos, evitamos tomar caminos que nos gustarían solo por temor a no hacerlo bien.
- Poseemos pocas habilidades sociales. Preferimos no tener muchas relaciones sociales y personales con tal de evitar hacer cosas a las que no estamos acostumbrados y que nos cuestan.

Cuando arrastramos falta de contacto físico

- Solemos aguantar el dolor y no nos quejamos por nada que tenga que ver con nuestro cuerpo.
- O bien nos quejamos absolutamente por todo lo que tenga que ver con nuestro cuerpo, que conlleve contacto con él y con el de otras personas.
- Vemos siempre la parte negativa de las cosas o de las situaciones y nos resulta muy difícil establecer dinámicas que aporten tranquilidad y positividad a la familia.
- Hay tabú en torno al sexo, la sexualidad y la sensualidad, y enseñamos a nuestros hijos este mismo tabú.
- No nos gustamos y por eso el contacto físico no es nuestro fuerte. Estamos pendientes de este juicio hacia nuestro cuerpo.
- Nos cuesta mantener contacto físico con nuestros hijos

o somos demasiado asfixiantes con ellos, no encontramos el equilibrio.

- En ocasiones, somos hipersensibles, tenemos sensaciones extrañas cuando tocamos o masticamos según qué textura. No hay equilibrio entre la sensibilidad de la piel y nuestros sentidos.
- A veces llegamos a la autolesión, porque relacionamos el dolor físico con la tranquilidad o la culpa. Tenemos un desequilibrio emocional al respecto.

Podemos tener trastornos de alimentación y de sueño.

CUANDO ARRASTRAMOS FALTA DE ACOMPAÑAMIENTO EMOCIONAL

- Tenemos poca empatía con los demás, nos cuesta entender las emociones del resto. Mostramos poca empatía con nuestros hijos y no comprendemos sus emociones ni nos esforzamos por comprenderlas, puesto que creemos que lo natural es no tenerlas en cuenta.
- Nuestras emociones suelen estar enquistadas, ya que no las expresamos, sino que las vamos guardando situación tras situación.
- Estas emociones enquistadas hacen que cada cierto tiempo estallemos y salgan hacia fuera, dañando a los demás y a nosotros mismos. Sobre todo, estallamos contra nuestros hijos.
- No sabemos identificar nuestras emociones ni el papel que juegan en nuestras vidas. No nos conocemos en profundidad y caemos en depresiones duraderas.
- Nos resulta imposible acompañar las emociones de nuestros hijos, puesto que estamos sumergidos en las nuestras. Seguimos necesitando que alguien nos resca-

te en nuestras emociones porque no lo hicieron cuando éramos niños.

- Solemos ignorar las expresiones de emoción de nuestros hijos. Creemos que esa es la mejor manera de que entiendan su plano emocional.
- Por ende, carecemos de conexión emocional con nuestros hijos e hijas y mantenemos su baja autoestima.
- Al estallar habitualmente, luego nos invade la culpa y no nos deja avanzar. Nos castigamos, pero luego no sabemos dejar de cometer esos errores que causan dolor en nuestros hijos y en nosotros mismos.

CUANDO ARRASTRAMOS FALTA DE AMBIENTE SANO

- Somos muy nerviosos, tanto a nivel mental como físico. Padecemos depresiones de duración variable.
- Solemos promover un ambiente tóxico en nuestras casas y somos incoherentes: un día estamos bien y otro mal. Hay muchos gritos, exigencias y amenazas... Mucha inestabilidad.
- Nuestros hijos integran este tipo de ambiente como el mejor en las comunicaciones y en las relaciones.
- Queremos controlar el día a día y a nuestros hijos, a los que no dejamos espacio ni capacidad de decisión.
- A veces, utilizamos las drogas para encontrar ese placer momentáneo en nuestras vidas, lo que hace que entremos en círculos viciosos. Drogas como el tabaco o el alcohol son las más comunes.
- Nos ponemos una máscara con la que nos adaptamos a diferentes ambientes y personas, pero dejando de lado nuestra verdadera esencia. Solo queremos encajar para después sentirnos solos en nuestros propios hogares.

- Podemos desarrollar comportamientos violentos, también con nuestros hijos. Sentimos una gran impotencia por la oportunidad perdida, por no habernos criado en un hogar respetuoso y armonioso.
- Tenemos tendencia a la irritación y a actitudes de boicot contra nosotros mismos y, sobre todo, contra nuestros hijos.

CUANDO ARRASTRAMOS FALTA DE PALABRAS ÓPTIMAS

- Tenemos un estrés muy fuerte. No es un estrés que expresemos con palabras, sino que reside en nuestra mente y aumenta cada vez más.
- Solemos utilizar la mentira para comunicarnos, puesto que preferimos mentir que creer que estamos quedando mal con alguien. Nuestros hijos aprenden esta misma forma de comunicarse.
- Repasamos continuamente las palabras que hemos dicho o las que vamos a decir, valorando si algo ha podido salirse de la norma social que se considera apta o si de alguna forma eso nos va a separar de las personas que nos interesan.
- Repetimos patrones con nuestros hijos, utilizando gritos, amenazas y chantajes constantes con ellos.
- Tenemos mucha carga emocional (agresividad, ira), que desahogamos a través de las palabras, quizá en forma de palabrotas o gritos ahogados, que son nuestro pan de cada día.
- Nos cuesta escucharnos a nosotros mismos y proceder como realmente nos gustaría. También nos cuesta escuchar a nuestros hijos e hijas.
- Utilizamos mucho la falsedad. Escondemos las verda-

deras palabras que diríamos, omitimos información y criticamos a las personas cuando no están. También nuestros hijos aprenden a criticar a los demás.

- A veces, hacemos un uso dañino de la palabra, sin entender el impacto emocional que puede generar en la otra persona.

¿Qué podemos hacer ahora para suplir estas carencias en nuestra autoestima?

Nancy Verrier es la autora del libro *The Primal Wound* (1993), donde aborda el tema de la adopción y la separación del niño o la niña de su madre o padre biológicos. Verrier aporta información clara y fundamentada en evidencias científicas sobre el apego y el vínculo y la pérdida de este, así como el abandono emocional que sufrimos si nuestras necesidades no son cubiertas. Además, trata cómo se malinterpreta a los niños, cómo se silencian sus señales de necesidad y emoción y, por consiguiente, no se les da su lugar como seres humanos. Esto tiene un impacto absoluto en nuestras vidas y en nuestra identidad, que perdura para siempre.

Sigmund Freud, por su parte, ya trató profundamente este tema con el psicoanálisis, del que fue creador, constatando que el hecho de que nuestros padres no cumpliesen con estas responsabilidades genera fracturas psicológicas internas que también se manifiestan en nuestro cuerpo y en nuestras relaciones con los demás.

Esta lesión invisible que ellos confirmaron en sus respectivos trabajos hace referencia a la herida que seguimos arrastrando en nuestra vida adulta debido a las necesidades no cubiertas y que siguen influyendo en nuestras vidas de una u otra forma. Estas necesidades no cubiertas pueden ser falta de apego y conexión emocional, represión de emociones, ausencia de contacto físico y atención plena, no haber sido protegidos ni tratados con palabras amables y amorosas, ni criados en un ambiente sano en la infancia y la adolescencia.

Para sanar esta herida (que debemos imaginar como una herida abierta que sangra y que empeora nuestra calidad de vida, que precisa ser curada para poder cicatrizar y permitirnos retomar así la vida con otro tipo de confort) podemos realizar varios trabajos personales que nos lleven a superar estas carencias. Algunos de ellos ya los has comenzado en este libro, otros deberás realizarlos poco a poco, incluso pidiendo ayuda profesional si crees que lo necesitas, asegurándote de que sea un profesional respetuoso con la infancia y adolescencia, que sepa concretamente qué necesita el cerebro infantil y adolescente para desarrollarse óptimamente. Solo de esta forma lograrás hacer el trabajo que necesitas.

Te presento algunas ideas para comenzar:

- **Aceptación:** Dejar de mirar hacia otro lado y aceptar aquello que nos faltó y aquello que no; ser sinceros, realistas y honestos con nuestras propias sensaciones y emociones nos ayudará a tener la autoestima que verdaderamente merecemos. Si, por ejemplo, no se nos protegió, amó o acompañó emocionalmente, aceptarlo es la clave para reencontrarnos. Si no queremos aceptarlo porque de alguna forma nos sentimos culpables por sentir eso en relación con nuestros padres, nunca podremos mejorar nuestra autoestima y nuestra vida, porque viviremos cerrando siempre los ojos a esa realidad. No es necesario haber tenido que vivir abuso sexual, palizas o abandono físico para sentir que nos faltó algo. Como hemos visto, las responsabilidades de nuestros padres eran tantas y tan variadas que siempre habrán fallado en alguna. Aceptarlo e integrarlo para ser realmente tú te llevará a ser la madre o el padre que tus hijos necesitan y merecen.

- **Responsabilidad:** Para poder ser responsables con nuestras emociones y con las de nuestros hijos, transformando así la autoestima de todos, hay que adoptar la decisión firme de continuar creciendo y evolucionando, de seguir mejorando. Esa responsabilidad, solo presente si ha habido aceptación y consciencia emocional, te empujará a ejercer pequeños cambios en tu día a día, sin querer hacerlo todo de golpe, simplemente sabiendo que irás logrando objetivos poco a poco. La responsabilidad también nos ayuda a comprometernos con la tarea de ser madres y padres y trabajar día a día para que nuestros hijos no tengan las mismas carencias que nosotros. Siempre cometeremos errores, por supuesto, pero siendo responsables alejaremos nuestras carencias de las suyas y de esta forma propiciaremos la óptima autoestima de todos los miembros de la familia.

- **Consciencia emocional:** Junto a la aceptación llega la consciencia, una consciencia que nos procura la tranquilidad de saber qué necesitábamos en cada momento y nos permite dar a nuestros hijos lo que ellos necesitan. Esta consciencia nos ayudará a conocer nuestras emociones, identificarlas, amarlas y equilibrarlas. Por tanto, dejarán de estar enquistadas y las exteriorizaremos sin hacer daño a nadie, las dosificaremos y saborearemos, utilizando la consciencia en cada momento. Gracias a ella, aprendemos a abrazarnos sin necesitar a nadie y comprendemos que ahora solo estamos nosotros y nadie puede salvarnos. La consciencia emocional nos ayuda a integrar todas las emociones como lícitas, naturales y necesarias; nos permitimos existir y convivir con ellas, como parte fundamental de nosotros, sin silenciarlas más.

- **Fluyendo con las emociones:** Hay personas que cuando comienzan este trabajo sienten rencor hacia sus padres (o hacia uno de ellos) y en ese momento deciden dejar de hablarles o de decirles todo lo que piensan de manera impulsiva, verlos menos o cualquier otro cambio que les genere tranquilidad. Ciertamente, podemos hacer todo aquello que necesitemos, es natural sentir emociones encontradas y no tenemos por qué forzarnos en verlo todo como antes si nuestra visión ha cambiado. Estar en el lugar en el que queremos estar y de la manera que queremos estar es beneficioso para mejorar nuestra autoestima y respetar a esa niña o niño que habita en nuestro interior y que ahora se ha visto removido por el trabajo realizado. Sin embargo, el rencor no nos lleva a ninguna parte; de hecho, es una rabia interior que se va enquistando y, tal y como hemos aprendido, va en contra de nuestra evolución personal. Por ello, debemos ir soltándola poco a poco, alejándonos del rencor y liberándonos, siendo conscientes de que lo que necesitamos es la aceptación y la consciencia emocional, no más emociones atrapadas que nos dominen.

- **Aportar a nuestros hijos aquello que no nos aportaron:** Esto puede costarnos mucho al inicio. Nos supone mucho esfuerzo aportar lo que nadie nos aportó, pero, cuando se empieza a practicar, resulta muy revelador y gratificante; nos damos cuenta de que todo tiene sentido y que, dando a nuestros hijos lo que ellos necesitan, completamos nuestras propias necesidades infantiles y adolescentes. Aprendemos a hacer las paces con nosotros mismos y con ellos, equilibrando nuestra autoestima y ofreciendo un buen lugar a la suya.

- **Aportarnos a nosotros mismos lo que no nos aportaron:** Debemos tratarnos con absoluto respeto y consideración, aceptarnos tal y como somos, abrazarnos, amarnos y ser las personas más importantes de nuestra vida. Debemos protegernos y escucharnos, experimentar nuestras emociones, integrarlas, identificarlas, conocerlas y tenerlas en cuenta, sabiendo escucharlas y quererlas, sin dañar a nuestros hijos ni a nosotros mismos. Tenemos que aprender a crear un buen ambiente en nuestro hogar, para nosotros y nuestros hijos, fomentar una atmósfera amorosa cada día, utilizar las palabras adecuadas, huir de la rabia que a veces rezuma de nuestra boca, conseguir el equilibrio entre lo que sentimos, pensamos, decimos y hacemos y enseñar a nuestros hijos lo mismo. Todo ello nos ayudará a crecer como personas, a establecer un compromiso que nos motivará cada vez más y a sentir que tenemos una vida plena, en la que vivimos el presente y aceptamos cada momento, bueno y malo, pero siempre siendo fieles a nuestra verdad, fieles a nosotros mismos.

Además de comenzar a dar estos pasos y familiarizarnos con ellos cada día, podemos realizar algunos ejercicios* para

---

* En mi primer libro, *Guía para madres y padres imperfectos que entienden que sus hijos también lo son* (2017), tienes más ejercicios para avanzar en este proceso. Además, en la edición de bolsillo hay un capítulo extra para profundizar en la relación y el vínculo con nuestra madre; es maravilloso para completar este camino.

trabajar todos estos aspectos y seguir potenciando nuestra autoestima, deshaciéndonos de las cadenas que nos atrapan.

Te propongo las siguientes actividades, dirigidas a mejorar tu autoestima y la de tus hijos.

Ejercicio: utilizando la música

La música es terapia en estado puro y nos ha acompañado desde nuestra infancia hasta el día de hoy.

Muchas canciones pueden trasladarnos de una manera directa a la época en la que éramos niños y adolescentes y nos permiten volver a sentir lo que sentíamos entonces y a visualizar situaciones que teníamos olvidadas.

Escoge tres de las canciones que creas que han marcado tu infancia, tus favoritas. Debes elegir tres días diferentes de la semana para hacer el ejercicio, teniendo en cuenta que cada día trabajarás una canción distinta si vas a hacerlo la misma semana. También puedes ponerlo en práctica en tres semanas diferentes, escogiendo una canción cada semana.

Al empezar, el primer día escucharás la canción a solas. Puedes hacerlo sin auriculares o con ellos si crees que vas a tener más intimidad. Al escucharla, nútrete de todas las sensaciones que la música despierte, déjalas fluir y haz lo que necesites: reír, llorar, cantar, bailar...

Intenta recordar cómo te sentías al escucharla y quién te acompañaba en esos momentos. Vuelve a imaginar esos momentos y siéntete otra vez ese niño, conéctate con él. Aprovecha para decirle que estás ahí junto a él y que seguís unidos en este viaje, que nunca os vais a separar y que siempre vas a estar para atenderlo, puesto que ese niño eres tú.

Ejercicio: EL MIEDO QUE ARRASTRAS

Como sabes, en nuestra infancia hemos reprimido emociones que se han quedado enquistadas. Respecto al miedo, nos hemos sumergido en él creyendo que, para superarlo, debemos no sentirlo, como si hacerlo fuera muestra de debilidad o algo dañino para nosotros.

El miedo no es malo: es natural y necesario. Debemos aprender a convivir con él y alejarnos de los temores desmesurados que tengamos dentro. Cuando el miedo es así, excesivo, es irracional y nos lleva a dejarnos arrastrar únicamente por las emociones, sin permitirnos razonar o comprender.

Esta es una de las consecuencias de no haber sido acompañados óptimamente en la expresión de nuestras emociones: continuamos siendo como niños en cuya vida domina la parte del cerebro emocional.

Con este ejercicio vas a tratar de relacionar los miedos que tenías de niño con los miedos que sigues teniendo hoy en día. Para ello, te harás algunas preguntas a las que debes contestar de manera individual, sincera y tranquila. Recuerda siempre estar a solas y dedicarte media hora de tu día.

Pregúntate, por ejemplo:

- ¿Qué te daba miedo?
- ¿Algún miedo estaba relacionado con tus padres?
- ¿Te hubieses podido liberar del miedo con la ayuda de tus padres?
- ¿Cómo sentías el miedo en tu cuerpo? ¿Qué acciones realizabas de manera inconsciente (tiritar, gritar, apretar la mandíbula, sudar...)?
- Cuando sentías miedo, ¿qué necesitabas de tus padres?
- ¿De dónde viene ese miedo, cuál es su origen?
- ¿Cómo expresabas tu miedo con tus padres?
- ¿Ese miedo era atendido?
- ¿Sigues teniendo ese miedo?
- ¿Qué miedos de tu infancia relacionas con miedos de tu yo actual?

Ejercicio: cartas al niño/a que fuiste

Como puede que ya sepas por mis libros y formaciones, las cartas son la mejor terapia. Por ello, para reencontrarnos y tener una autoestima real, las seguiremos utilizando durante esta lectura.

Para realizar este ejercicio, debes buscar una foto de tu infancia (una en la que tengas menos de diez años a poder ser) que despierte en ti muchas emociones encontradas. Una vez que la hayas escogido, decide el momento en el que escribirás tu carta, sabiendo que debes hacerlo en soledad y sin interrupciones.

Observa la foto y nota todas las sensaciones que despierta en tu cuerpo y en tu mente. Intenta ver mucho más allá de la foto, reencuéntrate con las necesidades cubiertas y no cubiertas y valora quién eras entonces y quién eres ahora.

Después, escríbele una carta a ese niño o niña, adaptándote al lenguaje que comprendías en esa etapa de tu vida, a su forma de comunicarse; y cuéntale lo que quieras, a qué te dedicas, cuántos años tienes ahora, cosas de tus hijos, tus sueños sin cumplir y los que quieres cumplir, tus sensaciones durante la lectura de este libro, etc. Dile que lo quieres, que lo respetas, que lo llevas cada día en tu corazón, que vas a darle aquello que no te aportaron cuando tenías esa edad... Pídele perdón si alguna vez le has fallado y perdónate a ti mismo.

Estas cartas son muy intensas pero liberadoras. Nada más acabarlas, sentiremos alivio y más conexión con nosotros mismos y con nuestros hijos.

Una vez terminada, léela en voz alta, respirando profundamente, realizando las pausas necesarias y conectando con esa voz que es la tuya. Todas las emociones son importantes, lícitas y necesarias, por eso permítete cualquier tipo de emoción durante el ejercicio.

Ejercicio: meciendo al bebé que eras

Este último ejercicio te ayudará a conectar con la parte física del niño que fuiste. De alguna forma, podrás aportarle contacto físico dándote, en consecuencia, cariño y aceptación, algo que te llevará directamente a lograr una óptima autoestima.

Para realizarlo, elige un peluche o algún muñeco (a poder

ser que simule un bebé) de tus hijos y proponte estar a solas un día, sin que nadie te moleste, con ese muñeco.

Cógelo entre tus brazos e imagina que eres tú de bebé. Mécelo y cántale. Si tu madre o tu padre te cantaban alguna canción y te apetece, úsala en este ejercicio.

Dile lo mucho que lo quieres, lo importante que es para ti, lo mucho que lo vas a cuidar... Ese bebé al que sostienes y al que le prometes amor de por vida eres tú mismo.

Déjate llevar por las sensaciones y no te preocupes si experimentas vergüenza, timidez o sentido del ridículo, solo conecta con lo que estás sintiendo y permítete cuidarte.

Este ejercicio puedes repetirlo las veces que quieras para conectar contigo y tus necesidades no satisfechas durante la infancia, aportándote amor incondicional, protección, amabilidad, buen trato, Acompañamiento Emocional y atención plena.

El amor lo puede todo

Si tuviera que elegir una sola herramienta para aumentar la autoestima, tanto la nuestra como la de nuestros hijos, sin duda sería el amor.

El amor por nosotros mismos es la base fundamental de nuestro bienestar psicológico, el que nos lleva a plantearnos y replantearnos objetivos en la vida y a modificar el rumbo de esta.

El amor lo mueve todo y es capaz de todo. Sintiéndonos amados, primero por nosotros mismos y luego por los demás, nos sentimos plenos, disfrutamos del día a día con alegría a pesar de las adversidades, agradecemos quiénes somos y con quién estamos, nos aceptamos tal y como somos, conectamos con nuestros hijos y disfrutamos de ese contacto que no nos desespera, sino que nos hace crecer y evolucionar.

Todos estamos preparados para dar y recibir amor. Es un flujo continuo que nunca acaba, que se mantiene intacto incluso después de la muerte y que nos lleva a seguir amando al ser querido que se marcha, igual que a nosotros nos seguirán amando cuando nos marchemos.

Como hemos visto, este amor propio puede haberse visto distorsionado en función de cómo nos han acompañado. Ahora es el momento de superar todas estas barreras, avanzar y unirnos al amor total por nosotros mismos, algo que directamente nos llevará a proporcionar un amor incondicional a nuestros hijos, mejorando la autoestima de todos.

Empecemos por este primer paso, que te permitirá mirarte al espejo todos los días y decirte lo mucho que te quieres y el profundo respeto que te tienes. Díselo también a tus hijos todos los días nada más levantarse, diles cuánto los quieres y el respeto que sientes hacia ellos y sus necesidades.

¡Es el momento de actuar!

- [ ] Reconoce tu voz interior y escúchala para tomar decisiones.
- [ ] Integra que la única persona que puede rescatarte emocionalmente eres tú.
- [ ] Trabaja semanalmente en la recuperación de recuerdos de tu infancia.
- [ ] Deja fluir todas las emociones que te despierten al trabajar tu infancia y adolescencia.
- [ ] Esfuérzate en tu responsabilidad como madre o padre de aportar a tus hijos aceptación.
- [ ] Esfuérzate en tu responsabilidad como madre o padre de aportar a tus hijos amor incondicional.
- [ ] Esfuérzate en tu responsabilidad como madre o padre de aportar a tus hijos protección.
- [ ] Esfuérzate en tu responsabilidad como madre o padre de aportar a tus hijos atención plena.
- [ ] Esfuérzate en tu responsabilidad como madre o padre de aportar a tus hijos contacto físico.
- [ ] Esfuérzate en tu responsabilidad como madre o padre de aportar a tus hijos acompañamiento emocional.
- [ ] Esfuérzate en tu responsabilidad como madre o padre de aportar a tus hijos ambiente sano.
- [ ] Esfuérzate en tu responsabilidad como madre o padre de aportar a tus hijos palabras óptimas.
- [ ] Mírate al espejo cada día y dite todo lo que te quieres y respetas.
- [ ] Díselo también diariamente a tus hijos.

La libertad, Sancho,
es uno de los más preciosos
dones que a los hombres
dieron los cielos;
con ella no pueden igualarse
los tesoros que encierran la
tierra y el mar:
por la libertad, así como por
la honra, se puede y debe
aventurar la vida.

Miguel de Cervantes

5

La ética como punto de partida de la autoestima real

Conociendo la ética

No podríamos hablar de una educación que respete los derechos de los niños y adolescentes sin hablar de ética. No podríamos hablar de una autoestima real, aquella que necesitamos para el buen desarrollo y la óptima salud mental, sin hablar de ética.

La palabra «ética» proviene del término griego *éthos* y tiene múltiples significados. Sin embargo, hoy en día se suele hablar de ética pensando únicamente en uno de ellos, el que alude a los principios, valores, normas y formas de vivir que cada uno escoge porque así lo considera apropiado para su proyecto y que, de alguna manera, engloba a todos los seres humanos. La ética supone justicia por y para todos en un mundo donde las personas evolucionemos, nos conozcamos a nosotras mismas y respetemos nuestra manera de vivir, así como la manera de vivir de los demás. Su significado original está asociado con el término «guarida», el lugar donde cada ser humano encuentra protección, cobijo y atención.

Basándonos en el significado original, cuando nos referimos a la ética no solo hablamos de lo que cada persona es y los valores y principios que necesita para tener un buen vínculo consigo misma y con el mundo que la rodea, sino también al hecho de que cada persona debe plantearse siempre qué puede hacer para cuidar y atender óptimamente a las personas a las que ama y de las que se rodea para lograr que estas consigan sus objetivos y sean respetadas, lo que implica también cuidar de sí misma.

Compromiso — Cariño

Atención

Respeto

Cuidados

ÉTica

Alegría

Amor

Coherencia

Apego

Conexión con las necesidades propias y ajenas

Cuando nacemos, cada uno con nuestra genética y experiencias vitales ya acontecidas en el útero materno, venimos preparados para ser éticos. Con el tiempo, desarrollamos una ética que vamos formulando según nuestra personalidad e identidad, nuestro entorno y nuestra cultura. En consecuencia, esta tendencia para ser éticos que atesoramos desde que nacemos, junto a la guía de nuestros padres, debe enfocarse al desarrollo de capacidades con las que poder alcanzar una vida plena con autoestima saludable. Nunca se podrá gozar de una vida plena si vamos en contra de la ética.

Como padres, debemos aportar a nuestros hijos una guía adecuada, ya que ellos no saben realmente cuál es la línea entre el bien y el mal, lo aprenden con nuestro acompañamiento y ejemplo, mediante el que lograrán ser conscientes en cada momento de si están siendo éticos o no.

El problema es que nos hemos habituado a tachar de malos comportamientos conductas normales en los niños, y de buenos, comportamientos que suponen represión y sumisión, entre otras cuestiones. Es así como alejamos de la verdadera ética a nuestros hijos, que crecen sin saber quiénes son en realidad, con una baja autoestima y una ética pobre. Son hijos poco capacitados para una buena toma de decisiones y se rigen por satisfacciones inmediatas y automáticas, alejadas del cuidado propio y del prójimo.

Por ejemplo, cuando no dejamos que nuestro hijo se mueva, explore, llore o se enfade, o cuando le recriminamos que duerme mal o que se comporta como un mal niño con sus amiguitos en el parque, no estamos entendiendo que esa es su esencia de niño y que únicamente está aprendiendo sus propias habilidades sociales, personales y emocionales. Le estamos enseñando una ética incorrecta que dañará su autoestima, la relación consigo mismo y con los demás y la idea que tenga de la ética. Quizá aprenderá a no moverse para contentarnos, pero luego descargará todo ese movimiento pegando a otros niños, por lo que sus valores serán muy distintos de los que queremos fomentar.

La ética hace referencia a nuestra manera de hacer las cosas, de relacionarnos con nuestro entorno cercano y con el mundo que nos rodea. Es nuestra forma de ser y entender la vida.

Como padres, debemos asumir una serie de premisas importantes para poder respetar a nuestros hijos (y que, en consecuencia, tengan una óptima autoestima), así como para fomentar en ellos una ética que les permita saber siempre cuál es el camino que deben seguir, sin dañar a nadie, y tener claro qué es lo adecuado en cada momento, siendo fieles a ello.

Respetar su dignidad

Todas las personas merecemos respeto. Cada uno de nosotros somos únicos y especiales, y así debemos ser tratados. Educar respetando la dignidad de nuestros hijos hará que ellos tengan una autoestima sana y equilibrada de por vida.

Tal y como se indica en el artículo primero de la Declaración Universal de los Derechos Humanos, la dignidad hace referencia al derecho de las personas a gozar de un libre desarrollo, que se dará gracias a sus capacidades psicológicas, sociales y éticas, así como a su cultura.

Cuando respetamos la dignidad de nuestros hijos, les dejamos que decidan libremente, siempre velando por su seguridad, su salud y su bienestar. Cuando todavía no están preparados para tomar decisiones relevantes, decidimos por ellos siguiendo las mismas premisas (seguridad, salud y bienestar) y les aportamos una buena calidad de vida, en la que cualquier atentado contra sus derechos o cualquier forma de maltrato o autoritarismo irá en contra de lo que necesitan para subsistir óptimamente y tener una autoestima real.

Educar a los hijos respetando su dignidad es cuidar no solo su integridad física, sino también su integridad psicológica, sin humillaciones de ningún tipo que conduzcan a una baja autoestima y también a la infelicidad, que se pueden dar cuando, como adultos, nos falta ética.

Ejercicio: ¿Educas respetando la dignidad?

Por norma general, como madres y padres, uno de nuestros anhelos es que nuestros hijos respeten a todos los seres sin distinciones. Sin embargo, a veces se nos olvida dispensar un trato impecable a nuestros hijos para que, de esta forma, ellos den este mismo trato a los demás e integren la ética como forma de vida.

La coherencia debe ser una de nuestras bases para educar y debe regir absolutamente todos nuestros comportamientos. Es imposible que enseñemos a nuestros hijos a que cuiden de sus cosas si nosotros no lo hacemos, a que no abusen de la tecnología cuando tenemos el teléfono pegado a la mano como si fuera una extremidad más, a que no critiquen a los demás cuando juzgamos a nuestra suegra constantemente delante de ellos, a que coman verdura cuando nosotros no la comemos, a que no utilicen el grito como herramienta comunicativa cuando nos pasamos el día gritando, a que integren que el tabaco es malo para la salud cuando nosotros fumamos... y así un largo etcétera.

Como ya aprendimos, estas incoherencias vienen dadas

por nuestras creencias y patrones de la infancia, están adheridas a nosotros y supone un gran esfuerzo librarnos de ellas y verlo todo de otro color. Por ese motivo estás leyendo este libro, para que poco a poco puedas ir soltando carga de tu mochila y vayas conectando con las necesidades de tus hijos y cubriéndolas de manera que su autoestima ocupe el lugar que le corresponde.

Para ayudarte a valorar si educas en el respeto hacia su dignidad y mejorar tu quehacer, responde a las siguientes preguntas. Recuerda hacerlo de forma individual y sincera:

ACCIONES PARA RESPETAR SU DIGNIDAD	SÍ	NO
¿Respetas su opinión, aunque tengas que negarles lo que piden?		
¿Buscas su beneficio en tus acciones y decisiones, no centrándote solo en el tuyo?		
¿Escuchas antes de imponer tu discurso?		
¿Eres tolerante con sus necesidades?		
¿Eres amable y afectuoso?		
¿Cuidas y respetas su cuerpo y su mente?		
¿Los ayudas?		
¿Les enseñas a tratar a los demás tratándolos bien a ellos?		

Educando en el respeto hacia la dignidad de nuestros hijos no solo lograremos darles una vida digna en la que gocen de una autoestima saludable, sino que ellos integrarán este valor como eje de su existencia y tratarán con dignidad a todas y cada una de las personas con las que se crucen en su vida, sin olvidarse de su propia dignidad.

Respetar su igualdad

Si hay algo que caracteriza al ser humano es que todos y cada uno de nosotros somos diferentes. Nadie es igual a nadie, pero todos tenemos los mismos derechos, independientemente de nuestro sexo, religión, condición personal, edad... Y merecemos respeto.

Todas las personas debemos tener las mismas posibilidades y facilidades, aunque seamos diferentes. De niños y adolescentes hay cosas que no sabemos hacer, decir, decidir o equilibrar emocionalmente, puesto que estamos en etapas que precisan acompañamiento y sostén emocional. Por ello, debemos centrarnos en tratar a nuestros hijos de manera adecuada para respetar esta igualdad de derechos y que puedan tener así una vida plena, fomentando la autoestima real.

En la sociedad en la que vivimos, un mundo cada vez más desigual que discrimina y daña los derechos de las personas, es complicado educar en el respeto por la igualdad. Una igualdad en la que realmente respetemos a los hijos sin creernos superiores por edad o por ser sus padres y sepamos acompañar sus necesidades sin imposiciones y sin el estigma con el que a veces los vemos, creyendo que se portan mal o manipulan cuando en realidad solo están en su etapa de desarrollo, en la que todo eso forma parte de su aprendizaje y evolución.

Cuando hablamos de educar en la igualdad solemos pensar en la igualdad de género, de manera que lleguen a respetar a las mujeres y a los hombres sin desigualdad, sin incoherencia. Este tipo de igualdad está integrada en la igualdad general, puesto que educar en este valor supone reconocer a todas las personas como iguales y, para lograrlo, primero debemos verlos así a ellos, como a iguales. No son menos por ser nuestros hijos o ser más pequeños: son personas a las que debemos respetar. Solo así aprenderán a respetarse a sí mismos y a los demás.

EJERCICIO: ¿EDUCAS RESPETANDO SU IGUALDAD?

Para ayudarte a valorar si educas en el respeto a la igualdad y mejorar en tu manera de hacerlo, responde con sinceridad a las siguientes preguntas:

ACCIONES PARA RESPETAR LA IGUALDAD	SÍ	NO
¿Te crees superior a tus hijos?		
¿Te has burlado de los que consideras sus defectos?		
¿Intentas cambiar esos defectos?		
¿Criticas a otras personas por su color de piel, edad, sexo, etnia, religión, lugar de procedencia, etc. delante de tus hijos?		
¿Te ríes de otras personas delante de tus hijos?		
¿Fomentas la igualdad de oportunidad con tus hijos, independientemente de su edad y que sean adecuadas a esta?		
¿Aludes a sus aspectos, capacidades o necesidades diferentes como un problema?		
¿Fomentas una convivencia en la que se respeten sus necesidades partiendo de la base de que son personas, aunque con intereses diferentes a los tuyos?		

Como madres y padres, tenemos la responsabilidad de acompañar a nuestros hijos en la construcción de su identidad y su óptima autoestima, por tanto, todo lo que aprendan a nivel de conocimientos, posibilidades, saberes, talentos, valores, principios, respeto hacia sí mismos y hacia los demás... depende de nosotros. Por consiguiente, es prioritario que intentemos hacerlo siempre desde la visión de que todos somos diferentes pero iguales en nuestros derechos.

Respetar su libertad

Cuando pensamos en libertad con relación a los hijos, mezclamos términos, puesto que enseguida confundimos la libertad con el libertinaje o la verdadera enseñanza de la libertad personal con la permisividad absoluta o con abandonar a nuestros hijos a su suerte, algo que, por cierto, está muy alejado de una autoestima saludable y equilibrada.

Una de las cuestiones que más nos preocupa cuando nos imaginamos a nuestros hijos de adultos es que lleguen a ser verdaderamente libres, que sean dueños de sus propias vidas y que nadie mande sobre ellos. Indudablemente, relacionamos libertad con felicidad. Sin embargo, educamos en la represión de su libertad, lo que da como resultado hijos que no saben (ni sabrán) ser dueños de sus propias vidas ni lo que eso supone, con una baja autoestima que luego cuesta mucho reconstruir.

Hay tres tipos de libertad que debemos inculcar a nuestros hijos. Por un lado, la libertad de acción, que nos permite hacer todo aquello que decidamos sin que nadie nos lo impida. Por otro, la libertad positiva, aquella según la cual cada uno decide lo que hace y piensa, en función de sus capacidades, necesidades, problemas, valores, racionalidad, etc. Y, por último, la libertad social, que nos permite gozar de libertad de acción y de libertad positiva si poseemos el entorno adecuado, somos reconocidos, atendidos y escuchados y tenemos el respeto de los que nos rodean y de la sociedad en la que vivimos, la cual debe ocuparse de que todos los ciudadanos, vengamos de donde vengamos y seamos como seamos, tengamos medios económicos, comida, agua, hogar, higiene, justicia, etc. Todos merecemos y necesitamos una vida digna.

Por lo tanto, se trata de que eduquemos a nuestros hijos en una óptima libertad social, para que puedan desarrollar su libertad de acción y su libertad positiva de manera adecuada. Tenemos que entender que la libertad no es libertinaje, sino que implica responsabilidades con uno mismo y con los demás. Con ella actuamos y tomamos decisiones en función de las normas de convivencia estipuladas dentro de la sociedad; también implica caerse y levantarse, decidir y equivocarse, puesto que no hay libertad posible sin riesgo y sin aprendizaje de la decisión tomada.

Como vemos, la libertad lleva implícita la ética, porque la libertad individual solo se concibe si respetamos la libertad de los demás. Si no lo hacemos, ya no sería libertad ni tampoco ética, sino imposición, mando y desigualdad. Somos libres siempre en relación con los demás, todos nos aportamos unos a otros.

A pesar de que la libertad es una necesidad vital, seguimos educando de forma que la encorsetamos. Una y otra vez, limitamos a nuestros hijos e hijas y les negamos la posibilidad de crecer en un entorno que acompañe sus capacidades. Reprimimos su verdadera esencia. Además, los obligamos a actuar en contra de su libertad de acción y decisión, coartando sus propias decisiones e intereses.

Cuando hablo de la libertad que precisan nuestros hijos, a menudo surgen miedos entre mis alumnos. Pero, realmente, es el miedo a hacerlo mal el que nos conduce inevitablemente al fracaso. Es incuestionable que nuestros hijos necesitan esa guía que les indique el camino, no vamos a dejarlos a su libre albedrío porque, como hemos aprendido, eso no sería libertad, no conllevaría una libertad ética (ni suya ni nuestra), pero sí debemos aprender a educar de forma coherente en relación con su derecho a la libertad fomentando así la autoestima saludable.

Para que puedas comprenderlo, voy a ponerte un ejemplo claro en el que no se respeta la libertad de las personas solo porque se piensa que no tienen capacidades suficientes. Durante mi vida profesional he acompañado a muchas personas con diversidad funcional y discapacidad. He visto en demasiadas ocasiones cómo, entre otras cosas, los ataban a la cama cuando no querían dormir o los forzaban a comer, aunque no quisiesen más. Les hacían compartir ducha, los lavaban tocándolos sin su consentimiento, o, si no podían darlo, lo hacían, aunque ellos expresasen su incomodidad. Las duchas duraban tres minutos, daba igual si la persona quería quedarse disfrutando del agua en su piel unos minutos más, etc. ¿Es este el camino éticamente correcto para acompañar a estas personas? ¿Qué potestad tenemos sobre la decisión de otros? ¿Se los priva de libertad por el hecho de ser personas con capacidades diferentes? ¿Son comportamientos adecuados? ¿Dónde queda la autoestima de estas personas si reciben este tipo de trato?

Por supuesto, trabajar con personas con diversidad funcional o discapacidad supone, en muchas ocasiones, problemas éticos. Es ahí donde reside la complejidad, pero en algunas instituciones se suele caer muy a menudo en el abuso de poder y los profesionales terminan alejándose de las necesidades reales de las personas y tomando decisiones distintas de las que ellas verdaderamente desean, basadas muchas veces en prejuicios y desigualdades.

Algunas de estas personas no tienen capacidad cognitiva suficiente para expresarse, es cierto, pero un buen profesional debe ir más allá de lo que no se puede decir. Tras haber realizado encuestas a cientos de trabajadores de este ámbito, se llega a la conclusión de que casi todos son conscientes de lo que precisan estas personas en cada momento, puesto que acaban convirtiéndose en parte de su familia. Aprender a ir más allá en el entorno sociosanitario y socioeducativo es un objetivo imprescindible y vital para respetar los derechos de las personas a las que se acompaña.

De igual manera ocurre a diario en otros sectores como las escuelas y en nuestro quehacer educativo con nuestros hijos. De alguna forma, creemos que no están capacitados para decidir, ofrecer su punto de vista o exponer su necesidad, y por eso tomamos decisiones por ellos, aunque sea de una forma restrictiva e impositiva.

En cada situación que vivamos, debemos, pues, reflexionar sobre si nuestras decisiones están siendo éticas o no y si estamos cuidando realmente de la libertad e intimidad de nuestros hijos, entre otros aspectos. Para poder hacerlo, necesitamos trabajar para conocer a fondo sus voluntades y estudiar si las decisiones que tomamos como padres respetan de forma correcta su libertad, necesidad y voluntad. Esto supone que si, por ejemplo, no les dejamos comer unas chucherías antes de la cena porque es perjudicial para su salud, se lo digamos, pero sabiendo que establecer lo mejor para ellos no significa pisar su derecho a la dignidad, dejar de tratarlos bien o no tener en cuenta sus emociones.

EJERCICIO: ¿EDUCAS RESPETANDO SU LIBERTAD?

Para ayudarte a valorar si educas en el respeto hacia su libertad y mejorar en tu manera de hacerlo, responde a las siguientes preguntas siendo honesto:

ACCIONES PARA RESPETAR SU LIBERTAD	SÍ	NO
¿Utilizas la imposición a menudo para educar?		
¿Manipulas sutilmente a tus hijos para conseguir tus intereses?		
¿Los enjuicias y criticas?		
¿Les dejas decidir en cuestiones adecuadas a su edad?		
¿Coartas sus emociones?		
¿Escuchas sus necesidades e intereses?		
¿Usas la coacción para educar?		
¿Estimulas en ellos un uso responsable de la libertad?		

Para educar en el respeto a su libertad, debemos educar siendo amables, cálidos, empáticos, afectuosos, tolerantes, respetuosos, considerados, atentos..., aunque en ocasiones tengamos que coartar de algún modo sus intereses. Les enseñaremos que, a veces, las decisiones se ven reprimidas porque pueden dañarnos o dañar al resto. Solo de esta forma es posible crecer con una autoestima y libertad reales, que nos permiten vivir y dejar vivir.

Respetar su intimidad

Aunque la intimidad forma parte de la dignidad y podríamos haberla trabajado anteriormente, vale la pena dedicarle una atención especial debido a su complejidad y a lo importante que es tenerla en cuenta y respetarla cuando educamos y pretendemos fomentar la buena autoestima de nuestros hijos con nuestro acompañamiento.

Es imposible educar respetando si no se respeta la intimidad, puesto que es un derecho fundamental. Los padres debemos tener un profundo respeto hacia nuestros hijos, hacia lo más íntimo de ellos, sabiendo en todo momento lo que de ellos no debe tocarse, ni verse, ni decirse, ni examinarse...

Cuando no reconocemos que nuestros hijos tienen derechos, nos cuesta respetar su intimidad y los espacios de esta, por lo que les enseñamos a no respetar la intimidad de los demás.

La intimidad hace referencia a lo más personal y privado de la otra persona; y, lo más importante, es en ese espacio íntimo donde la persona se encuentra consigo misma y es verdaderamente ella, en su esencia, sincera y real.

La intimidad no podría entenderse si no tuviésemos en cuenta nuestra relación con el mundo. La intimidad existe porque somos más de uno, en caso contrario sería únicamente soledad. Por tanto, necesitamos espacios personales para desarrollar nuestra intimidad porque convivimos y nos relacionamos con otros.

Es habitual que no respetemos la intimidad de nuestros hijos (no les damos espacio y oxígeno personal y no respetamos sus ritmos) porque queremos controlarlo todo de ellos, creyendo que así se conocerán más a sí mismos y a su autoestima, cuando la verdad es que no permitimos su autoconocimiento y libertad real, rebajando su autoestima.

Ejercicio: ¿educas respetando su intimidad?

Para ayudarte a valorar si educas en el respeto hacia la intimidad de tus hijos y mejorar en tu forma de hacerlo, responde de manera sincera a las siguientes preguntas:

ACCIONES PARA RESPETAR SU INTIMIDAD	SÍ	NO
¿Realizas comentarios despectivos a tus hijos?		
¿Utilizas miradas de altivez para educar?		
¿Ignoras sus emociones y necesidades?		
¿Sueles tocar su cuerpo sin permiso o de forma no respetuosa?		
¿Hablas en tercera persona de tus hijos delante de ellos?		
¿Te entrometes en sus cosas personales?		
¿Tocas sus cosas sin cuidado?		

Para educar en el respeto a la intimidad y que, en consecuencia, nuestros hijos aprendan a respetar la suya propia y la de las otras personas debemos tener tacto, carino y respeto por su intimidad.

Hay momentos en los que no podremos respetarla, por ejemplo, si tienen el pañal lleno de caca y no quieren cambiárselo (creo que todos hemos ido detrás de nuestros hijos cuando no se han querido cambiar el pañal). En ese caso, ellos no quieren, pero tenemos que cambiarlos por higiene, lo que implica tocar su cuerpo e invadir su intimidad contra su voluntad. Pero, ya que debemos hacerlo, hagámoslo con respeto y la máxima delicadeza, cuidando no solo nuestras acciones, sino también nuestras palabras, tacto y miradas.

Tener una autoestima real está totalmente relacionado con una intimidad respetada, que nos permite reencontrarnos, resituarnos, reconstruirnos, pensar en libertad, decidir, reconectar con nosotros mismos... Ese espacio tan nuestro y al margen del exterior, pero que de alguna forma también lo implica.

Se trata de ser justos

Para convertirnos en unas madres y unos padres éticos y por tanto educar mediante la educación real®, debemos ser prudentes, amables, inteligentes, racionales y emocionales, una guía para lo que necesitan nuestros hijos, mostrando flexibilidad, constancia, honestidad y cariño.

Al fin y al cabo, se trata de intentar ser justos en cada paso que damos con nuestros hijos, planteándonos en todas las situaciones si estamos siendo justos de verdad, si estamos pensando en su bienestar o intereses o nos estamos centrando en los nuestros propios, en nuestras carencias, emociones o patrones adquiridos.

Cuando algo no pueda ser y sea justo porque va en favor de sus derechos, utilicemos la empatía y la conexión. Cuando algo sí pueda ser, utilicemos también estas cualidades. Solo de esta manera nuestros hijos lograrán una autoestima real.

¡Es el momento de actuar!

- [ ] Aprende sobre ética y localízala en cada aspecto de tu vida

- [ ] Trabaja diariamente por educar respetando la dignidad de tus hijos.

- [ ] Trabaja diariamente por educar respetando la igualdad de tus hijos.

- [ ] Trabaja diariamente por educar respetando la libertad de tus hijos.

- [ ] Trabaja diariamente por educar respetando la intimidad de tus hijos.

- [ ] Sé justo en cada situación que vivas con tus hijos.

- [ ] Ten la demostración del amor incondicional como base.

Nos preocupamos
por si un niño
se convertirá
en alguien mañana.
Sin embargo, nos olvidamos
que ya es alguien hoy.

Anónimo

6

Ayudando a nuestros hijos e hijas a crear su autoestima real

Las fases de la autoestima

Una vez que tenemos claras nuestras responsabilidades como padres para fomentar una autoestima real en nuestros hijos, así como el papel de la ética para con su autoestima (con la que educaremos respetando su dignidad, su igualdad, su libertad y su intimidad), debemos aprender cuáles son las fases de la autoestima y qué necesitan nuestros hijos en cada etapa. De esta forma, sabremos qué es lo mejor en cada momento para favorecer el desarrollo de una autoestima saludable y los podremos guiar por la vida de forma equilibrada y cuidando la salud mental.

Estas fases son varias y cada una se engloba dentro de las otras. Es decir, cuando tenemos cinco años, ya hemos incorporado las experiencias y las emociones de cuando fuimos bebés; cuando tenemos quince, todas las anteriores, etc. Somos seres conformados por todo lo vivido anteriormente, y eso es lo que determina quiénes somos ahora.

Las fases de la autoestima no se acaban. Hasta que no morimos nuestra autoestima sigue ahí, en constante evolución. No obstante, vamos a trabajar el periodo inicial, que es donde se encuentra la base, y el que aquí nos incumbe.

Es posible que durante este trabajo pienses que vas con retraso y eso te haga sentir culpable o frustrado. Por ejemplo, si tu hijo tiene dieciocho años y te has dado cuenta de que durante su primer año de vida no supiste acompañar sus necesidades óptimamente. Es algo que suele ocurrir y, como sabes, no debes machacarte, puesto que siempre estamos a tiempo de reconstruir el presente y el futuro y de ayudar a nuestros hijos a mejorar su autoestima, mejorando por el camino la nuestra. Aprenderemos más adelante sobre la culpa, para que puedas desecharla y sentirte realmente libre y feliz.

Fase 1. Periodo uterino

Aunque parezca increíble, las investigaciones certifican que nuestra autoestima comienza a formarse ya cuando estamos en el útero materno. Además, constatan que el vientre materno es el mejor lugar en el que estaremos jamás. Independientemente de las circunstancias, es el lugar más placentero que ha existido y existirá.

Por tanto, la relación que tenemos con nuestra madre durante el periodo en el que estamos en su vientre se convierte después no solo en el vínculo y conexión que establecemos con ella, sino también en el vínculo que mantenemos con nosotros mismos.

Una de mis alumnas, Teresa, es madre adoptiva de dos

hijos, de cinco y diez años. Cuando trabajábamos las cuestiones relacionadas con el vientre materno se ponía extremadamente triste y sentía que nunca iba a poder trabajar este aspecto porque no había llevado a sus hijos en su vientre.

Lo cierto es que estas emociones eran legítimas en Teresa, pero para poder ayudar realmente a sus hijos a crecer con una autoestima saludable era imprescindible que aceptara esa realidad, ya que la aceptación siempre es el primer paso para sentirnos en paz con nosotros mismos y con los demás. Aceptar y no querer modificar algo imposible de cambiar.

Es verdad que los hijos adoptados pasaron el periodo uterino con su madre biológica y que de esos momentos depende su primer contacto con la autoestima, pero también es cierto que podemos acompañar su autoestima desde el lugar que ocupamos ahora. En vez de entristecernos por el pasado, disfrutemos y aprendamos del presente.

Si tú, como Teresa, también has pasado por esta situación, solo acepta y continúa.

Otras personas que a veces se sienten mal con esta realidad son los padres, que no pueden llevar al bebé en su vientre. El trabajo es exactamente el mismo que en el caso de Teresa: aceptar, integrar la biología adherida al ser humano y, en el caso de que vuestra pareja sí lleve a vuestro hijo en su útero, tratar de cuidarla, apoyarla y sostenerla emocionalmente, pues será la forma de que ella pueda liberar y traspasar todas esas emociones y bienestar al bebé que gesta. Si en tu caso tu pareja no lleva al bebé en su vientre, entonces ambos debéis hacer el trabajo de aceptación, sabiendo que, una vez fuera, necesitará todo vuestro acompañamiento para fomentar una autoestima saludable.

Cuando están en nuestra barriga, no solo se nutren de nuestras emociones, sensaciones, decisiones, acciones y estado psicológico, sino que cognitivamente también desarrollan procesos cerebrales que dependen de ellos. Es decir, el desarrollo del bebé, así como la autoestima real durante sus primeros años de vida, depende, en gran parte, de lo que capta de su madre cuando está en su barriga.

Por tanto, lo que siente la madre biológica por sí misma y por el bebé es lo que le transmite y lo que este integra, haciendo suyas las emociones de su madre, experimentando su felicidad o dolor, su alegría o tristeza y transformándose cerebralmente. Es indudable que trabajar en la conexión durante este periodo resulta esencial.

Es importante no solo lo que la madre siente, sino lo que le dice al bebé durante ese tiempo, puesto que esa comunicación y amor será lo que ayudará al niño a desarrollar una autoestima óptima y una seguridad en sí mismo que le acompañarán de por vida.

Durante el tiempo en el que el bebé está en la barriga, solo necesita eso, aunque en este proceso intervienen muchos factores y es importante que la madre esté bien apoyada y sostenida para poder aportarle ese amor, autoestima y seguridad.

Ejercicio: ¿cómo conectaste con tu bebé?

Puede que no tuvieses una conexión con tu hijo durante su periodo uterino por los motivos que fuese. Quizá viviste un cambio o momento difícil, como la muerte de un ser querido o una separación durante esos nueve meses, tal vez no te correspondió llevarlo a ti en el vientre y vuestra conexión vino después.

Sea como fuere, trabajar dicha conexión te ayudará a reconectar con tu hijo; también lo ayudarás en el desarrollo de su autoestima, puesto que, una vez trabajado este aspecto, sentirás otro vínculo con él. Si es ahora cuando llevas un bebé en tu barriga, realiza el ejercicio sin tener que imaginar nada.

Para realizarlo, necesitas estar a solas y disponer de media hora para ti, sin interrupciones. Puedes hacerlo con cada uno de tus hijos, de manera individual. Cuando estés preparado, da los siguientes pasos:

- Apaga las luces y pon unas velas para iluminar de forma tenue el lugar donde estás.
- Pon música relajada que te inspire.
- Descubre tu barriga e imagina que llevas a tu hijo dentro.
- Cierra los ojos y baila al son de la música, visualizando a tu hijo feliz, dentro de ti.
- Dile en voz alta que lo quieres mientras te acaricias la barriga.
- Convéncelo de que siempre lo vas a cuidar.
- Cántale.
- Explícale que estás ahí para disfrutar la vida con él.
- Dile que vas a procurar cuidar su autoestima como merece y necesita.

- Coméntale que lo aceptas tal y como es.
- Pídele perdón por todo lo que quieras en ese momento.

Este es un ejercicio simbólico que aporta mucho bienestar y calma y te ayuda a reconectar con tus hijos en el presente y en el futuro. Puedes hacerlo las veces que quieras. También es muy beneficioso si has tenido una pérdida perinatal o posnatal, para redescubrir el duelo, visualizar esos momentos y reconectar con vuestro amor, que siempre se mantendrá intacto.

¿QUÉ PREMISAS SEGUIR DURANTE ESTA FASE?

En este periodo lo más importante es que te conozcas mejor y te respetes. Debes:

- Vivir la espera en libertad, poniendo límites a aquellos que ejercen presión sobre ti.
- Trabajar tu propia infancia para estar más conectado contigo mismo y con tu hijo.
- Conocer tus emociones en profundidad.
- Cuidar tu alimentación para cuidar tu mente y tu cuerpo.

Fase 2. Primer año de vida

Durante el primer año de vida es cuando se asientan las bases de la confianza en uno mismo y en los demás. Por eso, es un momento crucial en el que las necesidades del bebé deben cubrirse de manera correcta para que el niño pueda integrar la confianza en las personas que lo cuidan y, por ende, viva y crezca sin miedo de ser abandonado física y emocionalmente o creyéndose poco valorado e importante, lo que generaría una base para su baja autoestima de por vida.

Es un periodo en el que los bebés conectan con el mundo a través de los sentidos y comienzan a desarrollarlos: se comunican y reciben cuidados a través de la vista, el oído, el olfato, el tacto y el gusto. Gran parte de nuestro componente sensitivo se forma y transforma en el primer año de vida, periodo en el que utilizamos todos los sentidos para obtener aquello que nos pertenece y que necesitamos para sobrevivir, los cuidados de nuestros padres o figuras de apego.

El trato que necesitan nuestros hijos durante este año —el que necesitamos todos—, es un trato de atención y cuidados las 24 horas, en las que poder estar, preferiblemente, pegados a mamá.

Estas necesidades no son caprichos ni manipulaciones, son necesidades reales que conformarán la autoestima real de nuestros hijos si están bien cubiertas y harán que se sientan dichosos por vivir, seguros, protegidos, amados, comprendidos, besados, abrazados y respetados. Si estas necesidades no están cubiertas, los bebés comprenden que no son importantes, que solicitar cuidados no sirve de nada porque no los van a obtener y sienten ansiedad, malestar, dolor y estrés que va a parar directamente al sistema nervioso. Ello genera una transformación cerebral que les lleva a perder el contacto consigo mismos y con sus padres, a no comprender el autocuidado más adelante porque no se los ha cuidado cuando realmente lo necesitaban para establecer las conexiones y procesos cerebrales óptimos, a no ser conscientes de lo que necesitan para cuidarse o no saber cuidar a los demás de forma correcta, así como a tener siempre la sensación de que sobran o no merecen estar en un entorno donde se los quiera y se los valore.

No recibir el amor, las atenciones, las palabras adecuadas y los cuidados necesarios durante este primer año de vida o recibirlos de forma poco respetuosa conduce a una autoestima baja y a la inmadurez emocional en la vida adulta, lo que supone un impacto en la personalidad y en la forma de relacionarse. Recibir todo ello sirve para desarrollar la autoestima real, sentirse amados incondicionalmente, respetados, seguros y protegidos.

EJERCICIO: ¿CÓMO ATENDISTE A TUS HIJOS EN SU PRIMER AÑO DE VIDA?

Es posible que ahora mismo tengas o vayas a tener un bebé que va a experimentar su primer año de vida. Si es así, ya sabes que necesitas atender sus necesidades de contacto físico, amor, cariño, respeto, cuidados, atenciones, alimento, nutrición, etc., de manera que se sienta completo física y emocionalmente.

Si tus hijos ya han pasado esta etapa, deberás hacerte las siguientes preguntas y responder con sinceridad. Recuerda hacer el ejercicio en relación a cada uno de tus hijos individualmente. Intenta contestar a cada pregunta con un mínimo de dos líneas:

- Cuando lloraba, ¿atendíais su llanto al momento?
- ¿Lo cogíais en brazos continuamente?
- ¿Le dabais abrazos y besos de manera constante?
- ¿Lo protegíais y cuidabais sin quejas?
- ¿Entendíais sus demandas y necesidades?
- ¿Lo acompañabais durante el sueño?

Una vez realizado, revisa tus respuestas e integra que deberías haber contestado a todas que sí, con su explicación y su contexto. Si no ha sido así, quizá es porque alguien te dijo que hay que dejarlos llorar para que aprendan, algo totalmente ilógico para el cerebro infantil, que es puramente emocional. A través del llanto lo expresan absolutamente todo: sus necesidades, miedos, incomodidades, angustias, hambre... Cuando lloran deben ser atendidos siempre, sin juicios, sin límites, sin dejarlo para más tarde y sin pensar mal sobre lo que están sintiendo.

Es posible, también, que no cogieras a tu hijo en brazos porque te dijeron que se iba a malacostumbrar, cuando, en realidad, los bebés necesitan ese cobijo para sentirse protegidos y cuidados, sabiendo que son merecedores de esos cuidados y que nunca les van a faltar. De esta forma, no tienen miedo y no crean miedos subconscientes que se quedan instalados en su cerebro para el resto de su vida.

Tal vez le dabas pocos besos y abrazos con la idea de que eso los haría más fuertes emocionalmente en el futuro, cuando es justo lo contrario: son más inmaduros emocionalmente y tienen menos habilidades sociales y personales cuando no les procuramos contacto físico.

Puede que te quejaras continuamente cuando debías cuidarlo, pensando que te manipulaba o que demandaba sin justificación real, cuando esto es imposible. El cerebro infantil no manipula, no reta, no hace las cosas para fastidiar o porque razone nada; los bebés solo necesitan cosas y deben ser atendidos.

Otra posibilidad es que no comprendieras nunca sus necesidades reales por falta de información o por la desinformación constante basada en tu falta de autoestima, de manera que te dejabas influir por lo que los demás te decían que era mejor para tu hijo, en vez de guiarte por tu voz interior.

Probablemente dormía solo, sin tu compañía, porque pensabas que era incorrecto o dañino para él, cuando todos los seres humanos precisamos dormir acompañados. Así lo demuestran los estudios científicos: somos seres sociales y necesitamos estar unidos durante la noche. Cuando somos pequeños, dicha necesidad se multiplica, puesto que es vital para asegurar nuestra supervivencia. Es una cuestión biológica. Dormir sin compañía en este periodo tiene consecuencias directas en nuestro cerebro. Genera un exceso de cortisol, la hormona del estrés, que afecta a todo el sistema inmune, además de causar un impacto directo en la autoestima, al creer que no somos lo suficientemente valiosos como para que nos cuiden durante el periodo más vulnerable de toda la infancia.

Ejercicio: ¿cómo mejorar la autoestima de los hijos en esta fase?

Plantéate ahora si ves en tus hijos (en los que ya no estén en este periodo) alguna de las consecuencias de baja autoestima derivadas de atenciones no cubiertas o cubiertas parcialmente. A veces, estas cuestiones pasan desapercibidas y son muy sutiles e inconscientes. No obstante, vale la pena valorarlas para poder aportar cada vez más y mejor atención, amor y amabilidad, con responsabilidad y enfoque, huyendo de educar mediante el miedo, la exigencia y la sumisión.

Estas consecuencias son:

- Poca confianza en sí mismo.
- No se valora.
- Piensa que los demás son mejores que él o más importantes.
- No cree en sus capacidades.
- Piensa que llorar no sirve para nada o utiliza el llanto a la mínima.
- Depende de ti para todo.
- O prefiere no depender de ti para nada.
- Se muestra agresivo en sus relaciones con los demás.
- Le cuesta pedir lo que necesita (a todos los niveles).
- Le resulta difícil recibir cariño.

Una vez realizado el ejercicio anterior, coge seis papeles pequeños y escribe en cada uno de ellos una de estas frases:

- Soy feliz cuidando de ti.
- Te quiero y te querré siempre.
- Todo lo que tú necesites es importante para mí.

- Me gusta estar contigo.
- Saca hacia fuera todas tus emociones.
- Eres una de las personas más importantes de mi vida.

Ahora, proponte decírselo a tus hijos, tanto si están en esta fase como si se encuentran en una anterior o posterior. Díselo con frecuencia, sin necesidad de esperar una ocasión especial, aprovecha los momentos más difíciles, que es cuando más necesitan de tu comprensión, respeto y amor. De esta manera, además de tratarlos como has ido aprendiendo durante todo el libro que debes hacerlo, irás labrando esa reconexión con esa fase, tus hijos se sentirán atendidos siempre y volverán a sentir esa confianza en ti y en sí mismos. Serán felices y estarán tranquilos porque saben que nunca les vas a fallar, porque alejarás el estrés y la inseguridad de sus vidas.

¿QUÉ PREMISAS SEGUIR DURANTE ESTA FASE?

Aunque con la lectura de este libro has ido aprendiendo y seguirás aprendiendo mucho sobre cómo debes tratar a tus hijos para que tengan una autoestima real, vale la pena tener en cuenta lo siguiente durante esta etapa:*

- Ten estabilidad emocional para poder transmitir esta estabilidad a tus hijos.
- Acepta sus necesidades.
- No sobreestimules, cíñete a seguir sus ritmos.
- Mantén contacto físico constante.
- Dite buenas palabras y cuídate a ti mismo.

---

* En todas las fases coinciden las premisas que no corresponden exclusivamente a una etapa de desarrollo concreta.

Fase 3. Del primer año a los tres años

Durante este periodo, los niños aprenden a valorarse a sí mismos y a conseguir hitos, siempre acompañados de quienes los deben cuidar.

Es un momento relevante para la autoestima, puesto que aprenden a confiar en su cuerpo, a escucharlo y explorar con él y a investigar diferentes contextos, juegos y relaciones. Conectan con el mundo y el mundo conecta con ellos, se sienten seguros y confiados y se atreven a indagar y a descubrir, siendo felices con cada descubrimiento.

Es un momento en el que necesitan libertad segura, es decir, una libertad de acción para moverse y explorar con sus cuerpos; una libertad positiva que les permita tener ocurrencias, intereses e ideas propias, y una libertad social dentro del entorno en el que se encuentran, pero siempre una libertad segura: sus padres siempre deben estar pendientes de ellos y deben poder explorar de forma segura y sin ponerse en peligro.

Cuando como padres coartamos esta exploración, lo que hacemos es mandar a nuestros hijos el mensaje de que no son capaces y no deben confiar en sus habilidades. También les enseñamos que el acto de descubrir es amenazador y que realmente no existe la libertad segura. Si no coartamos dicha exploración, pero no nos aseguramos de que tenga unos límites seguros, ellos integran que es mejor no explorar porque no tienen la certeza de que sus acciones no vayan a ser peligrosas y creen que puede pasarles algo, con lo que conseguimos acabar con su fascinación y su interés por la vida.

En esta fase, todavía no hay razonamiento, así que todas las decisiones que toman (por ejemplo, meterse algo en la boca para probarlo, interactuar con una persona del parque, etc.) están relacionadas con su emoción y con la curiosidad que sienten en ese momento. Nosotros, como padres, debemos ocuparnos de cuidar esa curiosidad, sin reprimir, pero sin dejarlos a su libre albedrío; debemos permanecer atentos a su seguridad. De esta forma se sienten libres, pero protegidos y atendidos.

Las palabras son más importantes en este periodo si cabe, porque podemos estar diciéndoles constantemente que no: «no se toca», «no se hace», «no te subas». Es decir, los coartamos, los sometemos y les hacemos creer que la confianza en ellos mismos debe omitirse, o les exigimos cosas para las que no están preparados únicamente para que encajen en un molde social («cariño, calladita mientras comemos»...). Todos estos mensajes les hacen creer que lo que llevan dentro, la voz interior que les indica el camino, es incorrecto y que lo que dicen o imponen sus cuidadores es su verdadera realidad.

No quiero decir con esto que debamos abandonarlos física y emocionalmente y descuidar o desatender sus necesidades. Simplemente, tenemos que cuidar mucho lo que les decimos, reflexionar si es necesario o no en ese momento, y, si lo es, cuidar también nuestra forma de decírselo, que debe ser amorosa, respetuosa y empática, lejos de las imposiciones que encorsetan sus cerebros y les hacen creer que son poco válidos ahora y siempre.

Es una fase de descubrir la vida y disfrutarla, y nosotros debemos motivarlos y ayudarlos en el proceso, cumpliendo de manera adecuada con nuestras responsabilidades.

EJERCICIO: ¿CÓMO ESTUVISTE COMO PADRE DURANTE ESTA TERCERA FASE?

Puede que tengas un hijo (o más) que se encuentre en esta fase. Es perfecto que estés leyendo esto ahora y que puedas reconducir tu manera de acompañarlo si es que consideras que hay cosas que mejorar.

Tanto si tus hijos han pasado esta fase como si se encuentran ahora mismo en ella, hazte estas preguntas y responde con honestidad. Recuerda hacer el ejercicio con cada uno de tus hijos individualmente. Intenta contestar a cada pregunta con un mínimo de dos líneas, desarrollando y recordando situaciones e intentando vincular la teoría con la práctica:

- ¿Criticabas sus ganas de exploración?
- ¿No le permitías moverse?
- ¿Estabas constantemente con el «no» en la boca?
- ¿Le transmitías miedo?
- ¿Te enfadabas cuando según tu parecer algo no se podía hacer y lo había hecho?

- ¿Utilizabas continuamente etiquetas «miedoso», «trasto», «llorón» o «inquieto» para referirte a él?
- ¿Perdías la paciencia durante esa fase?
- ¿No le ofrecías ayuda?
- ¿El entorno no estaba preparado para él?
- ¿Mantenías poco contacto físico con él?
- ¿Querías que durmiese solo?
- ¿Reprimías sus emociones?
- ¿Le exigías un ritmo para el que no estaba preparado?
- ¿Forzaste una retirada del pañal?

Cuando criticamos sus ganas de conocer, les enseñamos que esas ganas y curiosidad deben ser eliminadas, los separamos de su esencia y queremos hacer solo lo que nos agrada o nos parece bien a nosotros, sin dejar lugar ni espacio a sus preferencias, su investigación y exploración, tan necesarias para el cerebro infantil. Por tanto, siempre debemos ver estas ansias de conocer como algo positivo para su desarrollo y su autoestima.

Si no les dejamos moverse les estamos diciendo que lo que necesitan no es importante para nosotros y ellos integran entonces que ese movimiento e iniciativa es algo incorrecto y, cuando más adelante tienen iniciativa para algo, se lo quitan rápidamente de la cabeza. Los niños necesitan movimiento para su completo desarrollo cerebral. Cuando estamos constantemente con el no en la boca (además, un no sin amabilidad, cariño o explicación, un no que impone y que les cierra puertas), ellos mismos luego no se creen capaces de conseguir aquello que se proponen. Debemos utilizar el no cuando sea realmente necesario y de una manera cariñosa y asertiva, no exigente o impositiva.

Si se animaban a realizar cosas y tú les transmitías miedo

con tus palabras, gestos o miradas, ellos se ponían barreras que arrastran hoy en día, momento en el que sienten miedo por cuestiones y situaciones que puedan suponer un riesgo en sus vidas. Necesitan poder experimentar y equivocarse, aprender de sus errores y de sus capacidades, comprenderse y conocerse. Si te enfadabas cuando tu hijo hacía algo que aparentemente no debía hacer, estabas pensando en tus necesidades y bienestar, puesto que hay pocas cosas que los niños de esta edad no deban hacer (a no ser que sea peligroso). Los adultos nos solemos enfadar porque los niños gritan, saltan, se pelean, juegan, lloran, piden, dicen... Algo natural en su desarrollo. Recordemos que no tenemos robots, son seres humanos que necesitan acompañamiento, cuidados y escucha. Debemos transmitirles seguridad y respetarlos en cada momento, incluso cuando no les dejamos hacer algo para preservar su bienestar.

Cuando utilizabas estos adjetivos, le imponías una etiqueta y una forma de ser, una manera de concebirse a sí mismo muy alejada de la realidad, que lo acompañará para siempre a no ser que realice un gran trabajo para desprenderse de ella.

Si perdemos la paciencia, demostramos no estar conectados con su verdadera esencia, ya que pensamos solo en nuestras emociones o en lo que puedan pensar los demás.

Cuando no ofrecemos ayuda, les hacemos sentir poco valiosos, como si no la merecieran porque lo suyo no es suficientemente importante. Ellos necesitan nuestra ayuda durante los primeros años y no es nada malo ni que vaya en contra de su desarrollo, sino todo lo contrario: dicha ayuda permitirá que puedan ayudarse a sí mismos hoy y siempre.

En esta fase muchos de los conflictos en los hogares o en las escuelas se dan porque los entornos no están preparados o porque esperamos una madurez a todos los niveles que no corresponde a los niños. Carecer de un entorno seguro les provoca inseguridad y muchos miedos, y crecen con ellos. El entorno seguro es imprescindible, así como adaptarnos a ellos en vez de querer que ellos se adapten a un mundo que no les pertenece: no son adultos. La necesidad de contacto físico, como hemos aprendido, es necesaria durante toda la infancia y adolescencia. Si les privamos de contacto bajo la falsa idea de la madurez, solo vamos a obtener como resultado niños ansiosos y angustiados.

También en este periodo necesitan dormir acompañados, tal y como hemos aprendido. Es un periodo en el que comienzan las explosiones emocionales y para su buen desarrollo cerebral necesitan llorar, gritar, enfadarse, tirarse del pelo, dar patadas... Se expresan de forma primitiva, puesto que su cerebro es puramente emocional. En esos momentos, no necesitan un dedo acusador que les retire la palabra ni que nos enfademos con ellos, sino que precisan de un Acompañamiento Emocional óptimo y seguro. En caso contrario, acaban ocultando sus emociones y pensando que eso es lo adecuado, lo que les acarreará infinitos problemas psicológicos tanto en esa etapa como en el futuro.

Todos somos diferentes, únicos y especiales. Y por eso cada uno de nosotros tiene sus propios procesos individuales y sus propios ritmos. Sucede que, a veces, durante este periodo, no respetamos sus ritmos porque estamos demasiado obsesionados en que hagan las cosas como los demás. Este tipo de comportamiento lo promueve, básicamente, nuestra falta de autoestima, lo que hace que comparemos a nuestros hijos con otros niños y nos dejemos influir por lo que está aceptado socialmente. Si nuestro hijo no ha aprendido a caminar a los doce meses, forzamos su ritmo porque no concebimos que no lo haga, sin tener en cuenta sus necesidades, lo que provocará que tenga falta de fe en sí mismo y en sus necesidades y deje de lado sus ritmos, uniéndose a lo que impere en la marea y dando lugar a una baja autoestima, difícil de superar.

Algo que suele ocurrir muy a menudo de forma injusta y antipedagógica es la retirada forzosa del pañal. El control de esfínteres es un proceso fisiológico natural que todos los niños experimentan en algún momento de su vida, a no ser que haya una enfermedad que se lo impida. Consiste, precisamente, en pasar de realizar la micción y la defecación de forma automática siguiendo un reflejo a controlar de forma consciente y voluntaria ambas acciones. Para que dicho control se lleve a cabo, intervienen una serie de elementos localizados en el sistema nervioso de nuestro cerebro.

Esto quiere decir que debe haber un trabajo en equipo entre músculos y neuronas que funcione a la perfección y que tenga como desenlace el reflejo de continencia. El pañal no debe quitarse en ningún caso, sino que debe ser un elemento que los niños dejen sin prisas, sin chantajes ni premios, sin comparaciones ni etiquetas y sin presiones.

En definitiva, deben dejar el pañal cuando estén preparados para ello. Los estudios científicos observacionales que tratan el control de esfínteres siempre sorprenden socialmente, ya que demuestran que lo correcto es lo opuesto a lo que siguen haciendo tanto las familias como las escuelas. El resultado de esos estudios indica que la edad para dejar el pañal, en función de las necesidades de desarrollo del cerebro de los niños, se encuentra entre los dos y los seis años, aproximadamente, y la edad habitual, es decir, aquella en la que suele dejarse más comúnmente, es entre los tres años y medio y los cuatro años, aunque es natural entre los dos y los siete años.

Además, hay diferencias de género, suelen ser las niñas las que lo dejan antes que los niños, por una cuestión fisiológica de su musculatura pélvica. No obstante, la edad ideal para que dejen el pañal siempre dependerá del niño y de su maduración. Existe la creencia popular de que hay que empezar el colegio con tres años y, además, hacerlo sin pañal. Es muy habitual, por tanto, que el año anterior al comienzo de la escuela las madres y los padres se tomen ese periodo como una «operación», un entrenamiento para que sus hijos inicien la escuela sin llevar pañal.

Muchas familias son conscientes de que con esta «operación» aceleran un proceso fisiológico y, aunque no quieren, piensan que es un aro por el que deben pasar porque la escuela les exige que los niños entren controlando esfínteres, cuando es ilegal que lo hagan. Por ello, antes de tomar medidas forzosas con tu hijo, tómalas con el colegio. Visita todas las escuelas respetuosas que puedas antes de matricularlo (si es que quieres que empiecen el colegio en el periodo no obligatorio, puesto que hasta los seis años no lo es en España) y, si no encuentras ninguna, reúnete para solicitar lo que tu hijo necesita por ley y por cuestiones de desarrollo cerebral.

Como madres, padres y profesionales, debemos entender que de la misma manera que no les quitaríamos los dientes de leche para dejar espacio a los dientes definitivos (el solo hecho de pensarlo nos parece una aberración, porque sabemos que es un proceso de maduración natural en el ser humano y que conforme se van cayendo unos salen otros, además de que hacerlo sería algo dañino para su integridad y salud) lo mismo tenemos que integrar con el control de esfínteres. Es necesario que sepamos también que en el control de esfínteres no solo trabaja la parte fisiológica y física del cuerpo humano, sino que también es esencial que los niños se sientan totalmente tranquilos, seguros y acompañados emocionalmente para dejarlo cuando verdaderamente sea el momento.

EJERCICIO: ¿CÓMO MEJORAR LA AUTOESTIMA DE LOS HIJOS EN ESTA FASE?

Revisa ahora si crees que tus hijos sufren las siguientes consecuencias, producto de una baja autoestima, por no haberlos acompañado óptimamente en fases anteriores. Recuerda que es un trabajo íntimo y que no tiene como objetivo hacerte sentir mal, sino ayudarte a reflexionar y a tomar medidas para cambiar:

- Poca o ninguna motivación ante las cosas que realiza.
- Casi ningún interés por las cuestiones que no conoce.
- Prefiere no pedir ayuda.
- Busca la perfección.
- Se frustra mucho cuando algo no está dentro de dicha perfección.
- Necesita tu aprobación para realizar lo que le interesa.
- Se compara continuamente con los demás.
- No escucha sus propios ritmos y necesidades.
- Se aburre muy a menudo y con cualquier cosa.
- Es muy inseguro.

Una vez realizado el ejercicio, coge seis papeles pequeños y escribe en cada uno de ellos una de estas frases. Esta vez, utiliza papeles del tamaño de un folio y haz las letras más grandes, porque quizá te ayude a memorizarlas más rápido y con mayor facilidad:

- Ve a tu propio ritmo.
- Abrázate y siente lo mucho que te quieres.
- Te daré mi ayuda siempre que la necesites.
- No necesitas la aprobación de nadie para conseguir tus objetivos.
- Siempre persigue ser feliz, no perfecto.
- Todas tus emociones son importantes.

Debes leer diariamente durante dos semanas estas mismas frases para aceptarlas e integrarlas.

Muchas veces, llevamos a cabo este tipo de procesos y no nos lo creemos, es decir, de alguna manera seguimos pensando que los ritmos los ponemos nosotros, que el que necesite nuestra aprobación es lícito, que no todas las emociones son importantes, etc. Y es que cambiar no es fácil cuando hemos integrado una serie de patrones durante toda nuestra vida, tal y como hemos visto.

No obstante, intenta leer las frases a diario y encuéntrales sentido en función del día a día con tus hijos, incorporando cambios poco a poco. Una vez hecho esto, escoge alguna de las seis frases y dísela a tus hijos sin horario fijo y, sobre todo, no lo hagas cuando creas que hacen o dicen las cosas como a ti te gusta, sino de forma espontánea, mostrándoles un amor incondicional que les permita ver que los apoyamos, los creemos, confiamos en ellos y respetamos sus ritmos, y que les haga sentir seguros a nuestro lado, potenciando en ellos una autoestima óptima.

¿QUÉ PREMISAS SEGUIR DURANTE ESTA FASE?

Aunque durante la lectura de este libro has ido aprendiendo y seguirás aprendiendo mucho sobre cómo debes tratar a tus hijos para que tengan una autoestima real, vale la pena tener en cuenta lo siguiente durante esta etapa:

- Ser muy conscientes de las palabras que utilizamos a partir de este momento (y preferiblemente ya antes), puesto que nuestros hijos se dicen a sí mismos lo que escuchan que nosotros decimos de ellos. El poder de la palabra empieza a tener más peso que nunca, y este peso se mantiene de por vida.
- Potencia la exploración y el juego libre, cuidando su seguridad.
- Acepta sus posibilidades y sus limitaciones.
- Mantén contacto físico continuo.
- Atiende sus necesidades con amor y tolerancia.
- Permite que tomen decisiones adaptadas a su edad.
- Trata con amor sus frustraciones y enfados.
- Fomenta la confianza y el buen ambiente familiar cada día.

Fase 4. De los cuatro a los ocho años

Durante este periodo se dan infinidad de transformaciones cerebrales que implican un gran desarrollo a todos los niveles, incluida la autoestima, que comienza a aflorar, y nuestros hijos empiezan a amarse tal y como hayan sido amados durante las fases anteriores.

En esta etapa aprenden a confiar en los demás y en su capacidad de decidir, a decir no cuando es necesario y a hacer lo que realmente desean. Es un momento sensible del desarrollo, y lo que decimos sobre ellos se convierte en su más profunda verdad. Son lo que les decimos que somos. Por eso es tan importante un buen acompañamiento, respetuoso, templado, paciente, amable, tolerante y cariñoso, a pesar de las dificultades.

Es un periodo donde todavía no hay razonamiento, aun-

que la mayoría de las personas cree que en estas edades ya
tienen el razonamiento plenamente desarrollado y que, por
tanto, las emociones no lo justifican todo. Lo cierto es que
no es así. El razonamiento apenas existe y todas las decisiones, acciones, movimientos, aprendizajes, etc., van unidos a
las emociones. El poco razonamiento que hay es inmaduro;
los niños no entienden todavía la causas y consecuencias ni
otros aspectos que los adultos tenemos integrados.

Cada semana me escriben cientos de personas con niños
de esta edad diciéndome que sus hijos hacen las cosas por
fastidiar (como pegar a sus hermanos o a compañeros de la
escuela), por llevar la contraria (no querer ducharse o hacer
los deberes), porque tienen maldad (por decir palabrotas o
insultar cuando están enfadados), etc. Lo cierto es que nunca
debemos malpensar de un hijo, puesto que siempre hay algo
detrás de aquello que expresa. Todo tiene un motivo, que
podemos compartir o no, pero que está justificado por las
emociones, que todo lo envuelven, y no conscientemente,
sino de una manera biológica. Además, en nuestros juicios
entran en juego los patrones que hemos aprendido, que hacen
que no comprendamos sus emociones, sino que nos centre-
mos en buscar la causa de su mal comportamiento, sin darnos
cuenta de que no se trata de un mal comportamiento, sino
que forma parte de la infancia.

En esta fase los niños aprenden que tienen su propia opinión, que su voz interior existe, está ahí y les enseña el camino
adecuado en cada momento. A través de esa voz dicen sí en sus
relaciones cuando deben decirlo y dicen no cuando lo estiman
oportuno. Por este motivo, debemos potenciar esa escucha de
su propia voz; si la reprimimos, no aprenden a escucharla ni a
conocerla.

Sale a luz de nuevo la ansiedad por separación y aprenden a equilibrarla y a confiar en que sus padres nunca los van a abandonar. De forma gráfica, es como si se tratara de una escaladora de montaña. Al principio, en sus aprendizajes, sube poco, aunque vaya con arnés. Debe aprender a confiar en él. Después, va cogiendo confianza en sí misma y en el arnés, que está ahí para protegerla, y cada vez sube más y más, escuchando su voz interior, atendiendo a su motivación, sus necesidades y sus talentos. Nosotros somos el arnés durante toda la vida de nuestros hijos. Ellos van sujetos, al principio sienten miedo de separarse, pero avanzan poco a poco y aprenden a hacer su vida con la seguridad de que estaremos ahí, de que el arnés es seguro y los ayudará siempre.

Nuestros hijos suben más arriba, miran hacia abajo, sienten miedo, pero llevan su arnés (nosotros), que los acompaña, lo que potencia la seguridad y la confianza en sí mismos y en el propio arnés, así como en los escaladores que conocen en el camino. Saben decir no, saben decir sí, saben lo que necesitan en cada momento para llegar a la cima, a la cima que ellos deciden alcanzar.

Cuando no les aportamos la seguridad (el arnés) que necesitan, crecen con miedo, desconfiando de sus propias capacidades y de las personas que se encuentran por el camino. En esta fase, es crucial que reforcemos el arnés con amor, cariño, respeto, empatía, amabilidad y ayuda.

EJERCICIO: ¿CUÁL FUE TU ACOMPAÑAMIENTO DURANTE ESTA CUARTA FASE?

Es muy probable que alguno de tus hijos tenga esta edad. Si es así, es estupendo que valores cómo has acompañado las fases anteriores y modifiques lo que debas cambiar de esta. En el caso de que sean más pequeños, podrás prevenir errores y, si son más mayores, serás capaz de reconstruir vuestra relación reflexionando y trabajando vuestro vínculo desde entonces hasta ahora.

Para ello, contesta a las siguientes preguntas (adapta el pasado o el futuro en función de la edad de tus hijos) y escribe tus respuestas en un papel. Recuerda ser sincero y estar tranquilo a la hora de completar el ejercicio. Intenta poner situaciones reales para acompañar tus respuestas:

- ¿Te enfadabas si lloraba cuando os separabais?
- ¿Le decías que no pasaba nada?
- ¿Criticabas sus noes?
- ¿Forzabas su independencia?
- ¿Te mostrabas triste o decepcionado si no hacía lo que querías?
- ¿Le exigías ser de otra manera?
- ¿Le decías que se portaba mal cuando algo no te encajaba?

Lo mejor para la autoestima de nuestros hijos sería no responder a ninguna de estas preguntas de forma afirmativa, pero para eso estás leyendo este libro: para mejorar y acompañar lo mejor posible el desarrollo de tus hijos. Si ha sido así, solo revisa qué cambios y mejoras quieres ejercer primero.

Muchas personas piensan que cuando los niños lo pasan mal porque se separan de sus madres, padres o personas con las que mantienen un vínculo afectivo directo deben hacer como si no pasara nada: enfadarse, marcarles pautas, marcharse sin decir adiós, hacerles entender que no es para tanto... Todas estas cuestiones y muchas otras, aunque populares, son dañinas para el cerebro infantil. Lo que necesitan es precisamente cuidados, seguridad, palabras de aliento, amor, contacto físico, sostén, atenciones, etc. De hecho, lo ideal sería que todos los cuidadores supiesen exactamente cómo aportar un buen Acompañamiento Emocional para trabajar unidos. Y en el caso de que tú lo hagas correctamente pero te tengas que marchar, evita que la maestra de la escuela le diga que debe callarse, que todo está bien y que mamá vuelve pronto, sino que sepa transmitirle que está ahí para él, que lo entiende, que es doloroso y que saque hacia fuera lo que necesite. Como ves, son cambios significativos que ejercen una influencia decisiva en la autoestima.

Es común criticar a los niños cuando dicen no. Nos lo tomamos mal, como algo personal, pensamos que es testarudez o mala educación, cuando decir no es básico para desarrollar una autoestima óptima, en donde tus noes son escuchados y tenidos en cuenta. Y cuando sus peticiones no se puedan llevar a cabo, debemos saber guiarlos con cariño, siendo conscientes de que se enfadarán y que solicitarán lo que creen que es justo para ellos. Esta lucha por lo que consideran justo será la base de sus relaciones, les permitirá entender sus límites y los de los demás y los ayudará a desarrollar una capacidad social y emocional empática con ellos mismos y los demás.

En el próximo capítulo aprenderemos mucho más sobre cómo forzamos la independencia, algo habitual en nuestra sociedad moderna. Queremos que los niños sean autónomos antes de tiempo, los presionamos en sus procesos e invadimos su intimidad y sus ritmos, estimulamos más de la cuenta y esperamos de ellos más de lo que pueden ofrecer.

Si nos mostramos tristes, enfadados o frustrados cuando no hacen lo que queremos, les hacemos sentir culpables por ser como son y los incitamos a que escondan sus propias necesidades, a que piensen siempre en nuestras emociones antes que en las suyas y teman seguir su voz interior por no decepcionarnos. Una cosa es guiar a nuestros hijos y otra es manipularlos.

Lo mismo ocurre cuando les exigimos que sean de otra manera y queremos que sean a nuestra imagen y semejanza. Este periodo es una etapa sensible en este aspecto, ya que hay que permitirles ser teniendo en cuenta su libertad segura.

Al decirles que se portan mal cuando están siendo como

son, solo propiciamos que relacionen ser ellos mismos con algo malo, que quieran ocultar su verdadera identidad y muestren la que parece que encaja mejor en el molde que los padres esperan.

Ejercicio: ¿cómo mejorar la autoestima de los hijos en esta fase?

Es posible que, si no has acompañado óptimamente a tus hijos respetando su autoestima, veas que sufren estas consecuencias, que varían entre personas, pero son bastante comunes en esta fase:

- Le cuesta tomar decisiones.
- Cree que los demás son mejores que él.
- Piensa que es el responsable de tus emociones y, por tanto, intenta que siempre te sientas bien con él.
- Siempre quiere quedar bien con los demás.
- No sabe poner límites en sus relaciones.
- Le cuesta separarse de ti.
- Suele buscar el beneplácito de los demás.
- Siente vergüenza de sí mismo.
- Se cree que es mejor que los demás, superior, y se vuelve narcisista.

Coge ocho papeles pequeños o grandes y escribe cada una de estas frases en un papel diferente. Puedes hacerlo en distintos colores, en cartulinas, meterlos después en una carpeta, llevarlos encima... Utiliza la variante que quieras, el objetivo es que las recuerdes e integres, de manera que puedas comenzar a realizar pequeños cambios con tus hijos:

- Siempre voy a estar para ti, siéntete seguro.
- Tus noes y tus síes son importantes.
- Escucha tu voz interior.
- Cada uno debemos ocuparnos de nuestras emociones, no de las de los demás.
- Nadie es más que nadie, ni yo soy más que tú.
- Estás creciendo pleno y feliz.
- No debes hacer o decir lo que les parezca bien a los demás.
- Dime siempre cómo te sientes y lo que necesitas, estoy aquí para apoyarte hasta en los momentos más difíciles.

Lo más difícil es llevarlo a la práctica. Te conciencia de que le vas a decir a tu hija que debe escuchar su voz interior, pero luego cuando grita que quiere ir al parque y son las nueve de la noche y eso no puede ser, llora, se queja, grita, insulta... te cuesta llevar a cabo esto de manera tranquila y paciente.

La verdad es que cuando empiezas a integrar la teoría todo es más sencillo. A lo largo del libro has ido aprendiendo todo lo que es y supone la autoestima en la vida de tus hijos, todas las responsabilidades que como padres tenemos y las necesidades que debemos atender. Ahora solo debemos hacerlo poco a poco, día tras día, llenando su vaso de autoestima, para que no falte nunca y tampoco rebose, sino que siempre esté en el nivel adecuado. Si tu hija llora porque quiere ir al parque a las nueve de la noche, eso significa que ha escuchado su voz interior y lo ha verbalizado, sabe sus intereses y no teme decírtelos. Tú le respondes que eso no es posible con cariño y respeto, entendiendo las emociones que vendrán después, acompañándolas también con templanza, puesto que comprendes que eso es lo que necesita en ese momento. Practicar diariamente es la clave.

- Conoce en profundidad sus intereses y promuévelos.
- No impongas la autonomía, fluye con tus hijos adaptándote a sus ritmos sin exigir una autonomía que no es la que necesitan en este momento de sus vidas.
- Sé amable con tus hijos incluso en los momentos difíciles.
- Permite que expresen sus emociones como necesiten y acompáñalas desde la Educación Real®, con respeto, empatía, ética, amabilidad, amor incondicional, lógica y sin adultocentrismos.*
- Sé auténtico y permite que tus hijos vean tu autenticidad, amándote tal y como eres.
- No fuerces la independencia, solo fluye con la que vayan asumiendo, sin exigir más.
- Céntrate siempre en lo positivo y no te hundas en lo negativo arrastrándolos también a ellos.
- Pon todos tus esfuerzos en la escucha.
- Sé delicado con tus hijos.
- Desecha las exigencias de vuestra relación.
- Anímales a asumir las responsabilidades que realmente quieran asumir, entendiendo cuando no quieran asumirlas, comprendiendo sus verdaderas necesidades.
- Acepta, de verdad, su etapa vital, apartando los estigmas que la sociedad le atribuye.

* Aprenderás más sobre ello en el próximo capítulo.

- Dales sorpresas que no esperan de vez en cuando.
- Presta atención a tu comunicación no verbal, que sea afectuosa y tolerante.
- Utiliza el «por favor» y el «gracias» para hablar con ellos de forma natural, sin exigirles que hagan lo mismo contigo, puesto que aprenden mediante el ejemplo, no mediante exigencias.
- Deja de utilizar las generalizaciones y la culpabilidad para educar, cosas como «es que siempre estás igual» son totalmente perjudiciales.
- Sé sincero y real con tus hijos, contigo mismo y con los demás.
- Ayúdales a comprender que en la vida a veces perdemos, incluso a las personas que más amamos, para que lo vean como algo natural de su existencia.
- Integra que eres su ejemplo e imitan tus habilidades sociales.
- Sigue abrazando y besando.

Aunque durante la lectura de este libro has ido aprendiendo y seguirás aprendiendo mucho sobre cómo debes tratar a tus hijos para que tengan una autoestima real, durante esta etapa vale la pena tener en cuenta lo siguiente:

Fase 5. De los ocho a los trece años

En esta fase comenzamos a ver los frutos de nuestra manera de educar a todos los niveles, pero más concretamente en lo referente a la autoestima, puesto que su identidad es el reflejo de cómo han sido acompañados durante los primeros años y se definen a sí mismos según ese baremo. Además, empiezan a comportarse según la etiqueta impuesta y el molde establecido para ellos por sus padres.

Todos los periodos engloban el anterior, es decir, se debe continuar con el mismo respeto, aunque vayan creciendo. Esta es una etapa en la que la razón es efímera y discreta, y solo está algo más asentada que en la fase anterior. Empiezan a comprender que todo acto tiene una consecuencia, que sus decisiones tienen un impacto no solo en ellos mismos, sino también en los demás, pero su mundo emocional tiene aún más peso que cualquier consecuencia.

Por tanto, si no quieren ir a una excursión por los motivos que sea, es posible que después, al ver lo bien que se lo han pasado sus amigos, integren esas consecuencias, esas emociones y eso les haga replantearse si la próxima vez quieren tomar la misma decisión. No obstante, su decisión parte de la emoción, de ese sentir, y es lícita. De esta forma es como aprenden de sus decisiones y del impacto que estas tienen en sus vidas. Es más que probable que cuando se plantee otra excursión vuelvan a tomar la misma decisión si les invade la misma emoción que la primera vez, por ende, esta causa-consecuencia es un aprendizaje que integran poco a poco y que no debe forzarse en ningún caso. No podemos pedirles una madurez emocional que no tienen y para la que no están preparados.

Es una etapa en la que el contacto con los demás forma parte de su día a día y se torna muy importante sentirse bien entre sus iguales, intercambiando emociones, quehaceres, intereses, imaginación, juegos, discusiones, etc. Así aprenden quiénes son y qué sitio ocupan dentro de esas relaciones, qué quieren o no quieren y por qué. Aunque la emoción lo engloba todo, pueden usar un mínimo razonamiento que van introduciendo en su día a día para guiarse en sus decisiones, teniendo la emoción como máxima.

Sienten mucha curiosidad por la vida y la conexión de los demás para con su vida. Los padres y las figuras de apego siguen siendo imprescindibles, continúan necesitando de sus arneses y estar acompañados durante la subida, aunque el número de personas importantes para ellos es cada vez mayor.

EJERCICIO: ¿CUÁL FUE TU ACOMPAÑAMIENTO DURANTE ESTA QUINTA FASE?

El objetivo de realizar estos ejercicios e integrar esta teoría no es que te sientas mal. Indudablemente, tienes emociones y tus emociones necesitan ser expresadas. Recuerda que las emociones enquistadas de nuestra infancia y adolescencia pueden resurgir al educar. Lo importante es que te dejes llevar, que fluyas con ellas, pero que paralelamente puedas hacer un ejercicio de introspección en el que te comprometas a realizar cambios por el bien de la autoestima de tus hijos y de vuestra relación.

Tanto si tus hijos se encuentran ahora en esta fase como si la han pasado ya, responde con sinceridad a las siguientes preguntas, siguiendo la metodología utilizada en los ejercicios anteriores. Si tus hijos son pequeños, lee todas las fases para integrar lo que no debes hacer y en qué debes poner tu atención:

- ¿Lo humillabas cuando no actuaba como esperabas?
- ¿Demostrabas amor con condiciones?
- ¿Le dejabas tomar decisiones?
- ¿Coartabas su imaginación?
- ¿Lo ayudabas a diferenciar entre el bien y el mal?
- ¿Rellenabas sus días con actividades?
- ¿Le exigías perfección?

En esta fase solemos confundirnos y creemos que son más mayores de lo que son y que están más preparados para la vida de lo que verdaderamente están. En realidad, nos siguen necesitando igual (o más).

Cuando los humillamos no solo causamos una brecha en la relación que tienen consigo mismos, sino también en la relación que tienen con los demás, puesto que se sentirán humillados y aprenderán a humillar a los demás, creyéndose no válidos, no preparados, no merecedores, no importantes.

Por esa falsa idea de madurez, también comenzamos a no demostrarles amor para conseguir que hagan cosas que queremos que hagan o dejen de hacer cosas que no queremos. Es en este momento cuando empezamos a distanciarnos, realizando un sutil chantaje para demostrar nuestro amor. Cuando no permitimos que tomen sus propias decisiones, impedimos que exploren lo que verdaderamente quieren, esperan y desean, y potenciamos la falta de autoconocimiento y que crezcan sin saber dónde están sus limitaciones y sus posibilidades. Como padres, debemos ocuparnos siempre de que lo hagan desde el cuidado hacia su bienestar, seguridad y salud.

No permitir que su imaginación vuele es un gran problema, porque la necesitan para desarrollarse, igual que el juego. Una de las formas más sencilla de cortar sus alas y, por ende, su autoestima, es precisamente no dejar que imaginen, inventen, creen y se integren en ese mundo de fantasía.

Necesitan una guía para saber lo que está bien y lo que está mal, pero una orientación real. No podemos decirles que está mal llorar en el dentista, porque no, no está mal. No podemos decirles que está mal gritar porque no quieren ir al cole porque no, no está mal. No podemos decirles que está mal no dejar el juguete a su prima porque no, no está mal... Todo esto son estigmas sociales en torno a la infancia que poco tienen que ver con el desarrollo y las necesidades reales de los niños. Por ello, a la hora de enseñarles a distinguir entre el bien y el mal, debemos ceñirnos a las cuestiones reales de la vida: está mal matar, está mal no cuidar la naturaleza, está mal robar, está mal hacer daño a una persona, está mal insultar, etc. Está bien llorar, está bien sentir, está bien decir lo que sentimos, está bien cooperar con el prójimo, está bien escuchar nuestra voz interior, etc.

En este periodo, tan ávido de conexión y curiosidad por la vida, a veces se cae en el error de tener a los niños ocupados todo el día: colegio, extraescolares, deberes, etc. Pasan sus días ocupados y no tienen tiempo para autoconocerse, disfrutarse, estar en libertad haciendo lo que necesiten en el calor de su hogar. Valorar qué tiempo tienen libre y enfocarnos en que tengan más es imprescindible. Todo se puede aprender, todo se puede conseguir, pero no tiene que ser ahora ni todo a la vez; de hecho, conforme pasan los años, van teniendo más claros sus gustos e intereses. Ahora es el momento de ayudarlos a que los descubran y no forzar agendas poco realistas con lo que el cerebro infantil necesita.

Queremos que sean perfectos para demostrar al mundo lo bien que educamos, pero ese no es más que un interés propio, que no tiene que ver con lo que necesitan en realidad. Cuando exigimos la perfección, una perfección creada por nosotros mismos, los alejamos de su propia esencia y de su autoconoci miento, y ellos integran que hay que hacer lo que los demás digan y acoplarse a la norma general, escondiendo esa voz que luego tanto necesitamos recuperar cuando somos adultos.

EJERCICIO: ¿CÓMO MEJORAR LA AUTOESTIMA DE LOS HIJOS EN ESTA FASE?

Es posible que, si no has acompañado óptimamente, con respeto por su autoestima, veas en tus hijos estas consecuencias que, por supuesto, varían entre personas, pero son bastante comunes en esta fase:

- No le gusta su cuerpo.
- No le gusta su cara.
- Se critica constantemente.
- Parece que tiene menos años de los que tiene.
- No se fía de nadie.
- Suele pensar mal de los demás.
- Se muestra muy afectado por lo que los demás dicen de él.

- No sabe escuchar su voz interior.
- Tiene mucho miedo de no caer bien y se fuerza en ser quien no es.

Cuando hayas acabado, graba las siguientes frases con tu propia voz (puedes hacerlo con el teléfono). Una vez grabadas, escúchalas cada noche antes de dormir. Cuando estés preparado, escoge una y dísela a tus hijos sin que sea una ocasión especial. Después, ve añadiendo las siguientes con el paso de los días. La idea es que se conviertan en mantras que les repitas y que ellos integren. Evidentemente, debes acompañar estas frases con tus acciones respetuosas y empáticas, si no, no sirve para mucho. Las frases son las siguientes:

- Sé siempre tú mismo.
- Pídeme siempre lo que necesites.
- No te avergüences de ser como eres.
- Eres especial y único.
- Aunque hay cosas que no se pueden conseguir, yo estoy aquí para abrazarte y cuidar tus emociones.
- Ama tu cuerpo.
- Aprender de los errores es el mejor aprendizaje.
- Vive el presente y disfrútalo.

En las fases anteriores, nuestros hijos viven más en el presente y lo disfrutan, sin embargo, en esta etapa ya se preocupan demasiado por lo que fue y por lo que vendrá. Esto puede llegar a ser muy incómodo e influir en su autoestima. Todo ello depende de cómo los hayamos acompañado. Si hasta este momento les hemos enseñado que el futuro y el pasado son más importantes, ahora es cuando lo sacan a la luz, sobre todo en sus relaciones con los demás. Sin embargo, si les hemos enseñado a disfrutar del momento presente, tendrán ese aprendizaje como modelo de vida.

Enseñémosles pues a vivir con la consciencia en el ahora: dejas fluir lo que ocurre y te sientes bien de ser quien eres y de lo que estás haciendo, sabes escuchar tu voz interior, tus necesidades, sin privarte de decir lo que sientes, sin hacer daño a los demás y sin dañarte, liberando tus pensamientos y poniendo los límites que consideras adecuados. Cuando esto se integra, aprenden a amarse tal y como son en cualquier situación y ante cualquier experiencia, a ser fieles a sí mismos y estar en paz con el ahora.

En este periodo se valoran fácilmente los logros de toda su vida y empieza a haber una coherencia entre lo que piensan, sienten, dicen y hacen. Comienzan a entender que no siempre se puede hacer lo que les gustaría y que es posible que sus palabras y sus acciones generen malestar en los demás. Comprenden entonces el significado de la ética, algo imprescindible para la siguiente fase.

¿QUÉ PREMISAS SEGUIR DURANTE ESTA FASE?

Aunque durante la lectura de este libro has ido aprendiendo y seguirás aprendiendo mucho sobre cómo debes tratar a tus hijos para que tengan una autoestima real, durante esta etapa vale la pena tener en cuenta lo siguiente:

- No exijas perfección y trabaja en conocer a tus hijos en profundidad.
- Fomenta los buenos valores dentro de tu hogar.
- No critiques a tus hijos ni te critiques a ti mismo, puesto que les enseñarás a infravalorarse a sí mismos y al resto.

- Ayúdales a encontrar soluciones donde no las ven.
- Sé creativo para relacionarte con tus hijos.
- Presta atención a sus necesidades y emociones.
- Sé cariñoso y sigue manteniendo el contacto físico.
- No te tomes a mal sus reacciones y demandas.
- Confía en sus capacidades.
- Ayúdalos siempre que lo necesiten.
- No permitas que nadie hable mal de tus hijos en su presencia, pon límites con asertividad a quienes lo hagan.
- Evita los cambios bruscos en sus vidas.
- Apoya sus decisiones siempre que no pongan en peligro su seguridad, salud y bienestar. Y si están en peligro, acompaña las emociones que traiga la imposibilidad de llevar a cabo sus decisiones.
- No les contagies con tus inseguridades, céntrate en conocerte y en mejorar tu autoestima y la seguridad en ti mismo.
- Enséñales a pedir lo que necesitan, a escuchar su voz interior.
- Ocúpate de que sepan que los amas incondicionalmente puesto que solo así se amarán incondicionalmente a sí mismos.
- No ordenes ni impongas a tus hijos, dirígete a ellos con cariño, tolerancia y respeto.
- Aléjate del lenguaje destructivo.
- Pon interés en todos sus asuntos.
- Sigue manteniendo el contacto físico como una parte principal de vuestra relación.
- Cuídate para poder cuidar.

Fase 6. De los catorce a los veintiún años

Se suele creer que la adolescencia abarca desde los doce años, aproximadamente, hasta los dieciocho. Es como si hubiésemos confundido la edad legal con la edad que realmente comprende este proceso a nivel cerebral, lo que nos lleva a creer que con dieciocho ya son adultos y gozan de plenas capacidades. Les exigimos madurez y equilibrio, cuando nosotros somos conscientes de que, con cuarenta, no lo somos.

Lo cierto es que el periodo adolescente varía entre unas personas y otras, y también depende del género. Todos, no obstante, pasamos por un periodo de pubertad, donde empieza a haber cambios físicos mientras seguimos estando en la fase anterior. Por ende, todo debe ser acompañado y respetado a su debido tiempo.

La adolescencia abarca desde los catorce a los veintiún años aproximadamente, y a partir de esta edad es cuando el cerebro acaba de realizar todos los procesos de aprendizaje y se prepara para la etapa adulta. No tiene la misma duración para todas las personas, pero los procesos son los mismos.

En este periodo observamos ya en nuestros hijos las consecuencias de cómo los hemos educado en su autoestima, es decir, vemos claramente los patrones y creencias que tienen de sí mismos según lo que nosotros les hayamos dicho y cómo hayamos actuado con ellos. No obstante, también es un gran periodo para ejercer cambios. Aunque nos parezca que estamos más desconectados de ellos y su autoestima no sea óptima, en realidad es una bella oportunidad para reconstruir su autoestima y nuestra relación.

Quieren ser independientes, pero nos siguen necesitando. Es importante darles espacio y libertad, dentro de la libertad segura y comprensiva, para que puedan conocerse y saber quiénes son exactamente y aprendan a escuchar sus sentimientos, sus motivaciones... Su voz.

La adolescencia, en la cultura occidental, está totalmente etiquetada, y las etiquetas, como sabemos, marcan nuestras vidas si no nos desprendemos pronto de ellas y aprendemos a conocernos por quienes somos y queremos ser, no por lo que los demás dicen que somos. Un sinfín de imposiciones sociales estigmatizan una de las etapas más importantes en la vida de una persona, la cual supone, como dijo Freud, una gran metamorfosis que necesita todo el Acompañamiento Emocional del mundo y, a su vez, una gran soledad interior que nuestros hijos únicamente encuentran en la calle junto a su grupo de amigos, a los que sienten como iguales, con los que tienen la misma conexión y a los que prefieren antes que a las personas de su hogar.

En este periodo, son comunes la angustia y el sentimiento de incomprensión, que se alternan con momentos de mucha lucidez. Estos años suponen una catarsis, una etapa llena de frustración, impotencia y preguntas, también de duelo, porque se despiden de su yo anterior, tanto física como emocionalmente, un yo que ya no volverá. En consecuencia, es una etapa sensible en la que debemos mirar mucho más allá, empatizar con su mundo interior, saber que lo que necesitan es respeto, alguien que los guíe para conocerse a sí mismos sin juicios ni críticas, solo atención... Y, a veces, tan solo silencio.

Son años en los que el razonamiento es un poco mayor, pero no equiparable al razonamiento adulto ni mucho menos. Además, al estar sumergidos en ese caos emocional y hormonal (en el que el cerebro sufre una serie de cambios que quitan toda la energía), la razón queda eclipsada por el proceso. Por eso no podemos pedirles una madurez que no pueden darnos. Integrando esto seremos mucho más felices y permitiremos que también nuestros hijos lo sean.

¿QUÉ HA PASADO CON MI CUERPO?

¿CUÁNDO ME MORIRÉ?

¿POR QUÉ SOY TAN ALTA?

¿LE GUSTARÉ A PABLO?

¿ME GUSTA JIMENA?

¿QUÉ QUIERO SER DE MAYOR?

EJERCICIO: ¿CUÁL FUE TU ACOMPAÑAMIENTO DURANTE ESTA SEXTA FASE?

Como padres, tememos esta fase. No es un temor que provenga de nuestra voz interior, sino que viene de lo que nos han dicho, de los tópicos socialmente enquistados en torno a la adolescencia. Los prejuicios son los que hacen que creamos que son rebeldes, maleducados, irresponsables y casi adultos, cuando no son nada de esto: son seres humanos en crecimiento que precisan que los tratemos con toda la comprensión y el respeto del mundo para poder recorrer su presente y su futuro con una autoestima real, pudiendo ser respetuosos y asertivos consigo mismos y con las personas que los rodean.

Es posible que tus hijos todavía no estén en esta fase. Pero trabajarlo te ayudará a conectar con ellos y evitar prejuicios y caminos incorrectos. Si están en este momento o ya lo han pasado, te servirá para reconstruir vuestra relación.

Contesta a las siguientes preguntas con sinceridad:

- ¿No escuchabas sus opiniones?
- ¿Criticabas su forma de vestir?
- ¿Lo amenazabas continuamente?
- ¿Le reprochabas su forma de ser?
- ¿No lo abrazabas ni besabas?
- ¿Te reías de sus emociones o experiencias?
- ¿Hablabas mal de sus amigos?
- ¿No comprendías su estado anímico y sexual?

Escuchar sus opiniones es básico para su desarrollo. No solo escucharlas con empatía y respeto, sino también alentarlos a tomar sus propias decisiones según su criterio. Solo si ponen sus vidas en peligro tendremos que orientarlos, pero sin menospreciar nunca sus opiniones.

Cuando criticamos su forma de vestir, los humillamos e imponemos lo que deben hacer y lo que no, basándonos en un estereotipo social. Ellos deben buscar y encontrar su identidad, pudiendo vestirse como quieran.

Las amenazas, como veremos, nunca son un buen camino: degradan a las personas y hacen que se guíen por el miedo y la sumisión, algo que no queremos en ningún caso para nuestros hijos. Si queremos mejorar nuestra relación, dejémonos llevar por el diálogo tranquilo y la escucha real, prestando atención a sus necesidades.

Si reprochamos a nuestros hijos que sean ellos mismos (que es lo que necesitan en medio de ese caos vital, de esa duda existencial continua), solo añadimos más leña al fuego, potenciamos la baja autoestima y nos distanciamos de ellos.

En este periodo el contacto físico sigue siendo esencial para que puedan desarrollar su óptima autoestima y su verdadera personalidad. Por ello, no debemos tener vergüenza u obligarnos a no tener ese contacto porque así parece que está estipulado socialmente, sino buscar la manera de que ellos se sientan cómodos con nuestro contacto. Tenemos que respetar sus tiempos y espacios y buscar el bien común. Ellos suelen negarse a un abrazo y por dentro estar deseándolo: demos nosotros pequeños pasos de contacto físico, respetando ese vaivén emocional y hormonal por el que están pasando.

Si nos reímos de sus emociones y de las experiencias que viven, pisamos sus emociones y fomentamos que las escondan, ocultando así su personalidad. Además, si actuamos así dejarán de confiarnos sus cosas y acabarán poniéndose una coraza que incluso pueden llegar a mantener de por vida. Todas las fases son importantes, pero como ves, esta es especial, esencial y transformadora.

Si criticamos a sus amigos, normalmente guiados por el miedo a que lo pasen mal o tengan experiencias peligrosas, ellos aprenden, en primer lugar, a hacer lo mismo, a criticar y meterse donde no les llaman, y dejarán de contarte sus cosas porque no las vas a aprobar. Nuestros hijos deben ser libres de ir y venir con quien deseen, están aprendiendo, errando, acertando, relacionándose, conociéndose y conociendo. Con un apoyo respetuoso lograrán saber elegir con consciencia; sin embargo, cuando no tienen apoyo, la inseguridad, el qué dirán, la falta de autoestima, la presión y los miedos elegirán por ellos.

Muy a menudo los tachamos de rebeldes, bordes, agresivos, inseguros, influenciables, malos estudiantes, marginados... Es decir, hacemos *bullying* a nuestros propios hijos. Ellos no necesitan nada de eso. Dejemos de verlos como seres dañinos y empecemos a verlos como lo que son: diamantes que se están puliendo a sí mismos y que necesitan cuidados, atenciones y seguridad. No los machaquemos emocionalmente ni hagamos juicios, nos necesitan ahí, siempre.

EJERCICIO: ¿CÓMO MEJORAR LA AUTOESTIMA DE LOS HIJOS EN ESTA FASE?

Las consecuencias de no acompañar correctamente esta fase se reflejan en su baja autoestima de muchas formas, entre ellas:

- No le gusta estar solo.
- Se deja llevar por las opiniones de los demás.
- No confía en sus habilidades.
- Muestra a sus amistades una cara que no es su verdadera identidad.
- Se muestra apático ante la vida.
- Odia su físico.
- Se compara continuamente con los demás.
- Tiene dificultad para encajar en un grupo de iguales.
- La sexualidad le da miedo o es un tabú.
- No muestra sus emociones.
- Le cuesta tener contacto físico.
- No se atreve a dar su opinión.

En este caso, utilizarás también el mismo recurso que en el ejercicio anterior. Te grabarás diciendo las siguientes frases y luego las escucharás cada noche antes de dormir. Cuando estés preparado, escoge una y dísela a tus hijos sin que sea una ocasión especial. Después ve añadiendo las siguientes frases con el paso de los días. Se trata de lograr la reconexión y ayudarlos a entender su mundo de una forma que les permita amarse y respetar a los demás. Las frases son las siguientes:

- Déjate llevar por tu intuición.
- Te quiero siempre, hasta cuando no pensamos lo mismo.
- Escoge tus amistades según tu voz interior.
- No hagas nunca nada que no quieras hacer.
- Disfruta de tu sexualidad, respetando tu cuerpo y el del otro.
- Haz siempre lo que te haga sentir bien.
- Me gusta escucharte.
- Quiero abrazarte incluso en los momentos difíciles.
- Expresa tus emociones.
- En estos momentos, y en todos, siempre voy a estar a tu lado.
- Tu vida es solo tuya, sigue tu camino.

Si no dejamos a nuestros hijos exponer sus propias ideas, tomar sus propias decisiones y descubrir su mundo interior, acabarán dejando su verdadera esencia en manos de otros. Esta fase es decisiva en la autoestima no solo por lo que significa, sino porque permite repararla o mantenerla (esto depende de cómo los hayamos acompañado en las fases anteriores). Es el momento también de enseñarles que deben ser ellos mismos, respetándose y respetando, y que no hay otro camino.

Si, como padres, nos pasamos esta fase imponiendo, castigando, gritando, juzgando, humillando, criticando, hablando en tercera persona de nuestros hijos, sin respetar sus espacios y sus silencios, sin animarlos a tomar sus propias decisiones, etc., lo único que haremos será sepultar sus emociones, alejándonos de ellos y haciendo que se alejen de sí mismos.

Es una fase en la que tenemos que permitirnos descubrir de nuevo a nuestros hijos, descubriéndonos nosotros al mismo tiempo. No nos tiene que preocupar que ellos tengan valores, ideas o creencias diferentes a las nuestras, puesto que sabremos valorar que en eso se fundamenta la libertad. Los guiaremos en lo que podamos sin hacerles sentir de menos, entenderemos que necesitan ser independientes, pero nos daremos cuenta de que siguen con su arnés, por lo que continúan necesitándonos, pacientes, amables, tolerantes, respetuosos, dispuestos a escuchar, a abrazar, a amar sin condiciones.

¿Qué premisas seguir durante esta fase?

Aunque durante la lectura de este libro has ido aprendiendo y seguirás aprendiendo mucho sobre cómo debes tratar a tus hijos para que tengan una autoestima real, durante esta etapa vale la pena tener en cuenta lo siguiente:

- Ten la máxima sensibilidad con tus hijos y la etapa que atraviesan.
- Enfócate en que tus hijos disfruten de una buena calidad de vida, tanto emocional como física, dentro de su hogar.
- Ayúdales a desenvolverse en situaciones sociales de conflicto, para que aprendan a enfrentarlas con seguridad y respeto hacia ellos mismos y hacia los demás.

- Enséñales que no puedes evitar que los demás les hagan daño, pero sí puedes acompañarlos emocionalmente y ayudarlos a encontrar soluciones y a que aprendan a poner límites a quienes les dañan, teniendo amor propio.
- Habla con ellos de todo, escucha primero y habla después.
- Encontrad juntos soluciones creativas a vuestros conflictos.
- No utilices la ironía ni la ridiculización para comunicarte con tus hijos.
- Desecha los juicios y críticas hacia tus hijos y huye de la estigmatización de la adolescencia.
- Conviértete en su aliado, estáis en el mismo barco.
- Asegúrate de que integren que equivocarse no es algo negativo, sino que forma parte del aprendizaje.
- No hables mal de tus hijos delante de ellos.
- Prepárales para que sepan exprimir sus puntos fuertes, sus posibilidades, y las utilicen para alcanzar sus objetivos.
- Respira y cálmate cuando os encontréis en un momento difícil.
- Muéstrales que sus puntos débiles, sus limitaciones, no les hacen mejores ni peores, simplemente son su seña de identidad y deben valorarlos igual que los puntos fuertes.
- Recuerda que todas sus emociones son importantes.
- Cerciórate de que tengan claro que siempre vas a estar ahí para ellos.
- Mantén el contacto físico continuo.

Nuestro vínculo: lo más importante

Como hemos aprendido a lo largo de la lectura, su autoestima depende de nuestro apoyo, cariño, amor incondicional y respeto, entre otras cuestiones. Por ello, el vínculo que tenemos con nuestros hijos es la base de su autoestima.

Vamos a definir cómo debe ser nuestro vínculo para que verdaderamente fomentemos una autoestima real. Para ello, quiero empezar con una cita del educador francés Fernand Deligny, un fiel defensor de la infancia y la adolescencia, al cual profeso una gran admiración y con quien me unen ciertos paralelismos. Él comenzó de voluntario en el mundo educativo con tal solo quince años (yo comencé con catorce) y desde entonces se dedicó a la investigación social y educativa, entregándose en cuerpo y alma a su vocación, igual que yo. La diferencia es que él lo hizo setenta años antes, aproximadamente. ☺ Deligny descubrió ya entonces todo un mundo detrás de la educación y el vínculo que todos los educadores, madres, padres y profesionales deberíamos tener como camino a seguir. Según sus propias palabras, educar «es crear este espacio donde el otro pueda crecer, equivocarse, soñar, rechazar, escoger... Educar no es someter, pero sí permitir. No es ser el modelo, pero sí el referente. No es una lección, pero sí un encuentro. Educar no es cerrar, es abrir».

Si releemos bien sus palabras, es eso exactamente lo que debemos hacer para educar a nuestros hijos y fomentar su autoestima óptima, ni más ni menos.

Aceptación

Cuando no aceptamos de verdad (de corazón, como solemos decir) e incondicionalmente a nuestros hijos, el vínculo se debilita, puesto que por mucho que los amemos, no somos capaces de aportar ese amor incondicional necesario para fomentar su adecuado desarrollo.

Por ello, tenemos que trabajar profundamente en comprender su interior, sus miedos, tristezas, intereses y alegrías, sin evitar ninguna situación, puesto que todas nos harán aprender y conectarnos. Nuestros hijos necesitan de esta conexión para desarrollar su propia autoaceptación y autoestima óptimas.

Escucha

En los ámbitos educativos y psicológicos, presumimos al hablar de la escucha, de la escucha activa concretamente; pero lo cierto es que, por mucho que se hable de la escucha, todo queda en eso, en hablar. Poco se lleva a la práctica de la manera correcta.

Escuchar a nuestros hijos es un arte e implica voluntad. Se trata de saber extraer el significado de lo que nos quieren decir, acogiendo sus palabras, teniendo en cuenta todo su despliegue gestual, sus deseos y emociones, siendo capaces de aceptar lo que estamos escuchando, entendiendo que debemos apartar nuestras intenciones y creencias en ese momento, para poder establecer así la relación de sostén y vínculo desde la más absoluta empatía, respetando su dignidad. Sin la escucha no hay vínculo. Sin la escucha se produce rechazo emocional entre nosotros.

Escuchar significa también comprender sus silencios y respetarlos, sabiendo ver qué hay detrás y qué representan para ellos. Escuchar es sostener, tener verdadera motivación por la escucha y dejar de centrarnos en el diálogo.

Abriéndonos a la escucha lo conseguimos todo y ellos se sienten reconocidos e importantes, comprendidos y amados, y podemos darles la ayuda necesaria en aquello que precisan.

Comunicación

Cuando nos comunicamos con nuestros hijos, debemos tener en cuenta siempre la aceptación, es decir, les damos el reconocimiento que merecen y aceptamos sus creencias, sus decisiones, sus emociones y sus necesidades.

No debemos llevar a cabo una comunicación exigente, que impone, manda y juzga, sino una comunicación basada en la escucha, primeramente, que después integra que la base de la comunicación es el respeto por el vínculo de las personas que se relacionan, teniendo en cuenta que dicha comunicación incluye el lenguaje verbal y el no verbal. Debemos aprender a leer el lenguaje no verbal de nuestros hijos no solo cuando se comunican, sino en su día a día, en la expresión de sus emociones, en la relación con sus amistades y hermanos, en los dibujos que realizan, etc. También tenemos que ser conscientes de nuestro lenguaje no verbal, es imprescindible para que puedan tener una autoestima óptima.

Hay veces que nos esforzamos en utilizar un lenguaje verbal más respetuoso y tranquilo, pero nuestros gestos delatan lo contrario (enfado, rabia, exigencia...). De ahí la importancia de que seamos conscientes de lo que nuestros gestos indican. De esta manera, sabremos mejorar también nuestro lenguaje no verbal y nos propondremos pequeños cambios diarios que marquen un antes y un después en nuestro entendimiento.

Acompañamiento Emocional

Una de las bases de mi trabajo, como ya he comentado en muchas ocasiones, es el Acompañamiento Emocional Edurespeta®. Acompañar emociones es esencial para establecer un vínculo basado en el respeto que propicie una autoestima real en nuestros hijos. Sin el acompañamiento correcto, la autoestima saludable nunca será posible, el desequilibrio se manifestará por un lado o por otro.

Acompañar implica saber estar e interpretar las emociones de nuestros hijos, ser conscientes, sin juicios, de lo que necesitan en todo momento, ser cómplices de sus emociones y verlas como herramientas que nos comunican, que nos explican, que nos llevan a su mundo interior.

Acompañando estamos ahí, nos mantenemos cerca, sin irnos. Les damos la mano y los cobijamos, haciéndoles sentir que todas las emociones están permitidas, que sus necesidades son lícitas, sean cuales sean. Acompañamos su respiración, nos conectamos, tenemos contacto físico, el que ellos quieran, pero sabemos darlo, leyendo las señales que nos envían verbal y físicamente.

No se trata de ser por ellos, sino de ser con ellos, esforzándonos en tener esa conexión y ofreciendo apoyo incondicional.

Escuchamos, no imponemos lo que deben hacer ni lo que deben sentir ni decir. Profesamos un profundo respeto por lo que sienten, les decimos que los entendemos, que los queremos, que los aceptamos tal y como son y que estamos ahí para ayudarlos en todo lo que necesiten.

Acompañar es estar presente, manteniéndonos en la cuerda del equilibrista, de la que no nos caemos, no forzamos. No nos metemos en nuestras propias emociones ni hacemos un drama para reclamar la atención emocional de la situación, sino que nos mantenemos en un estado de paz profunda, colocándonos entre sus emociones y las nuestras, por muy extremas que las de nuestros hijos nos parezcan. Los dejamos descubrir y que se descubran. Aprendemos que acompañar no es decir a todo que sí, sino mantener la armonía entre lo que necesitan por seguridad, salud y bienestar y lo que sienten, logrando estar ahí con amor incondicional, incluso cuando somos nosotros los causantes de su malestar emocional.

Orientaciones

No me gusta hablar de límites. Es algo que saben todos los que me conocen, mis alumnos especialmente, y es algo que explico en mis libros, formaciones, en mi trabajo en redes sociales y en medios de comunicación, ya que considero que es muy importante tener esto claro a la hora de educar en el respeto hacia la autoestima real y la verdadera esencia.

Pensar que como padres debemos limitar ya es integrar y tener claro que mandamos; por tanto, el vínculo va a partir de esa base: yo, como adulto, mando, ordeno y limito, y mis hijos, como seres vulnerables, débiles y menos importantes, deben acatar lo que se les dice. Esto va en contra de su salud mental y de su autoestima óptima, ya que les enseñamos a ser como queremos que sean y como la sociedad entiende que deben ser, dejando de lado su voz interior.

Me gusta hablar de orientaciones; como padres, nuestro papel es orientar. Es un cambio de término que relaja nuestras ansias de control y lleva implícito también un cambio en la manera de aplicarlo. Por tanto, debemos saber que es nuestra responsabilidad orientar y guiar a nuestros hijos en el camino, siempre pensando en su seguridad, salud y bienestar, y esto implica que a veces no puedan hacer lo que les gustaría; nosotros les orientamos y les explicamos por qué con una razón de peso y sin faltarles nunca el respeto, entendiendo que ellos son puramente emocionales y que las cosas que harán o las emociones que expresaran nunca pueden ser tomadas como faltas de respeto, sino como algo natural en su desarrollo. Nosotros se supone que ya tenemos el suficiente autoconocimiento para respetarles incluso en los momentos difíciles, orientándolos y ofreciéndoles Acompañamiento Emocional y apoyo, aunque debamos decir que no.

Muchas personas creen que acompañar emocionalmente desde el respeto es criar a los hijos en el libertinaje y en la permisividad. Nada más lejos de la realidad, puesto que eso también es abandonar emocionalmente, como la autoridad y el mando. Se trata de saber qué orientar y cómo, respetando su esencia y su mundo emocional, que durante la infancia y adolescencia lo es absolutamente todo.

Las diferentes fases que hemos trabajado abarcan muchos años de vida y aprendizaje juntos en los que deberás orientar en muchas cosas y de diferentes maneras, como por ejemplo:

- Que no se metan cosas peligrosas en la boca.
- Que no se coman todos los helados del congelador.
- Que se laven las manos antes de comer.
- Que dejen de jugar a la consola o dejen de ver la televisión.

- Que no se les pueda comprar un juguete.
- Que tengan que llegar a una hora concreta si han salido por la noche.
- Etc.

La vida es eso, guiar a nuestros hijos sin causar daños en su autoestima, conservando su salud mental y física. Por supuesto, para ello debemos respetar sus necesidades cerebrales, sabiendo en cada momento cómo actuar para no fallarles emocionalmente y poniendo todo nuestro esfuerzo para orientar sin dañar, protegiendo su cerebro en desarrollo y fomentando una autoestima saludable.

Nosotros

Para terminar este capítulo, te dejo un poema que escribí sobre el vínculo. Deseo que te guste y te inspire para educar en la autoestima real:

Tú y yo,
yo y tú,
nosotros.

Nos acompañamos,
comprendemos
y sostenemos.

Vamos de la mano,
en este mundo tuyo,
mío, nuestro.

Te acepto tal y como eres,
sin condiciones,
sin juicios,
con sinceridad.

Aprendes a aceptarte.

Nos conectamos,
escucho tu verdad,
tus experiencias,
inquietudes
y angustias.

Comprendiendo las palabras que no se dicen,
entendiendo tus silencios.

Aprendes a respetarte
y a respetar al mundo.
Imagino y creo a tu lado,
intuyo tus necesidades,
te ayudo a encontrar tu lugar,
sabiendo dónde está el mío.

Te reconozco,
me reconoces,
acompaño tus emociones con paciencia,
con compromiso,
con cariño,
cerca de ti.

También te pido y recibo,
también comunico y oriento.

Te enseño a poner límites a los demás.
A escuchar tus tripas y tu intuición.

Te enseño a creer en ti
y a darte valor.
Te enseño a comprender
que nadie es más que nadie.

Te enseño a vivir
y no a morir.

Nos transformamos.

¡Es el momento de actuar!

- [ ] Siéntete dichoso de poder cuidar a tus hijos.

- [ ] Disfruta del día a día junto a ellos.

- [ ] Vive el momento presente y enséñales a hacerlo.

- [ ] Abraza a tus hijos todos los días.

- [ ] Integra que todas las emociones son importantes.

- [ ] Ofréceles apoyo físico y emocional, sin miedo.

- [ ] Fomenta el amor por su cuerpo.

- [ ] Siéntete único y especial.

- [ ] Aprende a escuchar conscientemente.

Prefiero que
se me elogie menos,
con tal de que se me
conozca más.

Michel de Montaigne

7

Los enemigos de la autoestima de nuestros hijos

Desechando el adultocentrismo

Para educar a nuestros hijos de forma que tengan una autoestima saludable y, por ende, una óptima salud mental, debemos deshacernos del adultocentrismo que tengamos integrado.

Para ello, quiero explicarte detalladamente qué es el adultocentrismo y por qué lo tenemos tan interiorizado en nuestro quehacer educativo y nos cuesta tanto reconocerlo. También es muy importante saber qué implicaciones tiene exactamente en la salud emocional de nuestros hijos, la del presente y la del futuro.

Empezando por su raíz etimológica, por un lado, tenemos «adulto», que proviene del latín *adultus,* que significa que ya ha terminado su periodo de crianza y ha crecido, por eso se utiliza el prefijo «ad-», que hace referencia a un progreso, un crecimiento, una acción de cultivarse. Por otro lado, tenemos «centrismo», que proviene del griego *kentron*, que significa «centro», junto al sufijo «-ismo», empleado para señalar que se trata de una doctrina. Adultocentrismo hace referencia a que los adultos se consideran el centro de todo, las personas más importantes y, en consecuencia, imponen sus necesidades e intereses generando exclusión, discriminación y violencia hacia quienes no son como ellos.

Podríamos equiparar el adultocentrismo con el capitalismo o el sistema patriarcal, ya que implica la dominación y el poder de un colectivo que se cree superior a otro, al que considera que puede vulnerar y que, de alguna forma, piensa que es merecedor de esta vulnerabilidad impuesta. Es decir, los adultos se creen superiores a los niños y adolescentes y piensan que pueden dominarlos, imponerse a ellos, exigirles, manipularlos; consideran que son vulnerables y los discriminan y excluyen socialmente. En consecuencia, los niños se creen inferiores. El adultocentrismo es, pues, una forma más de violencia estructural, en la que hay un grupo privilegiado y otro vulnerado, cuyos derechos resultan dañados.

El adultocentrismo impera en todas partes: en los hogares, las escuelas, los supermercados, los parques, las cenas de Navidad, los trenes y aviones, los restaurantes, etc. Todo, absolutamente todo está teñido de este abuso de poder y, como sucede con todo abuso de poder, lleva la autoestima de quien lo sufre al más bajo nivel.

Los adultos piensan que tienen más derechos que los niños por el hecho de ser adultos. Imponen y creen que sus opiniones, emociones, intereses y necesidades son más importantes, sin tener en cuenta al niño o adolescente.

Por supuesto, el adultocentrismo conlleva que quienes lo aplican también tienen baja autoestima, puesto que lo que hacen es repetir un patrón adquirido en su infancia y adolescencia, socialmente, ya que, como digo, todo está impregnado de esta forma de tratar a los hijos que implica que el adulto es el más poderoso de la cadena social. El adulto es quien controla a los niños, los subordina y les enseña que lo más importante en la vida es llegar a ser adulto. En conclusión, el adultocentrismo prepara a los niños para ser adultos y les enseña que recibirán el respeto social cuando lleguen a esa etapa de su vida, alejándolos del presente y de las necesidades propias de la infancia y adolescencia.

El tipo de relación que existe entre adultos y niños no es de igual a igual, no tienen el mismo derecho a ser respetados, sino que es una relación asimétrica en donde el adulto «lo sabe todo» y el niño «no sabe nada». Los hijos asimilan las mismas maneras de hacer de los padres y, en consecuencia, consideran que los niños y adolescentes son inferiores y realizan pequeñas acciones que luego reproducen en su entorno social y que lo abarcan todo. Estos niños, cuando son adultos, imitan la misma forma de relacionarse con la infancia y llegan a la conclusión de que solo pueden obtener beneficios y ventajas sociales y ser respetados cuando lleguen a ser adultos.

El adultocentrismo nos lleva a prácticas adultistas. Te pongo un ejemplo, que resulta muy ilustrativo. Imagina que tienes muy integrado el racismo en tu vida, casi normalizado, y ya no eres capaz de distinguir tus comportamientos o ideas racistas; llevas a tus hijos a la escuela y haces comentarios sobre el número de inmigrantes que hay, te quejas delante de tus hijos de las personas de etnia gitana de tu barrio, etc. Y, aun así, te declaras antirracista porque no quieres hacer daño a tus hijos y estás convencido de que no les estás trasladando tu mirada racista. Pero lo cierto es que ellos, indudablemente, van a adoptar esos comportamientos de una forma inconsciente, lo que supondrá, sin duda, un antes y un después en sus vidas.

Con el adultocentrismo ocurre exactamente igual. Les dices a tus hijos que dejen de llorar porque parecen bebés con tanto llanto, y, por tanto, reprimes sus emociones. Y ellos integran que llorar es malo y que deben reprimirse, y cuando crecen consideran que el llanto de los niños no se debe tolerar. Si una amiga tuya estuviese llorando por algo que le ha pasado, ¿le dirías que dejara de llorar porque parece un bebé? Posiblemente te parecería inadecuado decir algo así y comportarte de esa manera en un momento tan delicado para una persona. Por tanto, ¿qué es lo que nos lleva a hacerlo con los niños, pero no con los adultos? Efectivamente, el adultocentrismo. Si ahora estás pensando «pero es que no es lo mismo, una mujer adulta tiene muchos más problemas que un niño», sí, es tu adultocentrismo integrado. Los problemas de los adultos no son más importantes que los de los niños, son diferentes, pero todos igual de relevantes. Ponernos en el lugar de los niños y los adolescentes es ponernos en su piel según las necesidades reales y concretas de su etapa cerebral. Es comprender su sentir, sin juzgar el motivo.

El adultocentrismo también nos lleva a pensar que, si no imponemos, exigimos, ordenamos, reprimimos, coartamos o manipulamos a los niños, estos irán a su libre albedrío y serán un mal para ellos mismos y para la sociedad. Sin embargo, muchas investigaciones sociales, educativas y científicas corroboran que ocurre exactamente lo contrario: cuando los respetamos y desechamos el adultocentrismo de nuestras vidas, es precisamente cuando se convierten en unos sujetos sociales equilibrados, capaces de hacerse bien a sí mismos y a la sociedad.

Y es que nadie con un mínimo de sentido puede llegar a creer que para que una mujer sea responsable consigo misma y con el resto debe ser maltratada por un hombre, sino que debe ser respetada siempre. Pues con el adultocentrismo ocurre lo mismo que con el machismo y con los tantos otros «-ismos» arraigados socialmente. Hay que erradicarlos si de verdad queremos ayudar a las personas que lo sufren.

Prácticas adultistas

Puede que después de leer esto pienses que tú no ejerces el adultocentrismo. Es bastante usual, puesto que, como ya he mencionado, está muy normalizado socialmente, tanto como poner pendientes a las niñas nada más nacer por el hecho de ser niñas. Es algo que no se piensa, directamente se hace porque así está estipulado socialmente, sin pensar en las posibles consecuencias negativas de hacerlo o sin que nos planteemos si es realmente necesario para un bebé llevar pendientes o no. Otro ejemplo es creer que el azul es de niños y el rosa de niñas. Aunque aparentemente pienses que no, si, por ejemplo, tu prima tiene un bebé niña, inconscientemente le regalarás algo rosa o de cualquier otro color, pero difícilmente le comprarás algo azul. Es algo que ni siquiera pensamos, lo hacemos sin ser conscientes del estigma de género que hemos integrado. Por ese motivo, hay que dar pequeños pasos en nuestros hogares que nos ayuden a liberarnos del estigma, tanto a nosotros como a nuestros hijos.

El adultocentrismo es creer que los niños deben portarse bien (hacer en todo momento lo que los adultos digan) y, cuando creemos que se portan mal (en realidad solo se comportan como niños, con necesidades físicas y psicológicas de niños), deben recibir castigos y reprimendas. Lo cierto es que no hay niños buenos ni malos, solo hay niños que necesitan ser guiados con ética, sentido común y amor.

Por ello, he creído necesario exponerte algunas de las prácticas adultistas más comunes, aunque muchas otras las hemos ido aprendiendo a lo largo de este libro. Dichas prácticas son comunes hoy en día cuando educamos, tanto en el hogar como en otros ámbitos. Mi objetivo es ayudarte a que comiences a desecharlas de tu vida poco a poco, para que tus hijos puedan tener una buena autoestima, puesto que estas prácticas se convierten en enemigos directos de la misma. Los padres nos acabamos convirtiendo en el peor enemigo de la autoestima de nuestros hijos.

Paulatinamente, podemos ir transformando esta realidad, liberándonos de pensamientos y comportamientos arraigados que solo nos separan de nuestros hijos y empobrecen cada vez más nuestra relación y la relación que tienen ellos consigo mismos.

Las prácticas adultistas son las siguientes...

LOS GRITOS

Estamos desbordados: el trabajo, los problemas económicos, la relación de pareja o expareja, el poco tiempo para uno mismo, una pandemia mundial... Todo eso sumado a nuestra labor más importante, que es ser madres o padres. Educar a un ser humano del que eres responsable y al que debes enseñar a ser responsable consigo mismo y con los demás no es fácil, lo sé, pero nunca justifica que nos pasemos el día gritándoles.

Les gritamos para que se vistan, para que coman, para que hagan los deberes, para que dejen la consola, para que se duerman, para que dejen de pelearse. Gritamos cuando estamos cansados, cuando ellos lo están, cuando lloran y se enfadan, incluso cuando están contentos y lo expresan efusivamente... Los gritos son adultocentrismo y un gesto de dominación y violencia estructural, que, como indican cientos de estudios (especialmente un estudio de la Universidad de Harvard*), dañan el cerebro en crecimiento. Además de rebajar la autoestima de nuestros hijos, los denigra y les hace sentir culpables hasta el punto de que creen que sus padres están en ese estado emocional por su culpa. Los gritos hacen que integren la violencia como forma correcta de comunicarse y que manifiesten desconfianza e inseguridades, miedos recurrentes, depresión, estrés crónico, problemas sociales, dolores de tripa, dificultad para conciliar el sueño, onicofagia (morderse las uñas), etc.

---

* Este estudio fue llevado a cabo por, entre otros, el profesor de Psiquiatría Steven Schlozman y certifica que gritar a los niños es comparable a utilizar el castigo físico e igual de perjudicial para el cerebro.

Los gritos son violencia y nos separan de nuestros hijos, puesto que no solo elevamos la voz, sino que implican una serie de elementos asociados, tales como insultos, palabrotas, comparaciones, mofas..., que tiñen nuestro lenguaje verbal y corporal con esa misma violencia.

Si conviviéramos con una pareja que nos tratara a gritos, desde luego eso nos llevaría a tomar la decisión de dejarla. Nuestros hijos no pueden dejarnos para liberarse, por ende, somos nosotros los que debemos ser conscientes en cada momento de lo que hacemos y cómo lo hacemos, de lo que decimos y cómo lo decimos, de lo que sentimos y cómo lo sentimos, para no impactar con nuestra frustración (rabia, tristeza, cansancio, abuso de poder integrado, etc.) en la autoestima de nuestros hijos.

Pensar que los gritos les enseñarán a «portarse bien» es totalmente incorrecto, solo les enseñará a temernos y, si acaban haciendo lo que les pedimos, lo harán por miedo, sumisión y culpa, no porque hayan integrado lo que deben hacer o no. En realidad, lo que están haciendo, diciendo o sintiendo en ese momento es lo que su cerebro necesita según su etapa vital.

Por tanto, cuando tu hijo se lava los dientes a la primera porque le has gritado, no ha aprendido a lavarse los dientes. De hecho, es solo una acción repetitiva y casi inconsciente que genera el propio miedo. Solo ha aprendido a acatar órdenes y a rebajar su autoestima, por lo que repetirá esos mismos patrones para relacionarse y será violento con sus iguales o se convertirá en una persona totalmente sumisa. Debemos enseñarles lo que es beneficioso para ellos siempre desde la base del respeto, sin importar los meses o años que tarden en adquirir un hábito, sin juzgarlos ni criticarlos, simplemente disfrutando del trayecto, no solo del lugar al que lleguemos cuando lleguemos. Este es un aprendizaje, además, que les servirá siempre y en todos los aspectos de la vida.

EJERCICIO: DEJAR DE GRITAR

Por supuesto, gritamos porque nos gritaron; no hemos aprendido otra manera de entender la infancia y la adolescencia. No sabemos hacerlo de otra forma, por eso, junto a todo el trabajo realizado anteriormente en este libro, te propongo poner en práctica algunas cuestiones para dejar de gritar, reflexionando siempre sobre cómo es tu relación actual con este asunto.
Prueba con...

EN VEZ DE GRITAR...

- Miremos a través de sus ojos: se nos suele olvidar que los niños son niños, no adultos en construcción. No ven la vida como nosotros la vemos ni razonan de la misma manera. No tienen maldad, no van más allá, no dan vueltas de tuerca a las situaciones ni hacen las cosas por detrás. Los niños piensan como niños, ven una oportunidad de juego en cada situación, aprovechan cada minuto para tener tiempo libre, sin obligaciones, sin normas, juegan y disfrutan del día, básicamente porque eso es lo que su cerebro necesita. Por eso, es importante que, ante una situación de conflicto con nuestros hijos, antes de actuar y de gritar, nos paremos a ver las cosas desde su perspectiva, desde su punto de vista, desde sus ojos. Es bueno que saquemos una conclusión de cada momento vivido, reflexionando sobre ella conscientemente y sabiendo verbalizarla. Por ejemplo:

«En vez de gritar, me he puesto en su lugar y me he dado cuenta de que simplemente estaba jugando y yo estaba obcecada con que se levantase para lavarse las manos. Ante eso, he sabido acompañarlo para que lo hiciera, con conexión y tranquilidad, sabiendo ser flexible en los tiempos».

- En los momentos intensos (conflictos, rutinas, situaciones diversas...), NO DEBEMOS REPETIRNOS. Tenemos que concentrarnos en una comunicación amable, tranquila y respetuosa, evitando decir las cosas más de una vez. Cuando sientas que vas a repetirte, acércate y busca cómo llegar a una resolución de forma cariñosa sin tener que insistir en lo mismo. Eso ayudará a tu mente a despejarse y a equilibrarse; además, te aportará herramientas que van más allá de repetir constantemente.
- En momentos intensos, HABLEMOS BAJITO, susurrando y esforzándonos en conseguirlo. Mantendremos nuestra mente ocupada en ello y nuestro volumen y nuestras emociones se equilibrarán, logrando llegar a una resolución que respete a nuestros hijos y que potencie su autoestima.
- Si gritamos o faltamos el respeto, pidamos perdón.

LOS CASTIGOS

Los castigos son, evidentemente, otra forma más de violencia adultocentrista que no enseña nada, solo genera miedo, sumisión y falta de autoestima. De hecho, entre mis alumnos, decimos que los castigos son la base de la falta de ética y la antítesis de la educación real®. Se dividen en dos tipos: físicos y psicológicos. Y dentro de estos últimos están la mayoría de las prácticas adultistas que debemos aprender a desechar.

La mayoría de las personas que castigan lo hacen con el pleno convencimiento de que están educando bien (aunque después de haber impuesto un castigo se sientan mal), puesto que creen que eso es lo más adecuado para sus hijos. Esta cuestión es consecuencia directa del abuso de poder hacia la infancia. Debemos tener clara una cosa: siempre que nos sintamos mal por algo que les hemos hecho o dicho a nuestros hijos, no es lo correcto y debemos dejar de hacerlo porque siempre hay un camino respetuoso que nos libere de culpa tanto a nosotros como a ellos. Por supuesto, como ya vimos, habrá algunas orientaciones que tendremos que establecer con nuestros hijos y que les causarán dolor, por ejemplo, no dejarlos ir a una fiesta en la época de la COVID-19 porque van a ir muchas personas y es algo totalmente perjudicial. Sabemos el impacto de dolor que supondrá para ellos porque son adolescentes, y es evidente que nos dejará mal sabor de boca, pero si hemos establecido esta guía pensando en su bienestar y lo hemos hecho con cariño, respeto, conexión y tranquilidad, entendiendo y acompañando sus emociones, no nos sentiremos culpables, porque habremos dado los pasos correctos. La culpa llega cuando nuestras formas son adultocentristas.

Cuando castigamos, lo que hacemos es faltar al respeto a nuestros hijos, yendo directamente a su punto débil, como buenos enemigos. Por ejemplo, cuando sabemos que les gusta jugar sus partidos de baloncesto y los dejamos sin este deporte, cuando sabemos que les encanta el postre y se lo negamos, cuando sabemos que ir de excursión es su afición favorita y les prohibimos ir... De esta manera, les hacemos sentir la mayor basura del mundo y propiciamos que dejen de ser fieles a sí mismos para contentarnos.

El castigo no enseña absolutamente nada, jamás, solo perjudica y destruye conexiones cerebrales. No es solo que rebaje la autoestima, sino que su cerebro sufre consecuencias negativas palpables. El castigo les enseña a sufrir haciendo que integren que deben hacer o decir lo que el adulto quiere para no perder aquello que más desean. Con los castigos solo aprenden a tener un exceso de miedo y a vivir sus vidas pendientes de obtener la aprobación de sus padres, algo que, como hemos aprendido, aporta una baja autoestima.

Solemos castigarlos porque han suspendido, porque han pegado a un compañero, porque han mentido, porque no han estudiado, porque se han enfadado, etc. En definitiva, por cuestiones que son absolutamente naturales en la infancia. Si queremos enseñarles algo, debemos hacerlo acogiéndolos entre nuestros brazos, desde la calma, la seguridad de querer hacerlo de forma correcta, la confianza en nuestras propias posibilidades y el fiel compromiso de educar sin dañar su cerebro, el cual se pone en alerta cuando es castigado. Los castigos fomentan el miedo, la sumisión, la baja autoestima, la rabia interior, el exceso de cortisol (la hormona del estrés) en sangre, la ansiedad, la depresión, la inseguridad, la falta de motivación y apatía, los dolores físicos, las pesadillas y los problemas de sueño, las dificultades sociales y emocionales, etc.

Recordemos que no hay razonamiento durante la infancia y, si lo hay, según la etapa en la que se encuentren, es mínimo, muy abstracto y selectivo, ocupado con miles de conexiones neuronales que trabajan en su desarrollo. Partiendo de esta base, para ellos el castigo carece de razonamiento, solo está asociado a emociones.

La forma común de aplicarlos es no solo castigándolos con o sin algo, sino que, además, han surgido diferentes variantes tales como todo tipo de «rincones», que lo único que hacen es apartar al niño y reprimir sus emociones y necesidades, dejándolo solo y fomentando la culpabilidad y la vergüenza. Los niños no necesitan estar en rincones apartados para pensar o para tranquilizarse, necesitan que el adulto responsable de su salud física y psicológica esté ahí de forma amable, cariñosa, tranquila y respetuosa, independientemente de lo que haya pasado. Fomentar estos rincones solo consigue que se alejen de sí mismos y que desarrollen exactamente las mismas dificultades emocionales que con un castigo al uso.

Otra de las grandes modas en lo que a castigos se refiere, y que está muy aceptada socialmente, sobre todo en el ámbito educativo, son los premios (también llamados refuerzos positivos, como pegatinas, estrellitas, sistema de puntos o recompensas). Lo cierto es que, a nivel cerebral, para la salud mental de nuestros hijos, los premios son exactamente igual de perjudiciales y peligrosos que los castigos:

Si no estudias más, te castigo sin consola (castigo).

↓

Si estudias, podrás jugar a la consola (premio).

El procedimiento cerebral es el mismo: los niños estudian por conseguir el premio y la aprobación de sus padres, pero en ningún caso lo harán por motivación ni interés propio. A veces ni tan siquiera saben por qué hacen lo que se les pide, solo lo llevan a cabo porque sus padres así lo quieren. Además, viven con miedo, ansiedad, estrés y baja autoestima, activando todo su sistema nervioso, sin razonamiento, sin motivación ni aprendizaje, autoexigiéndose constantemente para lograr el premio.

Muchos adultos incluso utilizan el amor como premio. Emplean una estrategia a veces inconsciente o automática, de forma que, cuando los niños hacen algo que ellos como padres desean, los besan, los abrazan, les dicen que los quieren... En consecuencia, los niños solo realizan todos esos quehaceres por obtener su premio emocional, cuando, recordemos, el amor condicional solo te lleva a la más baja autoestima, a nada más.

Otra de las tácticas que se utilizan mucho y que son castigos disfrazados (y por tanto igual de perjudiciales) son las consecuencias. Hay que integrar lo siguiente: toda consecuencia impuesta por un adulto es un castigo e implica exactamente lo mismo.

Las consecuencias son adultocentristas aunque no lo parezcan, puesto que, cambiando el nombre de algo, tranquilizamos nuestra conciencia y defendemos que estamos educando bajo el manto del respeto, cuando lo que hacemos es manipular y castigar.

Las personas que las defienden como manera de educar respetando dicen que las consecuencias que aplican son las naturales o lógicas. Por ejemplo:

Si no estudias lo suficiente, no podrás jugar a la consola porque debes repasar (consecuencia).

↓

Si no recoges los juguetes, no podremos jugar después (consecuencia).

No, esto no son consecuencias naturales, son castigos. Una consecuencia natural es, por ejemplo, que te portes mal con tu amiga y que tu amiga deje de hablarte, o que hayas planeado una escapada a la playa y que llueva y te quedes sin poder ir. Eso es una verdadera consecuencia natural. Sin embargo, si tu pareja te dijera que como has tardado mucho en cenar ya no puedes ver la serie, cuando tú deseas verla y por fin tienes un rato, sería lógico que te plantearas un cambio de pareja. Nuestro interior adultista nos hace tener este tipo de comportamientos con nuestros hijos una y otra vez, y además nos libera de la necesidad de cambiar nosotros, porque estamos convencidos de que eso son consecuencias, y son correctas.

Si tu hijo no estudia más porque cree que ya ha hecho suficiente y, habiendo dialogado con él, está convencido de ello, no hay que forzar más y tampoco debe quedarse sin jugar un rato a la consola, porque son cosas independientes. Si después de esta decisión obtiene una mala nota, aprenderá de esta experiencia con tu guía y tu apoyo incondicional (no vale decirle «te avisé de que suspenderías», esto es solo una conducta adultista más). Tu hijo aprenderá a caerse y a levantarse, a escucharse a sí mismo y a buscar su propio lugar. Los padres debemos ser sus paracaídas y tratar de que sean coherentes en su recorrido, sí, pero con una coherencia que ellos decidan, basada en su cuerpo y en su mente, no en lo que a nosotros nos gustaría.

Si no recoge los juguetes, claro que podrás acompañarlo a lavarse los dientes, una cosa no quita la otra. Y, además, hay que ayudarlos a recoger los juguetes y respetar cuando no quieren hacerlo. Nada se aprende jamás a la fuerza, todo lo contrario. ¿Que nos gustaría que fuesen pequeños autómatas que lo hiciesen todo a la primera sin otras necesidades y emociones? Seguramente, pero es que entonces no serían personas. Para el cerebro infantil jugar es importante en un 99 por ciento y recoger en un uno por ciento ¿Con qué nos quedamos, pues? Que queremos enseñar a recoger, perfecto, pero siempre ayudando, entendiendo, siendo flexibles, pacientes, amorosos y teniendo en cuenta todas las características de su etapa. En la vida todo se aprende, nadie crece sin saber recoger, lavarse los dientes o ducharse. Si por el camino te respetan y te ahorras horas de terapia, buscando encontrarte a ti mismo y colocando la autoestima en su sitio, mucho mejor. Es decir, no debemos enseñar a costa de dañar su salud mental.

Utilizar castigos, consecuencias, premios, la silla de pensar y similares con nuestros hijos altera el sistema de recompensa de su cerebro. Un sistema que, tal y como indican los estudios científicos al respecto (entre ellos los de la neuróloga Anaclara Michel-Chávez y a su equipo del Instituto Nacional de Ciencias Médicas de México), se ubica en nuestro encéfalo y se encarga de realizar los procesos adecuados para que relacionemos automáticamente diversas situaciones con alegría, disfrute y placer. Este sistema nos ayuda a comprender lo que queremos o no queremos en nuestras vidas a través de las experiencias, lo que está totalmente relacionado con la supervivencia y las necesidades primarias que tenemos como seres humanos. Este sistema se convierte en una especie de guía que nos indica el camino que debemos seguir según lo que nuestro cerebro necesita.

Cuando alteramos este sistema, el cerebro pierde el interés cada vez que hay una recompensa. Ya no produce las hormonas adecuadas cuando se recibe el premio o se establece el castigo o la consecuencia y deja de tener esta guía intacta y real. Por tanto, el mecanismo se ve directamente afectado, pierde fuerza y deja de saber cuál es su motivación real. Este mecanismo es muy importante para sobrevivir y, cuando lo alteramos, produce en nuestro cerebro diferentes trastornos, de tal manera que nuestros hijos acabarán haciendo las cosas de manera adictiva para recibir ese premio o evitar ese castigo o dejarán de hacerlas porque su cerebro ya no produce las conexiones adecuadas.

Con este sistema desorientado, dejan de saber elegir en su presente y en su futuro. Y cuando se encuentren en una situación con otros niños, adolescentes o adultos en la que claramente deberían decir no, dudarán de ello porque no sabrán cuál es el camino correcto, según el castigo, el premio o la consecuencia.

Como ves, dejar de utilizar el adultocentrismo es algo no solo necesario, sino también urgente.

EJERCICIO: APRENDER A DESECHAR LOS CASTIGOS, LOS PREMIOS Y LAS CONSECUENCIAS

Muchas de las personas que comienzan un trabajo conmigo están orgullosas de que no castigan, sino que establecen consecuencias, y se quedan impactadas cuando les planteo que no pueden hacer ninguna de las dos cosas porque perjudica seriamente la salud mental infantil y adolescente. De alguna forma, se quedan «huérfanas» en su manera de actuar y me preguntan «¿qué hago entonces?».

Tenemos tan integrado el adultocentrismo que para nosotros es imposible hacer algo diferente al castigo y la imposición, el premio o la manipulación.

No obstante, se puede, aunque conlleva un trabajo. Además de todo lo aprendido en este libro, puedes comenzar por poner en práctica lo siguiente...

EN VEZ DE CASTIGAR, PREMIAR O IMPONER CONSECUENCIAS...

- Escuchemos lo que nuestros hijos tienen que decirnos y lo que expresan incluso sin necesidad de decir nada.

Esta escucha debe ser real, basada en la confianza y en la comprensión de sus necesidades. Por tanto, antes de hablar y comenzar a decir lo mal que te sienta que no estudie más, intenta entender sus necesidades, anímalo con amor y paciencia y ayúdalo a buscar soluciones.

- Una vez que lo has escuchado, reflexiona sobre los sentimientos que tienes al respecto e intenta desechar todos los que tengan que ver con tu necesidad de imponer una posición adultista.
- Si ves que la decisión que toma afecta a su seguridad, salud y bienestar, busca alternativas con él para que se sienta mejor, aunque no pueda tener aquello que desea.
- Si ves que la decisión que toma no afecta a su seguridad, salud y bienestar, aparta tu adultocentrismo y déjale hacer, para que pueda experimentar las propias consecuencias de sus necesidades y aprenda a escucharse, conocerse y saber equilibrar su sistema cerebral de recompensas.
- Abraza sus emociones, sin juzgar ni criticar, sin reprimirlas, comprendiendo completamente su mundo emocional, conectando.
- Si castigas, premias o impones consecuencias, deja de hacerlo sin sentirte mal. Nos han hecho creer también que, si retiramos un castigo o similar, perderemos autoridad, sin darnos cuenta de que no somos la autoridad de nadie, solo de nosotros mismos, que debemos guiar y acompañar en el camino a nuestros hijos sin pretender que sean soldados que nos sigan escuchando y callando. Por tanto, si sabes que has perdido los nervios y has acabado castigando, retira el castigo, pide perdón y busca soluciones que sean óptimas para sus necesidades y para vuestro entendimiento.

Si castigas, premias o impones consecuencias porque, por ejemplo...

Tus hijos te contestan...	Es normal que te contesten, buscan su espacio. Cuando nos sentimos mal porque nos contestan o porque hay que repetirles las cosas mil veces, es que, en realidad, solo estamos utilizando el adultocentrismo para educar. No vemos más allá que nuestro punto de vista y no nos sentamos a dialogar, a abrazar, a averiguar qué ocurre, a encontrar el equilibrio emocional. Pruébalo.
No te hacen caso...	Esto es también algo muy común: «Como no me hacen caso, me enfado y me impongo». Si no nos hacen caso debemos plantearnos qué estamos pidiendo, para qué, por qué, si se ajusta o no a sus necesidades y, después de esto, comunicarnos de otra forma, mediante el respeto y la empatía. Continuamente les pedimos cosas desde nuestra propia frustración. Ellos son solo niños. Si queremos conseguir algo por su bienestar físico y psicológico, qué mínimo que hacerlo ayudándolos, comprendiéndolos y amándolos.

Haz este tipo de ejercicios siempre que vayas a utilizar estos recursos y logra conectar.

LOS CHANTAJES Y AMENAZAS

Los chantajes y las amenazas son otra forma de manipular a los hijos, rebajando con ello su autoestima. El chantaje tiene como única prioridad lograr nuestras metas; si no las conseguimos, empleamos el castigo y la reprimenda o generamos culpa en ellos.

Los chantajes y las amenazas llevan integrado el adultocentrismo, puesto que pensamos en cubrir nuestras necesidades emocionales y físicas antes que tener en cuenta a nuestros hijos. Este chantaje no solo daña su bienestar, sino también el nuestro, ya que al utilizarlo solo demostramos una muy baja autoestima.

El chantaje y las amenazas, aunque se emplean de forma cotidiana con los hijos, son una forma más de violencia psicológica que, además, está penada por ley.

Se suelen utilizar de forma muy parecida a los castigos, pero sin recurrir a ellos, es decir: te instauro el miedo, suben tus niveles de cortisol —la hormona del estrés— en sangre, baja tu autoestima, desconfías de mí y nos desconectamos emocionalmente, pero luego no te castigo, solo te hago vivir con miedo constante. Te pongo algunos ejemplos de chantajes: «si no te comes todo no iremos al parque» y luego vais al parque; «si no sacas un notable no iremos al camping este verano» y, por supuesto, vais al camping. Ellos integran el miedo en su cerebro, crecen con un exceso de temor y hacen las cosas motivados por el miedo, aunque no les quepa nada más en el estómago, aunque no tengan la capacidad suficiente como para sacar un notable, etc. No aprenden a escuchar a su cuerpo, ni a conocer sus debilidades y posibilidades, sus intereses y gustos, ni a saber a qué hay que decir que sí y a qué hay que decir que no en los distintos ámbitos de su vida, puesto que su única motivación es el temor. Todo ello hace que se desequilibre también su sistema cerebral de recompensas.

Ejercicio: erradicar los chantajes y las amenazas

Cuando utilizamos los chantajes y las amenazas con nuestros hijos, ellos no son conscientes de que están siendo tratados de forma violenta. En consecuencia, se sienten agotados emocionalmente, irritables, llenos de miedos, con dolores de barriga, llantos..., pero no son capaces de comprender lo que está ocurriendo en sus conexiones cerebrales.

Además, se sienten culpables y avergonzados de cómo son y cómo se comportan y se esfuerzan por tener la aprobación de sus padres todo el tiempo, evitando la amenaza a toda costa y manteniéndose en un estado de tensión continua.

Como ellos no pueden salir voluntariamente de esta situación porque son niños, nosotros debemos dejar de chantajear y amenazar. A veces, nos amenazan cuando somos adultos. En este caso, debemos poner límites a quienes lo hacen, puesto que ya debemos tener una madurez emocional suficiente para identificar y frenar el chantaje de los demás. Aun así, cuesta hacerlo cuando arrastramos una baja autoestima y cuando en nuestra infancia nos amenazaron constantemente. Pero los niños y adolescentes nos necesitan, por lo que es nuestra responsabilidad dejar de utilizar las amenazas para cuidar su autoestima y, en consecuencia, su salud mental.

El chantaje es algo muy profundo. Es como hacerles una herida que se queda abierta para siempre.

En vez de chantajear...

- Empaticemos con las necesidades reales de nuestros hijos. Deja de pensar tanto en ti y en tus intereses y céntrate en saber qué necesitan emocionalmente y cómo puedes ofrecérselo de manera que sea sano para todos.
- Olvida las frases negativas. Todo lo que implique «como no hagas esto no tienes lo otro» hay que desecharlo ya, al igual que las que están formuladas desde el premio: «si haces esto, tendrás aquello». Esto solo hace que el chantaje forme parte de su forma de rela-

cionarse y que lo utilicen también en su día a día para conseguir lo que quieren.

- Da ejemplo. Si quieres que tus hijos se quiten las zapatillas al entrar en casa, quítatelas tú y luego guíales para que lo hagan, con voz tranquila, cariñosa y poniéndote a su altura, que sepan que estás en su equipo, no en el contrario. Si no quieren, sé flexible y luego vuelve a guiar. Si siguen sin querer, puedes quitárselas tú, de forma amorosa y sin violencia y luego acompañar emocionalmente sus enfados o frustraciones. Como ves, cualquier cuestión adultocentrista puede ser eliminada si mantenemos la tranquilidad y la seguridad de que no pasa nada por atender a nuestros hijos desde el respeto, cuidándolos, respetando sus derechos en cada etapa, sino que lo malo viene cuando los tratamos mediante la manipulación.
- Conecta mediante el lenguaje. Intenta utilizar un lenguaje amoroso, cariñoso, tranquilo, amable..., en vez de imponer, ordenar, enfadarte, etc. Enrabietarte es solo fruto de tu desequilibrio emocional. Para calmarte, solo debes ir conociéndote cada vez más y practicar mucho.
- Ofrece opciones, busca alternativas para llegar a acuerdos centrados en las sensaciones y necesidades de tus hijos.

LOS ELOGIOS

Otra de las consecuencias de tener interiorizado el adultocentrismo es creer que elogiando a nuestros hijos lo tenemos todo hecho, utilizando siempre el halago, además, para conseguir algo de ellos. Las consecuencias que esto les provoca son falta de autoestima, inseguridad, autoexigencia, autocrítica e infelicidad.

Los elogiamos cuando hacen lo que les decimos: «qué

bien te has lavado los dientes», «qué buena has sido con tu hermano», «qué maravillosas notas has sacado», etc. Todos los elogios están relacionados con nuestro interés, y esto poco tiene que ver con su necesidad cerebral.

Varios estudios científicos han constatado que el elogio rebaja la autoestima; concretamente, el realizado en los años noventa en la Universidad de Columbia por las psicólogas Carol S. Dweck y Claudia M. Muller demuestra que las personas elogiadas no disfrutan del viaje, se centran en llegar a la meta con autoexigencia y desconfianza, además de que tienen poca autoestima y carecen de herramientas para adaptarse a situaciones difíciles.

Elogiar a los hijos es una manipulación en toda regla, una manera aparentemente sutil de obtener lo que nos interesa y que también desequilibra su sistema cerebral de recompensas. Por tanto, funciona igual que los premios. Manipulando a los niños mediante recompensas verbales y amorosas, el adulto elogia porque ha conseguido que el niño haga lo que él quiere, no porque haya obtenido un aprendizaje real.

Al desequilibrarse el sistema de recompensas, los niños acaban volviéndose adictos a estos elogios y su autoestima pasa a depender directamente de ellos. Solo están bien si se los elogia, algo que hace que su autoestima esté siempre baja, dependiendo de la manipulación de los demás. Por otro lado, pueden acabar perdiendo la motivación por aquello que hacen: el cerebro se ve sobrepasado por los estímulos y ya no puede más. Vivir para que tus padres o los adultos responsables de tu bienestar te digan que lo haces muy bien o que lo haces muy mal es frustrante cerebralmente, un juicio constante que elimina las motivaciones reales y que tiene también como consecuencia que los niños se esfuercen menos, acaben siendo apáticos y tengan la autoestima muy baja.

Ejercicio: aprender a desechar los elogios

Dejar de elogiar no consiste en que a partir de ahora no les digas nada bonito a tus hijos (hay personas que se echan las manos a la cabeza cuando aprenden que los elogios mal utilizados son dañinos), sino que se trata de reflexionar sobre qué elogios responden solo a tus intereses y de que deseches todos los que tengan que ver con los comportamientos o formas de hacer y decir que tú quieres y, también, todos aquellos que tengan que ver con rasgos físicos o personales de tus hijos.

De esta forma, aprenderás una forma de comunicarte muy distinta al elogio fácil y continuo que empleas debido a tu adultocentrismo. Serás consciente cada día de lo que dices y para qué. Claro que puedes decirle a tu hijo que está muy guapo con la ropa del espectáculo si va a actuar en un concurso de baile, que lo quieres y que disfrute de la experiencia, pero eso es muy diferente a decirle «qué guapo estás cuando no te enfadas», porque ahí estás elogiando algo que va en contra de sus necesidades cerebrales. Tu hijo necesita enfadarse y es guapo siempre, tal y como es.

Prueba modificando pequeñas cuestiones del día a día...

EN VEZ DE ESTO	UTILIZA ESTO
¡Cariño, qué bueno eres poniendo la mesa!	¿Te ha gustado poner la mesa?
¡Eres la más guapa de la fiesta!	¿Te lo estás pasando bien en la fiesta?
Oh, ¡qué bien lo has hecho, hija! Sin salirte de la raya.	¿Te ha costado mucho hacerlo?
¡Te lavas los dientes perfectamente, eres maravilloso!	¿Qué es lo que te parece más divertido de lavarte los dientes?
Eres muy buena en la mesa.	¿Estás cómoda?

Las comparaciones

Aunque en mi libro *Hermanos* ya traté en detalle el tema de las comparaciones y las etiquetas, me parece interesante volver a hablar aquí resumidamente sobre ello, puesto que tiene una relación directa con la autoestima. Si nos comparan o etiquetan, nuestra autoestima está condenada a ser baja.

Comparar es de las cosas más dañinas que podemos hacerles a nuestros hijos (y a cualquier persona). La comparación nos baja la autoestima, nos limita socialmente, nos desmotiva en el día a día, nos genera tristeza, miedos y dificultades para conciliar el sueño, estrés, etc.

Cuando los comparamos, nuestros hijos dejan de pensar en sus propias motivaciones y se enfocan en cumplir las expectativas de otros. Esto limita su esencia y los lleva a hacer lo que se espera de ellos y no lo que realmente los define, de tal forma que llegan a envidiar a las personas con las que los comparamos y se sienten avergonzados por ser quienes son.

Las comparaciones son dañinas tanto para quien es comparado como para la persona con quien se le compara, si es cercana, puesto que pasa a exigirse mucho a sí misma para seguir cumpliendo con esa forma de ser y continuar dando ejemplo, destruyéndose a sí misma.

EJERCICIO: DEJAR LAS COMPARACIONES ATRÁS

Trabajar conscientemente en dejar de comparar salvará a tus hijos de tener que arrastrar una pésima autoestima de por vida. Para ello, comienza por ser consciente de si comparas o no y, si lo haces, por qué lo haces, para poder ir cambiando poco a poco.

Plantéate qué comparaciones has empleado con tus hijos y qué podrías haber dicho en vez de lo que dijiste:

LO COMPARÉ CON...	TENDRÍA QUE HABER...
Su hermano, porque siempre hace los deberes y ella no.	Entendido sus necesidades y ayudado en su sentir.
Su amigo, que es muy ordenado.	Respetado su esencia, dando ejemplo del bienestar que proporciona el orden sin imponer nada.
Conmigo misma, porque yo a su edad era muy espabilada.	Integrado que cada persona es como es y que tenemos los mismos derechos y se nos debe respetar por ser quienes somos, no por lo que hacemos o dejamos de hacer.

Las etiquetas

Las etiquetas son aquellos adjetivos que utilizamos para referirnos a nuestros hijos; de alguna forma, se convierten en una marca con la que se autodefinirán.

Estas etiquetas suelen empezar a imponerse mediante los elogios, como «bueno» o «listo», y también mediante los discursos de enfado adulto, como «eres un travieso», «eres malo», etc. Pueden ser positivas o negativas a nivel social, es decir, las utilizarás para alabar a tu hijo o criticarlo, pero siempre van a suponer un impacto negativo en su vida, puesto que crecerá siendo lo que esa etiqueta dice que es. Las etiquetas en sí mismas siempre son negativas.

Son sentencias que imponemos a nuestros hijos, basándonos en nuestras propias emociones y opiniones. Las etiquetas implican que nuestros hijos traten de ser fieles a ellas, que busquen amoldarse siempre a lo que se ha dicho de ellos, sin permitirse ser diferentes. Las etiquetas promueven la baja autoestima y generan dificultades socioemocionales, miedos, rabia interior y autoexigencia, entre otras cosas.

Nuestros hijos dejan de ser ellos mismos para ser quienes nosotros esperamos que sean, o siguen siendo aquello terrible que tú has dicho que son, ya que, cuando los calificamos, pueden mantenerse fieles a esa etiqueta siempre o luchar toda su vida contra ella. En consecuencia, las etiquetas no educan, solo sacrifican la vida de nuestros hijos.

Ejercicio: olvidar las etiquetas

Cualquier persona, hasta aquella a la que se define como la más inteligente, se siente abrumada con las etiquetas. Esta persona querrá ser siempre muy inteligente y conseguirá todos los logros que se proponga porque no puede permitirse errar, por lo que llevará una vida que no es la vida que necesita y merece de verdad.

Reflexiona ahora sobre si haces esto con alguno de tus hijos y ponte manos a la obra para eliminar las etiquetas. Es un arduo trabajo, pero es posible. Solo tú puedes hacerlo, y también eres el responsable de que ningún adulto etiquete a tus hijos:

LO HE ETIQUETADO DICIÉNDOLE...	A PARTIR DE AHORA...
Eres un marrano, siempre igual.	¿Necesitas que te ayude a limpiarte?
Qué desastre de niña.	¿Se te ha roto? Venga, juntas encontraremos una solución.

Eres la más lista de la clase.	¿Eres feliz en clase?
Qué miedica tengo en casa.	Entiendo tu miedo, estoy aquí para acompañarte y cuidarte.

LAS EXIGENCIAS

Todos queremos que nuestros hijos consigan grandes cosas en la vida, pero deberíamos centrarnos únicamente en que puedan llegar a ser unos adultos felices, libres, sanos y responsables, respetándose a sí mismos y a los demás. Por tanto, hay que alejarse lo máximo posible de las expectativas que tenemos con nuestros hijos, puesto que esto solo hace que se alejen de sus verdaderas expectativas, impidiendo que las conozcan y que se conozcan a sí mismos.

Estas exigencias suelen abarcarlo todo: los logros académicos, el orden del hogar, su modo de hablar y comportarse, etc. De alguna forma, como padres queremos la perfección, aquella idea de perfección que tenemos en nuestra mente. Pero la perfección nunca es factible, ni la nuestra ni la suya, y crear a un hijo a nuestra imagen y semejanza no solo es imposible, sino que genera en él una baja autoestima de por vida.

Cuando nos pasamos el día exigiendo a nuestros hijos, estos pueden llegar a ser unas personas autoexigentes y dejarse la piel en ello para no fallarnos, lo que provocará que sean inseguros y estén llenos de miedos, padezcan depresión, estrés crónico y ansiedad, y no tengan un conocimiento real de sí mismos. O puede ser que no lleguen a exigirse nada para alejarse de lo que nosotros hemos planeado para ellos y padezcan por tanto todas las consecuencias cerebrales negativas que ya hemos mencionado. En cualquier caso, la exigencia nunca es buena.

Esta actitud lleva al control, a la sobreprotección y a la exigencia académica. El control hacia la infancia es una de las consecuencias del adultocentrismo: nos han hecho creer a pies juntillas que a los hijos hay que controlarlos, y eso hacemos, premiándolos con pegatinas de caras contentas,* refuerzos positivos y palabras destinadas a calmar. Seguimos exigiendo que hagan lo que queremos, que obedezcan, que colaboren obligatoriamente, etc. Y esto es un tipo de control disfrazado que continúa siendo un abuso emocional que hace a los niños infelices, ya que no se mueven por sus propios intereses, sino por intereses puramente adultos.

Lo único que demostramos al controlar a los hijos es que no sabemos controlarnos a nosotros mismos y que perdemos los nervios constantemente, ya que desconocemos nuestras propias emociones. Ponemos de relieve, por tanto, que necesitamos domar y manejar a los hijos para mejorar nuestra propia autoestima. De esta forma sentimos que, por fin, alguien tiene en cuenta lo que decimos y cumple nuestras expectativas. Nos olvidamos por completo de las suyas y seguimos retroalimentando esta rueda: los niños también se convertirán en adultos ajenos a sus propias emociones y que necesitarán controlar a sus hijos.

Los niños deben aprender a tomar sus propias decisiones, a quererse a sí mismos por lo que son y por lo que sienten, a saber decir no, a conocer sus propias emociones y sentimientos, sus gustos y sus intereses. Para conseguirlo, deben poder ser y sentir en cada momento desde el corazón sin que se los juzgue por ello y sin tener miedo a la reacción o desaprobación de sus padres. No debemos manipularlos

---

* Líneas sobre el control extraídas de mi libro *Educar sin perder los nervios*.

para que hagan o sientan algo distinto de lo que sienten. Deben aprenderlo junto a nosotros, que apoyaremos su causa y los educaremos desde el amor, la guía, el respeto, la empatía, la conexión, la tolerancia y el ejemplo, y no desde el rencor y el control.

Solemos pensar que los niños no controlados tendrán problemas tanto ahora como en el futuro, cuando el único problema, precisamente, estriba en educarlos mediante el control, lo que hará que su verdadera esencia quede escondida. El control también implica ser firmes con los hijos y exigirles autonomía sin pensar en sus necesidades emocionales ni en su etapa cerebral. Existe la obsesión de que sean autónomos antes de tiempo y de pensar que la firmeza es lo mejor, cuando solo añade más exigencia, sin tener en cuenta que no es que no quieran, es que no pueden. Exigirles más de lo que son capaces solo les genera baja autoestima y tristeza interior, así como rabia e impotencia.

La sobreprotección, por otro lado, es una consecuencia del control. Hay muchas personas que piensan que educar sin adultocentrismo es sobreprotegerlos. Nada más lejos de la realidad: sobreprotegerlos es meterlos en una burbuja de control y asfixia que solo daña su autoestima y genera niños inseguros. Por ende, sobreproteger es controlar, y controlar no es educar óptimamente.

Las personas que controlan, exigen y sobreprotegen a sus hijos arrastran esto de sus infancias, en las que fueron abandonadas emocionalmente, comparadas, controladas, etiquetadas, castigadas, desatendidas, etc. Y por eso repiten patrones y solo dan amor a sus hijos cuando creen que se lo merecen, con lo que esto supone para la autoestima.

Por otro lado, millones de niños y adolescentes sufren depresión por la exigencia académica que les imponen sus padres; luego, cuando un profesional les comunica que sus hijos están deprimidos, se quedan de piedra y no son capaces de darse cuenta del daño provocado con sus exigencias curriculares. Esta es una de las causas más comunes de la depresión en la infancia y la adolescencia. De hecho, los padres suelen llevar a sus hijos a un profesional precisamente cuando empiezan a ver que los resultados académicos bajan, no porque hayan observado nada inusual a nivel emocional en sus hijos, sino porque les preocupan las notas, la desorganización o las mentiras relacionadas con la escuela o el instituto.

Estas exigencias se caracterizan por una profunda persecución de los padres a los hijos con los deberes, los exámenes, la agenda, la organización, los repasos, la letra... Todo, absolutamente todo gira en torno a eso, y tal y como indican los estudios científicos* al respecto, la presión y la exigencia hacia los hijos genera autodestrucción en ellos. En consecuencia, cuando presionamos a nuestros hijos en cualquier ámbito, incluido el académico, los niños viven solo para contentar a sus padres en ese aspecto y, si no lo hacen, viven con miedo todo el año. No hay forma más sencilla de machacar a un hijo emocionalmente y conseguir que se convierta en alguien que odie los estudios, o bien solo viva por y para estudiar, que exigirle en ese ámbito.

La vida no es la vida académica. Es muy importante integrar esto para que nuestros hijos puedan tener una buena salud mental. Para poder deshacernos de esta obsesión académica, debemos empezar a liberar nuestras propias emo-

* Uno muy interesante es el de Susana Iglesias y María Paula Cohn, de la Universidad de Buenos Aires, Argentina.

ciones y frustraciones al respecto, analizar de dónde vienen y hacer terapia si es necesario. Esta exigencia tiene que ver con carencias emocionales adultas y hay que frenarla. No debemos motivar intrínsecamente* a un hijo en el ámbito de los estudios ni generar un clima de control al respecto, que les generará baja autoestima, dolores físicos, miedos, inseguridad, acoso escolar (convirtiéndose en víctimas o acosadores), etc.

Ejercicio: sin exigencias

Cuando pensamos «no me hace caso, debo decirle las cosas ochenta veces», nos relacionamos con ellos mediante exigencias y no nos esforzamos en educar en la autoestima real.

No hace falta repetir las cosas, solo plantearnos cómo nos estamos comunicando y evaluar si eso que les estamos pidiendo se lo debemos pedir. En el caso de que sí, por ejemplo, si queremos pedirles que se vayan a dormir, en vez de gritar y repetir su nombre, podemos acompañar y cuidar a nuestro hijo hasta que concilie el sueño. Si es adolescente, debemos entender que está en una etapa en la que necesita acostarse más tarde y tener contacto social. Confía en él.

Ser sumiso no es lo mismo que ser independiente, todo lo contrario, precisamente los llevará a convertirse en personas dependientes durante toda su vida.

Reflexiona sobre cuándo exiges y por qué, y proponte dejar de hacerlo conscientemente.

---

* La motivación intrínseca es aquella que se genera en el interior; es una motivación real y personal que nos lleva a tener ganas de cumplir objetivos, sabiendo muy bien cuáles son.

LE EXIJO QUE...	VOY A COMUNICARME DE FORMA QUE...
Se vista.	Le ayude a vestirse con amabilidad y cariño. Si no lo necesita, dale un abrazo o haz un gesto cariñoso que le motive a hacerlo.
Se duerma de una vez.	Los seres humanos no dormimos siempre a la misma hora, por tanto, cuando queremos que nuestros hijos se duerman, primero debemos preguntarnos si eso puede esperar. Cuando no sea así, debemos acompañarlos con cariño, paciencia y palabras de apoyo.
Haga los deberes.	Ya hemos visto que esto está totalmente relacionado con la exigencia académica con la que hemos aprendido. Por tanto, tendremos que ser flexibles, comprensivos, amorosos y empáticos, y ayudarles a buscar soluciones.
Se lave las manos.	Los acompañes a lavarse las manos, con tranquilidad.

La violencia física

La violencia psicológica incluye todos los aspectos referentes a la manipulación de los hijos en el plano emocional, mediante la comunicación verbal y no verbal (gestos, miradas...). Engloba todo lo que hemos trabajado a lo largo del libro, como gritar, insultar, humillar, retirarles la palabra o ignorar sus emociones, chantajear, comparar, etc.

Este tipo de violencia debe ser erradicada en nuestro quehacer, no solo por el bienestar de su autoestima, sino por todo lo que genera en su cerebro: depresiones, miedos, inseguridades, estrés crónico, acoso escolar, desconfianza, problemas sociales y emocionales, enuresis nocturna, adicciones, tics, dolores de estómago y de cabeza, infecciones recurrentes... La manera en la que nos tratan en la infancia y adolescencia se convierte en el eje central de nuestro propio mundo.

Teniendo integrada esta realidad, quiero hacer alusión a la violencia y el maltrato físico, porque, aunque es ilegal, contraproducente, carente de ética y dañino para el cerebro de por vida, se sigue practicando en la actualidad y, si se ejerce contra un niño o un adolescente, está socialmente aceptada, puesto que, desde la mirada adultocéntrica, es normal pegar a un hijo que llora, se enfada, grita o demanda lo que necesita. Sin embargo, que un adulto pegue a otro se considera sin atisbo de duda algo ilegal.

Más del 60 por ciento de los niños españoles han sufrido maltrato físico en sus hogares alguna vez* y más del 50 por ciento lo han padecido en el colegio por parte de compañeros y adultos, siendo más común de los cero a los siete años y teniendo un alto porcentaje de prevalencia de los ocho a los diecisiete años en función de la situación personal. Estas cifras son espeluznantes y un indicativo del gran trabajo social que debemos hacer.

La violencia física contra los hijos se ejerce de varias for-

---

* Te aconsejo consultar el dosier «El maltrato infantil en la familia en España», una investigación realizada en 2011 por el Ministerio de Sanidad, Política e Igualdad, incluido en los enlaces de interés (junto a la bibliografía) de este libro y que contiene muchos datos interesantes que no solemos tener en cuenta ni como padres ni como profesionales.

mas: se los pega en el culo, en la cara o en la espalda, se los empuja, se les estira del pelo, se les da en la boca, se los pellizca o se les aprieta el brazo, se los viste de malas formas, se abusa sexualmente o se los asesina...

La violencia física es un abuso de poder relacionado con el empleo de la fuerza. Una persona se siente superior por el hecho de ser adulta y se cree con el derecho de poder maltratar a un hijo físicamente, a veces ni tan siquiera de forma consciente. Pega porque cree que educa, cuando pegar solo daña, jamás aporta nada positivo.

EJERCICIO: HUIR DE LA VIOLENCIA FÍSICA

Quienes maltratan físicamente a sus hijos son personas con baja autoestima que repiten patrones porque también les pegaron a ellos. Hay algunas personas a las que no les pegaron, pero sí sufrieron abusos psicológicos (gritos, castigos, órdenes, insultos, abandono emocional...) y, por eso, descargan toda su rabia y tristeza interior con aquellos sobre los que creen tener poder.

Debemos tener muy claro que nuestros hijos no nos pertenecen. Por supuesto, somos responsables de ellos, pero en ningún caso son nuestros. No podemos tratarlos y manipularlos como nos dé la gana. Sabemos que son lo que más amamos, pero debemos demostrarlo.

Haz un listado de las veces que has pegado o tratado con violencia física a tus hijos y al lado escribe cómo podrías haber actuado para no hacerlo. Por ejemplo:

PEGASTE PORQUE...	PODRÍAS HABER...
Pegó a su hermano.	Escuchado y entendido a todas las partes, sin juicios, siendo neutral, ayudándolos a encontrar soluciones, sin perder los nervios ni exigir una madurez emocional que no tienen.
Te insultó al enfadarse.	Como hemos aprendido, cuando ellos se expresan son seres puramente emocionales, carecen de razonamiento. Sacan hacia fuera lo que sienten sin pensar qué puede ocurrir, necesitan exteriorizarlo y ya está. Insultar, patalear, decir palabrotas, etc., es algo muy normal. En vez de verlo como algo erróneo y tomárnoslo como algo personal y enfadarnos, solo debemos acompañar sus emociones paso a paso, ayudándolos a entenderse emocionalmente, no maltratando su integridad.

¿Cuáles son las consecuencias negativas de utilizar este tipo de prácticas basadas en el adultocentrismo?

Aunque ya las hemos ido viendo a lo largo de este libro, vale la pena nombrar las consecuencias negativas de educar alejados de la autoestima real, para poder apartarnos completamente de las formas incorrectas e integrar y sentir, desde lo más profundo de nuestro corazón, que deseamos hacerlo de otra manera.

Estas consecuencias negativas son, entre otras:

- Baja autoestima.
- Infinidad de complejos.
- Sentirse inferior a los demás.
- Dependencia emocional obsesiva.
- Problemas sociales.
- Sentirse indigno de cariño y amor.
- Estrés.
- Autoexigencia.
- Autocrítica.
- Falta de empatía.
- Dificultad para demostrar cariño.
- Problemas de concentración.
- Estados de ánimo irritables.
- Problemas para tomar decisiones.
- Necesidad de tener tu aprobación para todo.
- Agresividad.
- Insomnio.
- Tensión corporal.
- Sudor.
- Dolor de cabeza.
- Problemas estomacales.
- Infecciones recurrentes.
- Depresión.
- Falta de aficiones.
- Sentimiento de fracaso o incapacidad.
- Frustración constante.
- Rabia interior.
- Sumisión.
- Agresividad.
- Dificultad para reconocer su voz interior.
- Problemas para resolver conflictos.
- Ansiedad por separación.

- Pensamientos obsesivos.
- Timidez crónica.
- Negatividad continua.
- Desmotivación ante la cooperación.
- Rehuir situaciones para evitar el conflicto.
- Tics, morderse las uñas, enuresis nocturna, pesadillas, fobias...
- Mareos.
- Vómitos.
- Problemas para defender sus intereses y derechos.
- Poca iniciativa ante la vida.
- Problemas a la hora de escuchar.
- Postura corporal incorrecta.
- Falta de comprensión de las emociones de los demás.
- Sentimientos de culpa reiterados y diarios.

Acompañar a los hijos en su autoestima es también una forma de crecimiento personal

Una de las mejores cosas que tenemos la suerte de poder hacer es acompañar a nuestros hijos en su camino de vida. Podrían haberse topado con cualquier madre o padre, pero no, nosotros somos sus padres y eso, aunque a veces es difícil (ya que sale a la luz todo lo que nuestra voz interior ha silenciado), también es una gran suerte.

Lo cierto es que cada vez que nos comunicamos con nuestros hijos estamos potenciando o no la autoestima, la conciencia, la buena actitud hacia la vida, la autenticidad, y solo van a poder conseguir todo esto con una autoestima real, que depende de la forma en que los tratemos.

Por tanto, entre elegir acompañarlos con amor incondicional (expresándoles que los amamos de todas las maneras posibles, verbales y no verbales, psicológicas y físicas) y no hacerlo, siempre debemos decantarnos por el amor, puesto que el amor siempre gana.

Debemos deshacernos de estos enemigos, además de todos los aprendidos. Dejaremos que se expresen, que se equivoquen, que tomen sus decisiones, que sean ellos mismos y tengan su propia voz, que puedan proponer, decir, pedir o sentir sin miedo a nuestra reacción... Crearemos el clima adecuado para potenciar su autoestima óptima, además de unas relaciones familiares fructíferas, llenas de respeto, aceptación, apoyo, escucha y amor, dejando que se descubran a sí mismos y se respeten.

La autoestima saludable es la consecuencia natural de sentirte amado de manera incondicional y acompañado emocionalmente durante la infancia y la adolescencia.

¡Es el momento de actuar!

- [ ] Reflexiona sobre el adultocentrismo integrado en tu vida.

- [ ] Intenta ser consciente en cada momento para desecharlo.

- [ ] Limita a todas las personas que apliquen el adultocentrismo con tus hijos.

- [ ] Desecha los gritos.

- [ ] Elimina los castigos, premios y consecuencias.

- [ ] Deja de chantajear y amenazar.

- [ ] Retira los elogios y comunícate con amor.

- [ ] Descarta las comparaciones y etiquetas.

- [ ] Sé consciente de lo que exiges para poder suprimirlo.

- [ ] Erradica la violencia física de vuestras vidas.

Nunca
te arrepientas.
Si es bueno,
es maravilloso.
Si es malo,
es experiencia.

Victoria Holt

8

Reconoce el sentimiento de culpa y educa sin ella

Tal y como hemos aprendido, nos han educado mediante la culpa. Si no hacíamos lo que se nos pedía, éramos culpables; si llorábamos, si gritábamos, si no nos gustaba estudiar..., culpables. Al haber sido educados de esta manera, mediante prácticas adultistas (no solo en el hogar, sino en todos los ámbitos de nuestra vida durante la infancia y la adolescencia), sentimos que tenemos la culpa de todo y repetimos los mismos patrones con nuestros hijos, haciendo que ellos se sientan culpables por ser como son.

Al educar de acuerdo con lo que hemos denominado «enemigos de la autoestima» (y que nos proponemos desechar), generamos culpa en nuestros hijos, lo que resulta catastrófico, puesto que integran esta forma de relacionarse consigo mismos y con los demás para siempre, a no ser que se trabaje profundamente en ello.

La culpa es la señal más clara de una autoestima extremadamente baja y hace que nos desalentemos, nos menospreciemos, nos humillemos, nos lancemos mensajes devastadores, nos sintamos poco merecedores de las personas que nos rodean y de aquello que tenemos y nos avergoncemos de lo que decimos, hacemos o decidimos. La culpa provoca que seamos incapaces de ver nuestras virtudes y de querernos y respetarnos a nosotros mismos.

Además, la culpa sin límites nos llena de toxicidad. Nos machacamos ante cualquier error y no nos permitimos «fallar» ni en lo más mínimo. Solo damos vueltas a lo mismo, en un bucle que nos enferma y nos provoca depresiones, miedos, estados de estrés y pánico, etc.

También fomenta que nuestros hijos no sepan poner límites a quienes los culpan, adultos que los señalan y los pisan y se creen con la potestad de poder decir lo que les venga en gana.

CULPA → ERROR
→ ARREPENTIMIENTO
→ DOLOR
→ AUTOCASTIGO

Si tienes baja autoestima, es posible que durante la lectura de este libro te hayas sentido culpable, puesto que consideras que cometes demasiados errores y que con ellos has hecho daño a tus hijos, las personas a las que más amas en el mundo. Sin embargo, si a lo largo del libro has ido recolocando tu autoestima en el sitio que le corresponde, habrás aprendido muchas cosas y te dispondrás a cambiarlas sin presionarte, paso a paso, confiando en ti y en tus hijos. Si tu autoestima es baja, pero de una forma narcisista, es posible que no hayas podido reflexionar acerca de tus errores, puesto que el ego no te dejará ver más allá y juzgarás como incorrecto algo a lo que ni siquiera le has dado una oportunidad.

También puede ocurrir que te sientas culpable cuando respetas a tus hijos. Es algo muy habitual: no castigas, no gritas, no ordenas..., en definitiva, no haces nada de lo que hemos comentado que provoca un efecto negativo en el cerebro de tus hijos, pero te sientes sumamente culpable porque tu entorno no lo vive de la misma manera. Te sientes mal y te preguntas una y otra vez si esa forma de educar es la adecuada porque, si lo fuera, no te sentirías así.

Esta culpa surge porque estamos muy preocupados por lo que puedan pensar los demás y, por tanto, llenamos nuestros pensamientos con los pensamientos de los otros (mi suegra dice que, la profesora dice que, mi vecino dice que...). Es un tipo de culpa que no te corresponde. Lo que piensen, hagan o digan los demás es su problema, tú debes centrarte en mirar en tu interior porque dicha mirada y escucha hacia dentro te ayudará a mejorar tu autoestima. Como sabes, estar pendientes de lo que puedan opinar los demás es solo una señal de baja autoestima. Cuantos más límites pongas a estos pensamientos, antes podrás mejorar tu autoestima y, por ende, ayudar a tus hijos a tener una autoestima real.

Este tipo de culpa también hace que nos avergoncemos de lo que los demás puedan pensar de nuestras decisiones, acciones y emociones. Para superar esta vergüenza, además de trabajar la culpa, como veremos a continuación, debemos rodearnos de personas más conectadas con nuestros valores y, en cada situación que vivamos con nuestros hijos, pararnos a reflexionar sobre el gran bien que les estamos procurando de por vida. De esta manera, dejaremos atrás lo que los demás puedan opinar de nuestra manera de educar y lograremos estar a gusto y en paz en una comida familiar, podremos defender a nuestros hijos ante las acusaciones de los demás de forma asertiva y respetuosa y salir de dicha comida queriéndonos más a nosotros mismos y haciendo que nuestros hijos también lo hagan.

EJERCICIO: CONOCIENDO LA CULPA

La culpa puede paralizarnos y meternos en un bucle del que no somos capaces de salir. Hace que nos aferremos a los remordimientos de una forma casi adictiva y que pensemos continuamente en situaciones que ya forman parte del pasado, pero que no logramos dejar atrás.

Como ya aprendimos, todas las formas adultocentristas conllevan un desequilibrio en el sistema de recompensas de nuestro cerebro. Ocurre lo mismo con la culpa: algo que tenemos instaurado en nuestro cerebro de forma natural para saber diferenciar entre el bien y el mal deja de funcionar correctamente, de tal manera que, cuando te hacen sentir culpable, ya no eres capaz de distinguir y acabas sintiéndote culpable casi por todo sin reflexionar sobre ello y sin poder liberarte, puesto que la culpa se convierte en una cárcel.

Por ello, es importante comenzar a realizar diferentes cambios para poder avanzar y sentirnos más conectados a nosotros mismos y a nuestros hijos. Te propongo seguir estos pasos:

1. **Pon freno a los pensamientos de arrepentimiento.** Para poder hacerlo, dedica diez minutos al día a ello. Si realizas este ejercicio antes de irte a dormir, concéntrate durante esos diez minutos en todos los pensamientos que te invadan: negativos, de culpa, remordimientos... Solo préstales atención y esfuérzate por saber exactamente los motivos que te los provocan. Esto te ayudará a exteriorizar la obsesión, liberando los pensamientos y generándote malestar solo por un periodo de tiempo corto.

2. **Acepta tu parte de responsabilidad.** Una vez hecho esto, asume que hay cosas que podrías haber hecho de otra forma y piensa de qué manera hubiese sido mejor. Visualízate en ello, imaginándote junto a tus hijos en la misma situación que te llena de culpa, pero comportándote de diferente forma. Fundíos en un abrazo imaginario.

3. **Relativiza.** Aprender a relativizar es un arte. Cuando vivimos en la culpa constante, lo vemos todo muy crudo y no somos capaces de encontrar soluciones y salir de la negatividad. En este ejercicio, concéntrate en relativizar, dándote cuenta de que solo son situaciones que suceden en la vida y que lo que tienes que hacer para sentirte mejor es empezar a buscar y aplicar soluciones con fuerza de voluntad. De alguna forma, desenredarás el nudo de la culpa, dándole a cada cosa el lugar que le corresponde.

4. **No busques culpables.** Cuando nos han educado mediante la culpa, nos acostumbramos a educar de la misma manera, y esto está directamente relacionado con una autoestima baja. Por ejemplo, si tu pareja te dice que se ha sentido mal por algo, tú le contestas que es cosa suya; si tu jefa te dice que el informe debe mejorar, tú piensas que es una exigente; si castigas a tu hijo, piensas que se lo merecía por gritar... Se trata de un mecanismo cerebral que pretende que tú te sientas mejor y busca siempre un culpable, para eximirte de toda responsabilidad y no consumirte con la culpa. Empezar a ser consciente de todas las ocasiones en que señalas a alguien como culpable, huyendo de la autorreflexión, te ayudará a conocerte más y a desprenderte de la culpa que te acecha.

5. **Decide vivir de acuerdo con tus valores.** Cuando asumes tu parte de responsabilidad, te libras de la culpa y dejas de buscar culpables, integras que en realidad esa culpa está ahí porque no has vivido de acuerdo con tus valores, sino que, en vez de dejarte llevar por tu verdadera voz interior, los factores externos han cobrado más fuerza. Poniendo en práctica este ejercicio, podrás hacer con tus hijos lo que tu voz interior y tus valores te transmitan en cada momento. Conseguirás alejar la culpa enfermiza de vuestras vidas y les enseñarás a vivir según sus valores, en vez de a esconder quiénes son en realidad.

6. **Perdónate.** Es muy importante que te perdones, que seas consciente de lo que ha pasado, que lo aceptes y decidas vivir según lo que verdaderamente sientes. Es el momento de perdonarte, abrazarte, decirte lo mucho que te valoras y te quieres, sabiendo que eres válido y que mereces

respeto, lo que también implica respetarte a ti mismo. Perdonarte libera y reduce el sentimiento de culpa.

7. **Pide perdón.** Aprender de la situación que nos generó culpa y pedir perdón a nuestros hijos de corazón es muy importante para no vernos atrapados por ese sentimiento. Para pedir perdón, primero reflexiona sobre el dolor que has podido causar a tus hijos con tu comportamiento o con tus palabras. Compréndelo de verdad, puesto que muchas veces creemos que «no es para tanto» y ese mismo convencimiento es el que nos lleva a la culpa, puesto que no es real. Claro que es para tanto. Lo es para su cerebro, para su situación y necesidades, para su vida. Este dolor puede liberarse con un perdón sincero, así pues, es un paso imprescindible.

Lo que nos enseña la culpa

Aunque la culpa nos pueda resultar desagradable y algo de lo que queremos zafarnos continuamente, lo cierto es que nos enseña a vivir de acuerdo con lo que verdaderamente sentimos y pensamos. Si nos sentimos mal por comernos unas galletas ultraprocesadas cuando estamos intentando cambiar de hábitos alimenticios, es porque lo que en realidad necesitábamos era comernos un plátano. ¿Nos lleva a alguna parte el machaque continuo? No, y por eso hay que saber dónde colocar la culpa y todo lo que esta nos enseña. Aceptamos que sí, que nos hemos comido las galletas y que eso nos provoca sensaciones incómodas, pero somos capaces de sobreponernos a esos pensamientos que nos abruman y, por tanto, no comérnoslas al día siguiente. Si nos dejamos invadir por la culpa, seguiremos cometiendo aquello que consideramos errores en relación con nuestras motivaciones y objetivos.

Equivocarse forma parte de la evolución humana. A todos nos ocurre continuamente, de la misma forma que todos experimentamos culpa; de hecho, es la prueba de que podemos conectar con las necesidades de los demás y no pensar únicamente en nosotros mismos. También es humano ponernos manos a la obra para dejar de cometer errores que desde lo más profundo de nuestro ser no queremos repetir más.

Aprender a reconocer la culpa y ponerle límites nos ayudará a transformarnos si estamos dispuestos a seguir los pasos adecuados.

¡Es el momento de actuar!

- [ ] Valora qué cantidad de culpa crees que tienes diariamente.

- [ ] Reflexiona sobre si haces sentir culpables a tus hijos y empieza a liberarlos de la culpa trabajando en tu propia liberación.

- [ ] Si estás intentando educar respetando, plantéate si lo que piensen los demás te preocupa demasiado. Si es así, trabaja concienzudamente en ello.

- [ ] Pon freno a los pensamientos de arrepentimiento.

- [ ] Relativiza siempre ante una situación con tus hijos y en cualquier contexto.

- [ ] Aprende a pedirte perdón y a pedírselo a tus hijos.

- [ ] Déjate enseñar por la culpa.

HERRAMIENTAS PARA MEJORAR LA AUTOESTIMA EN EL DÍA A DÍA

¿CÓMO SACARLE PARTIDO A ESTA PARTE DEL LIBRO?

La verdad es que con todo lo trabajado hasta ahora hemos aprendido mucho y hemos hecho un recorrido integral por nuestra propia autoestima y la de nuestros hijos e hijas.

Por supuesto, hay que llevarlo a la práctica, y eso supone un esfuerzo consciente y diario. Debes tener fuerza de voluntad y poner todo de tu parte para conseguir resultados de forma rápida.

Imagina la fuerza de voluntad como un músculo que vamos entrenando cada día para poder conseguir nuestras metas. Cuanta más fuerza de voluntad tenemos, más nos acercamos a ese objetivo que tanto anhelamos. Eliminamos barreras y miedos, somos cada vez más fuertes y estamos más motivados.

Para tener la motivación necesaria para entrenar la fuerza de voluntad, necesitamos definir muy bien cuál es nuestro objetivo, porque, si no lo sentimos realmente dentro de nuestro corazón y nuestra voz interior no nos lo señala, será imposible lograrlo.

Por tanto, antes de comenzar a trabajar con las herramientas que te propongo, reflexiona sobre tu motivación: qué quieres conseguir y para qué. Después, comprométete en trabajar con voluntad, apostando por la ilusión que supone para ti embarcarte en la consecución de este objetivo, siendo consciente de que implicará constancia, paciencia y mucho esfuerzo.

Aunque hemos combinado teoría y práctica durante toda la lectura, me gustaría proporcionarte, además, cuarenta herramientas específicas y prácticas para que puedas aplicarlas desde hoy mismo, de manera que tu autoestima y la de tus hijos mejore. Cada herramienta tiene sus propias instrucciones para que sepas cómo introducirla en vuestro día a día. Puedes practicar con ellas tantas veces como quieras hasta que sientas que forman parte de ti y de tu manera de educar y de vivir, pues de eso se trata, de llevar la teoría a la práctica. Así cada día te sentirás en contacto con tu autoestima real, la potenciarás y sabrás cuidarla, inculcando a tus hijos este modo de entenderla.

Además, he incluido ochenta frases muy poderosas que puedes decir a tus hijos todos los días cuando te apetezca, de forma espontánea y sin presión. De este modo, convivirán con la autoestima real de forma natural y conseguirán confiar en sí mismos, respetarse y respetar a los demás.

Espero que disfrutes de esta experiencia.

Un beso y gracias por todo,

TANIA GARCÍA

PREOCÚPATE DE SER AMABLE, NO DE TENER RAZÓN

Solemos estar siempre a la defensiva con nuestros hijos, luchando a capa y espada por tener la razón y demostrarlo. Lo importante no es tener razón o no, sino ser amable en todas y cada una de las situaciones de la vida, enseñando a tus hijos a ser amables consigo mismos y con los demás.

Está demostrado que comportarse con amabilidad genera un impacto positivo tanto en quien da como en quien recibe y propicia un aumento en nuestros niveles de serotonina, hormona que se encarga de que nos sintamos complacidos y conectados a la vida, lo que mejora nuestra autoestima.

Para utilizar esta herramienta, lo único que tienes que hacer es concentrarte en ser amable con tus hijos durante los próximos días, olvidando si tienes razón o no. No te dejes arrastrar por la frustración y ten muy claro el objetivo: la amabilidad.

Por ejemplo, puedes:

- Darles los buenos días con cariño y amabilidad, a pesar de las prisas.
- Abrazarlos sin motivo aparente.
- Ayudarlos en lo que necesiten.
- Mostrar calidez incluso en situaciones emocionales intensas.

Practica estos comportamientos en cualquier situación con tus hijos y valora después cómo se sienten al respecto y cómo te sientes tú.

DA LAS GRACIAS

El adultocentrismo nos hace ser reticentes a dar las gracias a nuestros hijos. Lo cierto es que agradecer aporta grandes beneficios para la salud: mejora el sistema inmune y otras funciones del organismo, rebaja los niveles de estrés, ayuda a centrarse en lo positivo y no en lo negativo, mejora la autoestima... Y no solo es beneficioso para la persona que recibe el agradecimiento, sino también para quien lo da. Es un acto con el que ganamos todos.

Para ello, enfócate en dar las gracias a tus hijos, pero no cuando hagan lo que tú quieres que hagan o se muestren como tú quieres que se muestren, sino en respuesta a alguna cuestión desinteresada, con el objetivo de conectaros. Por ejemplo:

- Gracias por este abrazo.
- Gracias por ayudarme a encontrar mi reloj.
- Gracias por acompañarme a lavarme los dientes.

Son pequeños detalles que marcarán la diferencia. No se trata de repetirlo como loros, simplemente de dar las gracias de manera cotidiana, activando nuestra generosidad y la alegría de vivir y de estar juntos.

Para llevar esto a la práctica, primero intenta ser consciente de ello, pensando al levantarte por las mañanas que vas a intentar darles las gracias siempre que puedas. Esta consciencia te ayudará a conseguirlo.

CAMBIA PENSAMIENTOS NEGATIVOS POR POSITIVOS

Varios estudios constatan que tenemos una media de sesenta mil pensamientos al día y que la gran mayoría de ellos son negativos. Nos pasamos el día fluyendo con pensamientos que liman nuestra autoestima y que, por supuesto, nos influyen a la hora de educar a nuestros hijos.

Esta herramienta consiste en empezar a transformar tus pensamientos negativos en positivos, guiando también a tus hijos a hacerlo. De esta forma, crecerán con un conocimiento adecuado de sus pensamientos, integrando que son dueños de ellos y mejorando su calidad de vida. Para ello:

- Localiza esos pensamientos y acéptalos. Es muy difícil transformar los pensamientos negativos si no sabes realmente cuáles son y no aceptas que los tienes y que invaden tu mente.
- Conviértelos en positivos. Escoge uno, plantéate si eso que piensas es verdad o es fruto de la incertidumbre. Si forma parte de la incertidumbre, no es real. Después, dale la vuelta. Por ejemplo, si piensas «no voy a aprobar el examen porque es muy difícil», conviértelo en «voy a esforzarme al máximo para aprobar el examen».

Debes hacerlo con todos los pensamientos que necesites y enseñar la técnica a tus hijos si están preparados para ello, cuanto antes mejor. Hemos de ser conscientes también de que muchos de esos pensamientos negativos se los inculcamos nosotros, y que, por tanto, hay que eliminarlos.

MASAJES PARA CONECTAR

Los masajes conectan. De alguna forma, nos trasladan al piel con piel que experimentábamos con nuestras madres tras el nacimiento. Forman parte del contacto físico, tan necesario para desarrollar una autoestima saludable.

Hay muchos tipos de masajes. No son masajes terapéuticos, sino que simplemente nos acercarán más a nuestros hijos y mejorarán la conexión con ellos. Se trata, por tanto, de integrar el contacto físico como algo natural en nuestra relación, alejando todas las ideas preconcebidas que tenemos al respecto, fomentando el respeto por uno mismo y por los demás.

Para llevar a la práctica esta herramienta:

- Explica a tus hijos que a partir de ahora les harás un masaje.
- Deja que elijan entre los pies, la cabeza o la espalda, no es necesario que se descalcen o se quiten prendas.
- Intenta hacerlo diariamente.
- Deben durar pocos minutos; busca la comodidad.
- No tiene que haber imposición.
- Hazlo con cariño y amabilidad.

Puede que, si son más mayores y nunca habéis tenido este tipo de conexión, te resulte incluso violento (también a ellos). Todo es proponerlo y hablarlo, llegar a puntos de encuentro que os hagan estar cómodos y con los que podáis sentiros unidos. Quizá proponerle frotar su espalda o sus pies después de un día duro en el instituto, etc.

CUÍDATE PARA CUIDAR

Es imposible que aportemos amor incondicional a nuestros hijos si no nos amamos incondicionalmente a nosotros mismos, por eso debemos concienciarnos y querernos cada día un poco más. Una de las formas de demostrarnos amor es precisamente cuidarnos. Si no nos cuidamos nosotros mismos, ¿quién nos va a cuidar y cómo vamos a cuidar a nuestros hijos como necesitan y merecen?

Dedicarnos tiempo y tratarnos con el máximo cariño y respeto supondrá un antes y un después en nuestra autoestima. Para ello, debes esforzarte de manera que:

- Lo hagas a diario.
- No busques excusas.
- En función de tu situación, empieces por poco tiempo y vayas añadiendo más.
- No te sientas culpable.
- Hagas algo que verdaderamente te gusta.
- Transformes tus pensamientos negativos.
- No haya interrupciones.

De esta forma, estarás mucho más tranquilo para atender el bienestar de tus hijos como verdaderamente necesitan. Además, les enseñarás la importancia de cuidarse a uno mismo, porque has aprendido que hacerlo es una de las bases de la autoestima real. Debemos mimarnos a nosotros mismos, darnos valor, sentirnos importantes y en equilibrio con la vida, siendo felices a pesar de las adversidades.

STOP QUEJAS

Vivir constantemente en la queja es, sin duda, un problema. Claro que todos nos quejamos, a veces la vida se nos hace cuesta arriba. El problema viene cuando se convierte en algo crónico y enseñamos a nuestros hijos a vivir en la queja y la utilizamos como recurso.

Esta herramienta te servirá para que dejes de quejarte y te enfoques en todas las cuestiones que rodean la relación con tus hijos, de la que continuamente te quejas porque dicen palabrotas, no se lo comen todo, protestan sin cesar, no quieren dormirse cuando toca, etc. Sin darte cuenta de que la queja constante lima su autoestima y la tuya.

Concéntrate en no quejarte. Intenta poner esto en práctica durante dos días de la semana seguidos, y ve añadiendo días conforme te sientas cómodo al liberarte de la queja. Debes hacerlo con tus hijos, pero, en realidad, puedes aplicarlo en cualquier ámbito de tu vida en el que creas que has integrado la queja como medio de relacionarte.

Para ello, antes de quejarte respira, acompaña a tus hijos en aquello que necesiten y sigue adelante, aunque por dentro te quieras lamentar. Cambia la perspectiva, date cuenta de que en realidad no es para tanto y abandona el papel de víctima, que no te permite avanzar.

La queja nos arrastra a estados de tristeza, frustración, impotencia y rabia que nos paralizan. Dejar de quejarnos de nuestros hijos es esencial para su óptimo desarrollo emocional.

APRENDE A DECIR NO

No saber poner límites a los demás es una consecuencia directa de nuestra baja autoestima. Nos preocupa mucho lo que opinen de nosotros y nos angustia que otros estén o no estén de acuerdo con nuestra opinión, y esa inseguridad nos lleva a pasar por el aro en situaciones que no desearíamos, pero el miedo a establecer límites es tan fuerte que preferimos no hacerlo.

Otra de las cuestiones que nos trastorna a la hora de decir no a otros adultos es la culpa. Nos inunda cuando pensamos que de alguna forma podemos hacer daño a otros con nuestra decisión y, entonces, elegimos no llevarla a cabo, aunque así nos hagamos daño a nosotros mismos.

Con esta herramienta, debes centrar todo tu esfuerzo en empezar a poner límites con consciencia, asertividad y reflexión. Hazlo en todas las oportunidades que tengas, con motivación y visualizando el objetivo.

Para ayudarte a conseguirlo:

- No te lances a decir sí sin reflexionar antes, ponte freno y escúchate.
- Sé claro sin dar demasiadas explicaciones.
- Entiende al otro y házselo saber, pero siendo fiel a tu decisión.

Esta práctica también enseñará a tus hijos a aprender a decir no y a saber escuchar su voz interior.

SONRÍE A TUS HIJOS

Sonreír tiene muchos beneficios, y no solo psicológicos. Sonreír moviliza los músculos de la cara y oxigena toda la zona, favoreciendo una mejor respiración y tensión arterial, reduciendo el estrés y la ansiedad, mejorando la tolerancia a la incertidumbre y la calidad del sueño. Además, mejora nuestra autoestima.

Sonreímos poco. Es como si nos costara abrirnos a la felicidad, estamos en constante tensión y eso afecta negativamente a la relación con nuestros hijos.

Esta herramienta te ayudará a ser más consciente de los gestos que utilizas para relacionarte con tus hijos. Esfuérzate por sonreír más y mostrar menos tu frustración, eso tendrá un efecto positivo en vuestra relación. Da ejemplo a tus hijos de cómo tomarse la vida de una forma más relajada y simplificada, más en conexión con nuestra naturaleza humana.

Pon en práctica este recurso todos los días, cada vez que te acuerdes, aunque lo ideal sería que durante dos semanas lo hicieses de forma consciente.

Para ello:

- No debe notarse en ti un gesto forzado y falso, trata de que resulte algo natural y sincero.
- Hazlo muchas veces y observa el brillo en los ojos de tus hijos al ver que les sonríes.
- Mira cómo imitan este gesto y aprenden a integrar esta herramienta como forma de vida.

CARTA A TU CUERPO

Aunque el mensaje «lo importante está en el interior» es algo que tenemos muy integrado de una forma no consciente, este mismo mensaje hace que, en ocasiones, no atendamos nuestro cuerpo como merece. Tener una buena autoestima pasa también por respetar, amar y cuidar nuestro cuerpo.

Al fin y al cabo, nos acompaña siempre, forma parte de nuestra identidad, es lo primero que se ve y se sabe de nosotros y debemos tratarlo con profundo respeto, valorarlo positivamente y aceptarlo. Es importante que también enseñemos este modo de vivir a nuestros hijos.

Para poner en práctica esta herramienta, deberás escribir una carta a tu cuerpo que te permitirá reconciliarte con él y volver a reconectar. Si ves preparados a tus hijos, también puedes animarlos a que escriban una a su cuerpo.

Cuestiones que puedes tratar en la carta:

- Explícale las veces que le has fallado y por qué.
- Mírate al espejo y cuéntale cuánto lo amas.
- Pídele perdón por las veces que le has fallado.
- Comprométete con él diciéndole todo lo que lo vas a cuidar, intentando explicarle las acciones que vas a realizar para ello.

Puedes añadir todo lo que se te ocurra y releerla siempre que lo necesites. Realizar este ejercicio te ayudará a reconectar con tu cuerpo y a amarlo tal y como es, aceptando por el camino también a tus hijos.

ALÉJATE DE LAS CRÍTICAS

Muchos estudios científicos corroboran que criticar constantemente a los demás es una señal más de falta de autoestima. La crítica está directamente relacionada con el narcisismo y el egocentrismo, no es más que una inseguridad enorme hacia uno mismo.

Cuando criticamos a nuestros hijos, generamos en ellos una autoestima baja, pero, además, les provocamos tristeza y trastornos depresivos y contribuimos a la desconexión familiar. Esto también repercute en nosotros mismos, porque no somos capaces de salir de ese bucle de crítica del que luego nos sentimos culpables.

Para poner en práctica esta herramienta, tendrás que centrarte durante tres días seguidos en no criticar ni hacer juicios a tus hijos, logrando una atmósfera de tranquilidad y respeto en el hogar que implique una mejoría en la autoestima de todos.

Puedes seguir los siguientes pasos:

- Haz un listado de motivos por los que criticas a tus hijos y las veces que lo haces.
- Revisa el listado y escribe al lado de cada crítica ejemplos de frases para transformar la crítica.
- Si vas a criticar, mejor quédate en silencio. De esta forma, dejarás fluir todos esos pensamientos e ideas, cambiándolos por conexión.
- Piensa en cómo te gustaría que te trataran a ti en esa si-

tuación para poder realizar acciones o comunicarte de forma que seas capaz de respetar a tus hijos en esos momentos.

Liberarás a tus hijos y te liberarás tú. Intenta ser constante.

TÚ TE LO MERECES; ELLOS TAMBIÉN

Debido a la manera en la que nos han educado —nos merecíamos el amor de nuestros padres si nos portábamos bien o recibíamos premios, castigos, consecuencias, amenazas...—, hemos crecido en la cultura del no merecimiento. No concebimos merecer algo por el simple hecho de ser quienes somos.

La relación con el no merecimiento suele darse en ámbitos como el financiero, el éxito, el amor de pareja, tiempo personal que nos dedicamos, etc. Por tanto, creemos que no nos merecemos casi todo lo que tiene que ver con cuidarnos y querernos, lo que nos lleva directamente a la más baja autoestima.

Nosotros también educamos con esta idea de merecimiento a nuestros hijos, que repetirán indudablemente nuestros patrones.

Esta herramienta te permitirá trabajar cada día con el fin de creerte merecedor de las cosas, potenciando así los pensamientos positivos y el amor por ti mismo. Para hacerlo:

- Piensa en todo aquello que normalmente crees que no mereces y cambia rápidamente el pensamiento por la frase «pues claro que merezco X».
- Disfruta de las emociones que sientes al pensar que sí lo mereces.
- Acepta que realmente lo mereces, que no es solo una frase que repites sin sentirla de verdad.

Enseña a tus hijos estas mismas pautas si crees que tienen la edad suficiente. Vivir en sintonía con el merecimiento te ayudará a quererte y, por ende, a aportar a tus hijos lo que necesitan.

DEJA DE COMPETIR

Estamos acostumbrados a competir por tener los mejores hijos, la mejor pareja, el mejor trabajo, la mejor casa, el mejor coche... El mundo es competitivo, cada vez más, como resultado de una sociedad desestructurada, en la que impera el abuso de poder, patriarcal y adultocentrista. Está claro que es positivo tener espíritu de desarrollo y crecimiento personal y ser proactivo para conseguir metas, pero siempre sin que eso implique compararnos con los demás, vivir angustiados, estresados e infelices o generar en nosotros necesidades que previamente no teníamos.

Compararnos con los demás y estar pendientes de sus logros de manera constante, obsesionados para que los nuestros sean mejores, es solo una forma más de sacar a la luz nuestra baja autoestima.

Esta herramienta te ayudará a desechar esta competición vital. Te preocuparán tus metas, pero sabrás realmente cuáles son tus posibilidades y limitaciones, sin obsesionarte con los éxitos ajenos.

Para ello:

- Identifica con qué personas sueles competir y reflexiona sobre el motivo.
- Analiza tus objetivos y ve a por ellos sin pensar en los objetivos del otro.

- Reduce el tiempo que dedicas a las redes sociales.
- Reconoce la imperfección de todas las personas.

Esta práctica te ayudará a alejar a tus hijos de la competitividad que anula y de la comparación constante.

SÉ AUTOCOMPASIVO

Machacarnos a nosotros mismos es algo habitual cuando tenemos la autoestima baja, así como machacar a nuestros hijos cuando algo no es como nos gustaría.

Debemos aprender a ser autocompasivos. Eso significa comprendernos y respetarnos, ser tolerantes con nosotros mismos cuando cometemos errores o consideramos que no hemos actuado bien y sentir que nos perdonamos en vez de criticarnos y flagelarnos.

No podemos confundir compadecernos de nosotros mismos con convertirnos en víctimas en estas situaciones y no asumir la responsabilidad que nos corresponde.

Esta herramienta te ayudará a saber consolarte en los momentos que consideres que has cometido un error y te llevará a saber consolar a tus hijos cuando lo necesiten, sin machaques, solo con comprensión, amor y consuelo.

Cuando cometas un error, plantéate qué le dirías a tu hermana o a tu madre en ese mismo caso, qué palabras y gestos utilizarías para consolarla. Una vez analizado, date ese mismo consuelo.

Enseñarás a tus hijos el poder de ser compasivos consigo mismos, lo cual no les exime de cometer errores ni de responsabilizarse de ellos, pero sí de ser tolerantes sin aniquilar su autoestima.

ABRAZA A TUS HIJOS

Los beneficios de los abrazos tanto para quien los recibe como para quien los da han sido comprobados en multitud de estudios. Beneficios como la segregación de la hormona oxitocina —más conocida como la hormona del amor, tan necesaria para sentirnos bien emocionalmente—, la reducción de los niveles de estrés, la relajación de nuestro sistema nervioso y, por tanto, también de nuestros músculos, la estabilización de la presión arterial, el fortalecimiento del sistema inmune, del sentimiento de protección y conexión y el aumento de la autoestima.

Comprométete a abrazar a tus hijos varias veces al día de forma consciente, aportándoles estos beneficios y aportándotelos a ti mismo también.

La pauta podría ser:

- Hazlo mínimo cinco veces al día.
- Sé constante durante ocho semanas, hasta que lo hayas integrado de forma natural.
- No lo hagas cuando consideres que han hecho algo que tú querías que hiciesen.
- Abraza en cualquier situación, pero, sobre todo, en los momentos que parezcan difíciles emocionalmente. Lo fácil es abrazar cuando todo sale rodado, pero es importante hacerlo cuando no es tan sencillo; de esa manera saldrá a la luz todo el poder de los abra-

zos, que ejercerán cambios profundos en vuestra relación.

Hay que liberar a nuestros hijos del amor condicional. Integrar el abrazo como parte de vuestra relación os aportará autoestima a ambos.

ÁBRETE A LOS CAMBIOS

No podemos evitar el cambio. La vida es eso, un constante flujo de cambios, de nuevas situaciones y despedida de las anteriores, una rueda que nunca se detiene.

Pretender vivir los cambios sin experimentar ningún movimiento emocional es imposible. Por ello, cuanto antes asumamos esta necesidad de cambio y de adaptación a la nueva realidad, antes disfrutaremos del camino, sin obsesionarnos con que todo se recoloque pronto.

En la época de pandemia que nos ha tocado vivir, los cambios y la incertidumbre están a la orden del día, también para nuestros hijos. Muchas personas se han puesto en contacto conmigo para comentarme que en esta situación sus hijos estaban irritables, enfadados, tristes, tenían problemas de sueño y miedos... Como seres humanos que son, los cambios también los remueven y, ante ellos, siempre necesitan Acompañamiento Emocional.

Esta herramienta —que debes poner en práctica siempre que experimentes una situación de cambio— te ayudará a evitar la incomodidad que sentimos cuando algo deja de ser o estar como era o estaba, y sabrás transformarla en aprendizaje; aprenderás a buscar la parte positiva, a aceptar la situación y a ayudar a tus hijos a hacer lo mismo.

En momentos así puedes recordarte que esa situación no durará eternamente. Intenta ver los aspectos positivos, relaja la tensión de tu cuerpo y de tu mente, asume la situación y ábrete al cambio.

AFRONTA LAS DIFICULTADES

Tener la autoestima baja a menudo nos lleva a escapar de las dificultades. Preferimos no afrontar los problemas, sino cerrar los ojos ante ellos, lo que nos sitúa en la casilla de salida y, en consecuencia, entramos en un círculo vicioso.

Empezar a afrontar los problemas tal y como vienen es otra de las herramientas que te ayudarán a potenciar tu autoestima. Además, hará que tus hijos aprendan este modelo —afrontar, no huir— y sabrán que en la vida hay momentos sin problemas y momentos con problemas, pero siempre hay que elegir dar la cara ante estos.

Debes potenciar esta técnica siempre que os enfrentéis a problemas, tanto tuyos como de tus hijos, de forma que puedas ayudarlos a encontrar soluciones donde no las ven.

Ante un problema:

- Respira y repasa la situación en tu mente, verbalízala si lo necesitas.
- No reacciones de manera impulsiva, tómate tu tiempo para tomar una decisión.
- Toma la decisión tras haber analizado el problema con perspectiva.

Todas las dificultades nos enseñan algo. No cortan alas, sino que nos dan más fuerza y son un gran aprendizaje que pasa a formar parte de nuestro bagaje emocional.

LIBÉRATE DE LO QUE PIENSEN LOS DEMÁS

Ya sabes que cuando tenemos baja autoestima escuchamos más a los demás que a nosotros mismos. No es que queramos, sino que es una fuerza interior que nos supera. Por ejemplo, hace que nos dejemos llevar por lo que opinen los demás, aunque nos vayamos a dormir tras haber reflexionado y nos hayamos arrepentido por haber actuado de una determinada manera. Dejar de hacer lo que los demás piensan y guiarte por lo que piensas tú, desde tu voz interior, no solo mejorará tu autoestima, sino que hará que te sientas pleno, alegre, motivado, con menos estrés, sin ansiedad, miedos recurrentes o depresión... Serás verdaderamente tú, siendo feliz con la persona que eres.

Utiliza esta herramienta siempre que vayas a tomar una decisión y debas centrarte en qué es lo que deseas realmente. De esta forma, darás este mismo ejemplo a tus hijos, quienes aprenderán a no dejarse llevar por lo que piensen los demás y se centrarán únicamente en lo que ellos crean, sin dañarse ni dañar. Solo hay que practicar, practicar y practicar, con consciencia.

Estos pasos te ayudarán:

- Encuentra, respeta y disfruta de tu autenticidad y la de tus hijos.
- No hagas juicios sobre otras personas. Recuerda que no debes hacer lo que no te gusta que te hagan, por tanto, no enjuicies a tus hijos.

- Cuando sientas que en un grupo estás siendo juzgado, obsérvate y haz lo que te pida tu interior en ese momento, defendiendo tus derechos con respeto. También en situaciones en las que los juicios sean hacia tus hijos.

SÉ ASERTIVO

Aprender a ser asertivos en todas las situaciones es una habilidad que debemos incorporar si queremos gozar de una buena conciencia emocional y, por ende, de una óptima autoestima, así como que nuestros hijos también aprendan a serlo.

Ser asertivos significa ser amables y honestos, defender nuestras opiniones y decisiones de forma que no confrontemos nuestras emociones con las de los demás, sin agresividad y con empatía, respetándonos y respetando. Al venir de una generación de personas educadas mediante prácticas adultistas, no sabemos ser asertivos: o nos defendemos hablando mal e imponiendo, o no sabemos defendernos, lo que quiere decir que estamos muy alejados de tener una confianza en nosotros mismos lo suficientemente coherente. Y ese mismo ejemplo damos a nuestros hijos.

Pon en práctica esta herramienta en cualquier situación, centrándote en tus iguales, es decir, comenzando a practicar la asertividad en tus relaciones adultas.

Para empezar, muéstrate tal y como eres, con templanza y cercanía; expresa tu opinión o necesidad y tus motivos con naturalidad; haz todas las preguntas que necesites; comparte tus sentimientos sin menospreciar los de los demás; no te alejes de tus objetivos y sigue con tu idea inicial si sientes que es lo correcto; habla por ti, es tu punto de vista, no incluyas al otro.

Ser asertivos no evitará las reacciones de los demás, pero sí nos permitirá ser fieles a nosotros mismos y a nuestros valores y necesidades.

ILUSIÓNATE DIARIAMENTE

Para vivir de forma que nuestra autoestima esté en el lugar que le corresponde debemos mantener intacta la ilusión por la vida y dar ese mismo ejemplo a nuestros hijos.

La ilusión es una actitud, una forma de vida que nos permite mantener la esperanza y la motivación en todos los ámbitos, una fuerza que nos conduce a nuestras metas y que nos ayuda a levantarnos cuando no las conseguimos, dándonos el empuje suficiente para perseverar.

Podemos hablar de la ilusión a nuestros hijos como si de una batería se tratase. Cuando sentimos que no tenemos ilusión por algo, debemos pararnos a cargar la batería como hacemos con el teléfono móvil, dejando que entren y salgan los pensamientos negativos, reflexionando, analizando, equilibrando, respirando... y volviendo a reconectar con la ilusión.

Esta herramienta te ayudará a sentirte más libre y en sintonía con aquello que deseas, y también te dará la energía y la seguridad suficientes para educar con ética a tus hijos. Vive cada día enfocado en estar ilusionado con aquello que acontece, aceptando las situaciones que vienen y permitiéndote fluir con ellas.

Para subir los niveles de ilusión:

- Recuerda cargar siempre la batería.
- Ten el deseo sincero de vivir con ilusión.

- Toma decisiones ajustadas a lo que sientes diariamente, puesto que es una de las formas de recargar la ilusión de forma natural sin tener que pararte expresamente a cargarla.

ESCUCHA TUS RITMOS Y LOS SUYOS

Cuando venimos de una educación patriarcal y adultocentrista, pensamos que son los niños los que deben adaptarse al ritmo adulto. Nada más lejos de la realidad. Pretender que personas que no están en nuestra misma etapa cerebral vayan a nuestro ritmo es como pedirle a una cebra que se coma a un león, algo imposible, antinatural, fuera de la lógica y que, en consecuencia, reduce la autoestima.

Para aprender a enseñar a nuestros hijos a escuchar sus ritmos, primero debemos escucharlos nosotros.

Esta herramienta te ayudará. Está claro que no es posible parar el ritmo de la sociedad, pero sí puedes elegir tus propios límites y reconectar con tus propias necesidades.

Para hacerlo:

- Concéntrate en lo importante, no quieras abarcarlo todo y facilita tu día a día. Enseña a tus hijos a encontrar sus prioridades, escuchando lo que necesitan.
- Deshazte de todos aquellos quehaceres que son por compromiso o autoexigencia y, simplemente, deja de hacerlos.
- Haz las actividades que quieras hacer, pero a tu rimo, sin compararte con nadie.

Desde luego, no es un ejercicio sencillo, pero cuando te lo propones empiezas a sentir cómo el equilibrio llega a ti.

VIVE EL PRESENTE

Nuestros hijos viven en el presente, logran estar en el aquí y el ahora sin que nada más los influya. Eso sí, debemos acompañarlos de manera adecuada en el camino para que esto pueda darse así de verdad, puesto que, si no, empiezan a preocuparse por el pasado y el futuro, algo de lo que nosotros continuamente queremos sanarnos.

Vivimos como en la película *Atrapado en el tiempo*, como en el día de la marmota. Nos levantamos y nos encontramos una y otra vez con los mismos quehaceres, las mismas personas, las mismas experiencias..., sin disfrutar apenas de nada. Pasamos como un rayo por los momentos, pendientes siempre de lo que viene después, lo que hace que cuando nos paramos a pensar en ello nos sintamos bloqueados. Además, esta actitud potencia nuestra baja autoestima y nos genera desazón, tristeza, ganas de introducir cambios pero sin atrevernos, etc.

Esta herramienta te ayudará a valorar las pequeñas cosas, a conectar con tus hijos en cada momento, sabiendo sacar el jugo hasta de los momentos más cotidianos, como lavarse los dientes o acompañarlos a dormir. Para ello:

- Mira siempre a tus hijos a los ojos y conecta con la vivencia actual.
- Concéntrate en sentir el frío, el calor y el aire en tu piel, siéntete afortunado por el simple hecho de estar aquí y ahora.

- Mantente despierto en cada momento, atento a lo que sucede. Olvídate del móvil siempre que vayas a conectar con el presente. Esto es un estilo de vida y, como tal, hay que tenerlo siempre en mente.

EXPRESA TUS EMOCIONES SIN DAÑAR

Como hemos aprendido, reprimir las emociones es uno de los peores enemigos de la autoestima, puesto que no sacamos hacia fuera lo que sentimos, lo que pensamos, lo que necesitamos..., sino que nos limitamos a dejar nuestras emociones dormidas en algún rincón de nuestro cerebro. Al haber sido niños a los que reprimieron sus emociones, ahora somos adultos que, en general, aguantan y aguantan y, cuando no podemos más, explotamos contra quienes más amamos, dañándolos a ellos y dañándonos a nosotros mismos, aunque no queramos hacerlo de esta forma.

Esta herramienta te ayudará a dejar de expresarte causando dolor a los demás y a ti mismo, así como a enseñar a tus hijos a expresar sus emociones, sabiendo escuchar sus propias emociones y necesidades interiores. Ponla en práctica durante dos días y siente las emociones que te invaden al estar más conectado contigo mismo y con las emociones de tus hijos.

Para expresarte sin dañar ante un momento de conflicto con tus hijos:

- Identifica qué está ocurriendo y cuál es el verdadero motivo. Recuerda no culpar a nadie, céntrate en ti mismo.
- Respira mientras identificas tus emociones. Cuenta hasta cuatro inspirando por la nariz y exhala por la

boca contando hasta siete. Procura quitar tensión a tus gestos.

- Ve expresando lo que sientes poco a poco a través de tus sensaciones corporales, esforzándote en no culpar ni lastimar.

ESCRIBE UN DIARIO

Escribir, como ya he comentado en muchas ocasiones, es una de las formas más terapéuticas de liberar nuestro corazón y aumentar nuestra autoestima. Mediante la escritura podemos conseguirlo todo, pero para ello debemos concienciarnos de que esta práctica es verdaderamente valiosa.

Nos permite expresar todo aquello que nos cuesta manifestar verbalmente y nos ayuda a ser sinceros con nuestra verdad y necesidad, sentirnos plenos y conectados con nuestra vida, mejorar nuestras habilidades sociales, emocionales y personales, eliminar bloqueos, llegar a ser nosotros mismos, etc.

Lo único que debes hacer es empezar a escribir un diario y animar a tus hijos a hacer lo mismo si ves que quieren hacerlo y están preparados. Aunque pueda parecer algo sencillo y a veces la idea de escribir un diario nos suena tonta o infantil, lo cierto es que deberíamos hacerlo durante toda la vida: es la mejor forma de conectar con nuestra voz interior.

Para llevarlo a cabo:

- Hazte con un diario que te guste de verdad y te invite a escribir en él.
- Establece una rutina diaria y escribe cada día, sin fallar, unas páginas, o dibuja en ellas sentimientos e ideas.
- Integra que es algo totalmente personal que nadie puede ver, solo tú.

- Relee las páginas que necesites siempre que lo necesites.

Esta práctica te ayudará a tener los objetivos y motivaciones más claros y a ser verdaderamente tú mismo.

CONCÉNTRATE EN MEJORAR TU ACTITUD

Si nos autoconvencemos de que no vamos a poder conectar con nuestros hijos, entonces nunca podremos hacerlo. Nuestra actitud ante la vida es trascendental para ser capaces de realizar aquello que deseamos.

Solo nosotros tenemos la potestad de dirigir nuestra actitud hacia lo positivo o hacia lo negativo, así que, puestos a elegir, deberíamos ir hacia lo positivo, viendo el vaso siempre medio lleno, casi a rebosar. Cuando lo vemos todo negativo, nos alejamos de nuestra esencia y de relaciones que nos llenen de verdad, y nos sentimos alejados de nuestros hijos.

Por supuesto, nuestra actitud con ellos es importante, tanto para que tengan una autoestima real como para que crezcan con unas creencias y unos valores adecuados que les permitan ser ellos mismos.

Esta herramienta para tratar de mejorar tu actitud cada día de tu vida supondrá una gran metamorfosis.

Sigue los siguientes pasos:

- Intenta poner distancia con las personas que tienen una actitud negativa ante la vida.
- Mantén una buena postura. Todo lo que transmitimos con nuestro cuerpo se refleja en nuestra mente, por tanto, pon tu espalda recta, tu cuello erguido y camina mirando hacia el mundo.
- Procura que en tu hogar haya una atmósfera positiva y de paz.

ENCUENTRA TUS FORTALEZAS

Muchos de los adultos de hoy en día solo admitimos y reconocemos nuestras debilidades, pero nos cuesta mucho encontrar nuestros puntos fuertes, aquello en lo que destacamos y que nos define de alguna manera.

Encontrar nuestras fortalezas es imprescindible para educar y fomentar tanto que nosotros encontremos las fortalezas de nuestros hijos como que ellos mismos las sepan ver, integrar y defender.

Con esta herramienta, reflexionarás sobre cuáles son tus puntos fuertes y podrás utilizarlos en tu día a día de forma efectiva, desarrollándolos más y dándoles la importancia que merecen. De esta manera, te conocerás mejor, estarás más equilibrado emocionalmente y tendrás la autoestima adecuada.

Reflexiona sobre las siguientes cuestiones:

- ¿Qué crees que te hace diferente a los demás? ¿Y a tus hijos?
- ¿Cuáles son tus habilidades sociales y emocionales? ¿Y las de tus hijos?
- ¿Qué te hace conectar con tu esencia? ¿Y a tus hijos?
- ¿Cuáles de tus valores son en realidad fortalezas? ¿Y en el caso de tus hijos?

Para ayudarte, piensa en momentos en los que te hayas sobrepuesto gracias a estas fortalezas que a veces olvidas. Eso hará que puedas ayudar a tus hijos a utilizar las suyas en el momento oportuno.

CONFÍA EN TI Y EN ELLOS

El hecho de no confiar en nosotros mismos es un síntoma de baja autoestima que nos impide disfrutar de la vida y nos genera dificultades a la hora de confiar en nuestros hijos. Si no confiamos en ellos ni los ayudamos a desarrollar su propia confianza, nos queda mucho por hacer.

Confiar en nosotros mismos significa no abandonarnos emocionalmente, respetarnos en todas y cada una de las situaciones, aceptarnos tal y como somos, valorar nuestras capacidades, reconocer nuestros errores, asumir los buenos y los malos momentos, saber alentarnos en estos últimos, permitirnos tener límites, huir de la perfección, sentirnos protegidos por nosotros mismos y lograr ser verdaderamente libres.

Tienes que intentar practicar esta herramienta todos los días, de forma que seas consciente en cada momento de lo que vales y puedas confiar en tus posibilidades, conociéndote de verdad. De esta manera darás este mismo ejemplo a tus hijos.

Para ello:

- Comprométete a confiar más en ti, atrayendo pensamientos continuos de respeto y comprensión hacia ti mismo. Enseña a tus hijos a hacer lo mismo.
- Siéntete único y especial por ser quien eres, creyéndotelo de verdad. Verbaliza esto diariamente a tus hijos.
- Atrévete a seguir tu voz interior y confía en tus capacidades. Enseña a tus hijos que lo importante es caerse y levantarse, no estar siempre de pie.

DUERME BIEN

Dormir mal no solo influye en nuestra autoestima —la cual está baja porque nos sentimos sin energía y sin ganas de nada—, sino que afecta directamente a nuestro sistema inmune. Nuestras defensas disminuyen y se hace difícil llevar la vida que realmente queremos, desconectamos de nuestros hijos y explotamos a la primera de cambio contra ellos.

Sé que es difícil dormir bien según la etapa en la que se encuentren nuestros hijos, pero lo cierto es que debemos buscar momentos para recuperar horas de sueño y mejorar así nuestro estado físico y anímico.

Esta herramienta te ayudará a mejorar la calidad de tu sueño, supondrá una mejoría en la relación con tus hijos y te permitirá ser más empático, respetuoso, cariñoso, honesto, tolerante y motivado pese a las dificultades.

Ten tu propia rutina de sueño una vez que hayas acompañado a tus hijos en el suyo. Cada día:

- No utilices ningún aparato tecnológico al menos media hora antes de dormir.
- Haz ejercicios relajantes y varias respiraciones.
- No le des vueltas a las cosas, integra que es hora de descansar y siéntete en conexión con esa necesidad imperiosa para tu cuerpo y para tu mente.
- Estate totalmente a oscuras.

CULTIVA LA PACIENCIA

Es la paciencia que nos pedían tener absolutamente con todo cuando éramos pequeños, pero de la que nuestros padres carecían.

Ser pacientes es una virtud que debemos cultivar. Vivimos en un mundo frenético en el que las cosas siempre son para ayer y hay poco tiempo para encontrar la calma.

Es imprescindible que aprendamos a ser más pacientes con nuestros hijos de modo que ellos integren con el paso de los años esta virtud, algo que se vuelve muy importante si tenemos en cuenta las consecuencias negativas de la impaciencia: estados depresivos, dificultades para ser positivos, agresividad, falta de habilidades sociales, etc.

Pon en práctica esta herramienta durante tres días con mucha motivación y concentración, dando ejemplo a tus hijos de esta constancia para desarrollar más paciencia. Cuando estés en una situación emocional intensa con ellos:

- No te preocupes por nada más que por ser paciente. Presta atención a tu propia respiración y a tus sensaciones.
- Espera con tranquilidad, sintiendo en tus músculos estas buenas sensaciones que aporta la espera. En un primer momento te causará ansiedad, pero esta tensión se rebajará si consigues mantenerte equilibrado. Luego actuarás de una forma sosegada y amable.
- Piensa en los pasos que debes seguir ahora manteniendo tu paciencia.

ENSEÑA LA SOLIDARIDAD

Venimos de una educación en la que nos han enseñado a pensar únicamente en nosotros mismos y a mirarnos el ombligo. Es el «sálvese quien pueda».

Ser solidarios y dar este ejemplo a nuestros hijos es algo maravilloso que nos aporta grandes beneficios. Nos enriquecemos como personas, aumenta nuestra empatía y tolerancia, conectamos con nosotros mismos y con los demás, potenciamos buenos valores, mejoramos la autoestima, nos sentimos agradecidos de ser quienes somos y tener lo que tenemos, etc.

Esta práctica te ayudará a establecer una rutina solidaria junto a tus hijos, fomentando vuestra conexión e integrando en vosotros todos los beneficios positivos de la solidaridad.

Podéis hacer alguna actividad mensual, que debes elegir teniendo en cuenta también la opinión de tus hijos. Por ejemplo:

- Donar comida a una organización benéfica.
- Ayudar a una persona que está en la calle, ofreciéndole comida, agua, dinero, etc.
- Participar activamente en algún evento solidario.

No se trata de creernos superiores a los demás, sino de integrar como algo natural la ayuda al prójimo, algo que nos ayudará también a nosotros mismos.

UTILIZA LAS VISUALIZACIONES

Sé que las visualizaciones pueden parecer una moda, pero hace muchos años que se utilizan en infinidad de terapias y nos ayudan a sentir nuestro verdadero interior. Consisten, básicamente, en utilizar la imaginación, algo que en la infancia hacíamos mucho, pero que con el paso del tiempo hemos ido perdiendo. La suerte es que nuestros hijos (niños o adolescentes) todavía mantienen viva su imaginación, por lo que para ellos las visualizaciones son aún más poderosas.

Hay muchos estudios que avalan los beneficios de realizar visualizaciones que nos llenen de buenas sensaciones. Entre otras, la de querernos a nosotros mismos más que a ninguna otra persona, en equilibrio y en paz.

Deberás poner esta técnica en práctica junto a tus hijos si los ves preparados para ello. Intenta que sea un hábito recurrente y natural. Os ayudará:

- Estar en un lugar relajado.
- Respirar profundamente.
- Imaginar aquello que queréis experimentar.
- Enfocaros en ello de manera cristalina, como si ya estuvierais disfrutando de ese objetivo, viéndoos felices.

No se trata de pensar que vuestro objetivo se va a hacer realidad de forma mágica, pero ayuda a conectar con lo que somos y queremos sin que eso se ensucie por la imposición social.

ENSÉÑALES A AMAR SUS LIMITACIONES

Todos tenemos capacidades diferentes, así como todos tenemos limitaciones, cuestiones en las que sabemos que somos diferentes a lo que se espera o a lo que nosotros mismos esperábamos, pero esto es precisamente lo que nos hace humanos.

Creer que para tener una autoestima óptima hay que ser perfectos, huir de nuestras limitaciones y querer ser alguien que no podemos ser es precisamente lo que nos lleva directamente a no querernos.

Por tanto, a tus hijos debes enseñarles a amar sus limitaciones, amando también las tuyas. Esto implica:

- Dejar de ver tus limitaciones como algo incapacitante, que no te deja ser verdaderamente tú.
- Huir de querer cambiar a tus hijos. Por el contrario, céntrate en ayudarles a analizar quiénes son de verdad.
- Fomentar diariamente el respeto por su persona, de manera que integren que todo lo que ven como negativo en sí mismos es también parte de ellos.
- Ayudarles a compensar. Por ejemplo, si tu hijo cree que es bajito y eso es un problema para él porque juega al baloncesto, destácale su rapidez y asegúrate de que integre que no es la altura lo que te lleva al éxito, sino el amor por uno mismo. Que abrace lo que él considera un defecto y se respete siempre.

Cuando amamos nuestras limitaciones dejamos de obsesionarnos con ellas y, por ende, aprendemos a vivir junto a ellas y a integrarlas como parte de nuestra existencia, una existencia que merece ser equilibrada.

SÉ EL HOMBRO EN EL QUE APOYARSE

Dentro del Acompañamiento Emocional se encuentra el sostén. Nosotros, como madres y padres, lejos de ser las personas que les recuerdan constantemente los errores que han cometido, las malas formas que han utilizado, el poco esfuerzo que han dedicado... debemos ser precisamente su consuelo.

Tenemos que comprometernos a ser el hombro en el que ellos se apoyen absolutamente para todo, fomentando la confianza mutua, el respeto y el profundo amor incondicional que les tenemos.

Para ellos, practica diariamente:

- La escucha sin juicios.
- La expresión de sus emociones de la forma que necesiten.
- La calidez que necesitan cuando lo ven todo difícil.
- La tranquilidad y la calma al saber que están protegidos haya pasado lo que haya pasado.
- Los brazos que sostienen en cualquier situación.
- La empatía más absoluta hasta cuando no estés de acuerdo con sus decisiones, motivos e intereses.
- Etc.

Convertirse en el hombro en el que se apoyan no es tarea fácil, nos han enseñado a ser lo contrario, creyendo que siendo autoritarios y ejerciendo de jueces tendrán la libertad emocional que deben tener para disfrutar de una vida con autoestima real, pero lo cierto es que necesitan lo contrario: seamos hombros.

CONCÉNTRATE EN LOS SONIDOS

Para poder vivir en el aquí y el ahora, muchas veces necesitamos concentrarnos, relajarnos y ver las cosas desde otra perspectiva. No se trata de obligarnos a entrar en estados emocionales que, por nuestra situación personal, en ese momento, nos resultan imposibles, sino de encontrar alternativas que nos den claridad y foco.

Aprender a concentrarnos en los sonidos nos ayudará a poder relajarnos y a analizar las situaciones desechando el primer impulso.

Por ejemplo, ante una situación de conflicto:

- Respira profundamente.
- Deja que tus pensamientos fluyan.
- Concéntrate en los sonidos que te rodean: gotas de agua que caen del grifo, pájaros que se escuchan del exterior, la cremallera del neceser cerrándose...
- Esto bajará tus revoluciones y te hará conectar con lo importante de esa situación.
- Lograrás empatizar y encontrar soluciones.

Enseñarles esta técnica a los niños, no en situaciones intensas, sino en cualquier otro momento del día, les ayudará a ser conscientes de este recurso y a ir integrándolo como herramienta de ayuda cuando la necesiten.

PIENSA ANTES DE HABLAR

Párate a reflexionar antes de hablar en cualquier situación, teniendo en cuenta el impacto que pueden generar tus palabras en las otras personas.

Interésate por las necesidades y emociones de tus hijos, atendiendo también las tuyas.

Escucha todo lo que tienen que decirte, no te obsesiones con hablar, escuchar da mucha más información y ayuda más en cualquier relación. Escuchando podemos hablar después con propiedad y ser empáticos y éticos con los demás y con nosotros mismos.

No te dejes llevar por la impulsividad y las primeras impresiones, párate y fluye mediante el respeto.

Serenidad. Utilízala siempre para comunicarte, te ayudará a conectar en vez de centrarte en tu ego y tus propias emociones y necesidades.

Amor. Es la base de todas las relaciones y, sobre todo, de nuestra relación con los hijos. Que sea el punto de partida para hablar con ellos.

Es bastante común escuchar la frase «piensa antes de hablar», pero nos cuesta llevarla a la práctica; sin embargo, para educar es imprescindible, puesto que cuando pensamos, podemos reflexionar sobre lo que vamos a decir y tenemos muy presente no faltar al respeto a nuestros hijos ni a sus emociones con nuestras palabras. Esta es una herramienta que debemos practicar diariamente.

SÉ RESPONSABLE DE TI

Parece algo de sentido común: ser responsables de nuestras propias vidas, de nuestras decisiones, acciones, pensamientos y palabras. Pero en realidad, cuando vivimos con baja autoestima, no somos responsables de nosotros mismos y no enseñamos a nuestros hijos a serlo, puesto que vivimos en función de lo que se espera de nosotros, no de lo que esperamos de nosotros mismos.

Lo cierto es que nosotros somos los únicos que debemos manejar el timón de nuestras vidas, y para hacerlo es imprescindible responsabilizarnos de ellas.

¿En qué debemos centrarnos para conseguirlo?

- Tomar decisiones acordes con lo que pensamos, sentimos y queremos.
- Ser conscientes en todo momento de con quién nos relacionamos y para qué, dejando de lado las opiniones de los demás sin permitir que guíen nuestras vidas.
- Pensar y buscar nuestra felicidad sabiendo que hacer daño a otros o a nosotros mismos no es buscar la felicidad.
- Ser fiel a nuestra verdad.

Ser responsable con nosotros mismos es coger las riendas de nuestras vidas dando este mismo ejemplo a nuestros hijos, dejándonos llevar por la fuerza interior que nos invita a vivir una vida que se transforma y no permanece inmóvil, sino que se va adaptando a los acontecimientos y cada vez es más afín a nuestro propósito.

TEN METAS Y ENSÉÑALES A TENERLAS

Tener claros nuestros objetivos nos da la fuerza suficiente para seguir adelante, aunque no los consigamos.

Los pasos son, pues:

- Tener claros nuestros objetivos pudiendo eliminar todas aquellas metas que tienen que ver con un estigma social, presiones externas o cuestiones que creemos que nos motivan pero que en realidad no.
- Una vez que tenemos seguras nuestras metas, deberemos establecer un modus operandi, la forma en la que vamos a conseguir nuestros objetivos siendo éticos con nosotros mismos y con los demás.
- Llegados a este punto, debemos ir a por ellas con constancia, honestidad y motivación.

Los estudios demuestran que el hecho de tener unas metas claras, sinceras y que no impliquen hacer daño a nadie por el camino permite no solo que alcances las metas estipuladas, sino muchas más, llegando más lejos de tu planteamiento inicial.

Debemos enseñar a nuestros hijos este proceso, proporcionándoles el Acompañamiento Emocional necesario cuando se caigan y fracasen, pero dando ejemplo de tesón, ganas, constancia y alegría durante el proceso, e instruyéndoles en que es más importante el viaje, con el que ya obtienes grandes enseñanzas, que la propia meta en sí.

ROMPE LA RUTINA

Que la rutina implica una serie de beneficios es algo sabido a nivel social por casi todo el mundo. Lo tenemos muy integrado, sobre todo cuando tenemos hijos, y somos conscientes de que debemos llevar una rutina porque es positivo para su desarrollo.

Lo cierto es que la rutina es como todo, si está llena de exigencias, inflexibilidad e incomprensión, no solo no genera beneficios, sino que provoca consecuencias negativas.

Esta planificación asfixiante que te lleva a hacer lo mismo cada día, sin variaciones, puede conducirte a vivir la vida con depresión y tristeza, y en consecuencia, arrastrar a tus hijos a sentirse igual.

Es importante que rompamos con la rutina semanalmente, siendo conscientes en todo momento de las necesidades de nuestros hijos. Aunque tengamos en cuenta su etapa vital, debemos saber que son seres emocionales cuyas necesidades varían de un día para otro, y necesitamos introducir los cambios adecuados, a veces muy pequeños, que nos hagan ver las cosas de otro color.

Plantéate:

- Qué acciones te generan estrés en vez de seguridad.
- Qué cambios puedes introducir para salir del conflicto y el aburrimiento.

- Cómo puedes ejercer cambios sin que provoquen un problema de salud.

Haz lo mismo de otra forma para divertirte y que tus hijos aprendan desde la curiosidad y la originalidad, no desde la repetición y la intransigencia constantes.

NO EVITES

Como madres y padres, solemos evitar muchas situaciones con nuestros hijos por miedo a su reacción. Como no sabemos acompañar sus emociones y necesidades, de alguna forma las tememos y preferimos evitar ciertas situaciones.

Una cosa son los conflictos evitables, por ejemplo: para qué dices que no si vas a acabar diciendo que sí y por tanto os podríais haber ahorrado ese conflicto; y otra cosa es no establecer un límite, por ejemplo, con la tecnología, porque temes su reacción, lo que te lleva a estar enfadado o preocupado por el tema, pero sin atreverte a hacer lo que verdaderamente crees que es mejor por miedo a su reacción y tu acompañamiento y esfuerzo al respecto... eso es una evitación que hay que desechar.

A partir de ahora, debes centrarte en no utilizar este «comodín», esta vía fácil, porque hacerlo te aleja de tus hijos y de la comprensión adecuada de sus necesidades, entendiendo cada vez menos qué debes aportarles.

Debes:

- Exponerte a las situaciones.
- Llevarlas lo mejor posible.
- Podrás salir mejor o peor parado, y luego podrás analizarlo, pero no habrás evitado la situación y eso ya es un logro increíble.

De esta forma, enseñarás a tus hijos a que deben enfrentarse a las situaciones, no evitarlas por miedo a algo, sino seguir su verdadera motivación y necesidad, partiendo de la base del respeto hacia uno y hacia el resto.

PON ATENCIÓN A TU RELACIÓN DE PAREJA

Las relaciones de pareja, actuales, anteriores y futuras, por supuesto dependen de nuestra autoestima y de la manera en la que nos hayan educado. Solemos tener relaciones con personas que tienen el mismo nivel de autoestima que nosotros y estar en continuo conflicto, y, si tenemos diferentes niveles, también genera dificultades.

Estar en pareja implica la unión de dos mundos, y cada uno llega cargado con su propia mochila de inseguridades, metas, miedos, dudas... Y eso conlleva mucho trabajo por ambas partes si queremos evolucionar y crecer como pareja y como personas.

Nunca hay que mantener una pareja por los hijos. Los adultos de nuestra generación fuimos niños educados en la idea de que hay que «aguantar» en pareja por los hijos, y esto no es correcto. Cuando no estamos a gusto con alguien debemos separarnos; es lo mejor que podemos hacer por nosotros mismos y por nuestros hijos. Por supuesto, también debemos mejorar nuestra autoestima para poder tomar decisiones conscientes que tengan que ver con nuestra vida en pareja, o aprender a equilibrar la relación con nuestra expareja.

Las constantes discusiones y conflictos de la pareja tienen un impacto negativo en los hijos y en su autoestima, así como en la idea de pareja que integran como óptima y natural. Por ello debemos analizar en qué punto estamos y ponernos manos a la obra, tomando decisiones, estableciendo límites, siendo asertivos, respetuosos y comprensivos, siendo fieles a nuestra verdad y enseñando estos mismos valores a nuestros hijos.

PIDE PERDÓN

Nos cuesta mucho pedir perdón, es una cuestión de ego y de rencor puesto que, por un lado, nos cuesta mucho admitir errores con los demás, y por otro, cuando los admitimos, nos cuesta pedir perdón y abrir nuestro corazón.

Con nuestros hijos, en cambio, estamos obsesionados porque pidan perdón, a la mínima de cambio les exigimos que se disculpen cuando ni siquiera nosotros sabemos lo que eso significa.

Como madres y padres tenemos que:

- Entender que somos ejemplo: solo aprenderán a pedir perdón si nosotros se lo pedimos a ellos.
- Dejar a un lado el rencor y el ego, asumiendo los errores y aprendiendo de ellos.
- Comprender que esta aceptación de los errores es básica para nuestra relación y para la comprensión que posteriormente tengan nuestros hijos en sus relaciones sociales, personales y emocionales.
- Integrar que pedir perdón conecta y libera.

Pon en práctica pedir perdón siempre que lo consideres y, sobre todo, no fuerces a tus hijos a hacerlo. Esto último es una de las formas más sencillas de, por un lado, rebajar su autoestima exigiéndoles algo que no comprenden, ya que no están en el mismo momento cerebral que tú, y, por otro, de

fomentar que no entiendan el significado real de pedir perdón y nunca lo pidan con una motivación verdadera. Por eso
debemos limitarnos a pedirlo nosotros y a dar ese ejemplo de
honestidad, equilibrio emocional y empatía.

OCHENTA FRASES PARA GUIAR A TUS HIJOS HACIA UNA AUTOESTIMA REAL

Puedes utilizar estas afirmaciones siempre que quieras con tus hijos. De esta forma asegurarás su autoestima real, siempre y cuando comulgues luego con estos principios, puesto que de nada sirve decirles que los respetas tal y como son si luego no lo haces.

Por supuesto, adáptalas a su etapa evolutiva y dite también a ti mismo las que creas que pueden servirte para reforzar tu propia autoestima. Trabajar diariamente en la transformación de nuestra autoestima y la suya en gran parte depende, como hemos aprendido, de nosotros mismos:

- ♥ Estás rodeado de personas que te quieren, siente este amor en tu corazón.
- ♥ Te acepto y respeto tal y como eres.
- ♥ Este momento es el que importa, no te preocupes por lo que ya ha pasado ni por lo que pasará.
- ♥ Siéntete protegido a mi lado.
- ♥ Siempre debes estar preparado para amarte.

- ♥ Disfruta de cada momento.
- ♥ Cada día es una nueva oportunidad para respetarte.
- ♥ Todos somos diferentes, pero todos tenemos los mismos derechos.
- ♥ Escucha siempre tu voz interior, ella tiene la respuesta.
- ♥ Utiliza tu creatividad siempre que la necesites.
- ♥ Ama tu cuerpo, abrázalo y respétalo.
- ♥ Te mereces todo lo que desees de verdad.
- ♥ Expresa siempre libremente tus emociones.
- ♥ Busca la parte divertida de las situaciones.
- ♥ Tus pensamientos crean tu ánimo, cuídalos.
- ♥ Descubre siempre más de ti mismo.
- ♥ Si hay algo tuyo que deseas cambiar, que sea siempre porque tú quieres, no porque los demás te lo digan.
- ♥ Todos los días son positivos y traen nuevas aventuras y experiencias positivas.
- ♥ Eres único y especial.
- ♥ Te mereces siempre todo mi amor.
- ♥ Siente el amor que hay dentro de tu corazón.
- ♥ Asume siempre la responsabilidad de lo que hagas o digas.
- ♥ La vida es dar y recibir.
- ♥ Siéntete libre de decir siempre la verdad, sin temor a lo que opinen los demás.
- ♥ Toma las decisiones que te hagan feliz.
- ♥ Respira sintiendo cómo el aire entra y sale de tus pulmones.
- ♥ Ábrete a nuevas ideas.
- ♥ Vive con alegría.
- ♥ Cuida tu cuerpo y muévete siempre que lo necesites.
- ♥ La vida es maravillosa, aunque a veces haya problemas que superar.

- ♥ No te pongas limitaciones, ve a por lo que quieras.
- ♥ Te comprendo y te comprenderé siempre.
- ♥ Debemos ser tolerantes con nosotros mismos y con los demás.
- ♥ Siéntete seguro junto a mí, siéntete seguro contigo mismo.
- ♥ Recuerda siempre que eres una persona digna de amor y de respeto.
- ♥ Despídete de los pensamientos negativos que invadan tu mente.
- ♥ Perdónate a ti mismo cuando no te sientas bien por algo.
- ♥ Sé fiel a lo que te apasiona.
- ♥ El mejor tiempo que paso es el que paso contigo.
- ♥ Los cambios te removerán, lo importante es que saques el lado positivo.
- ♥ Tu mejor amigo eres tú mismo.
- ♥ No te olvides nunca de tener tiempo libre para hacer lo que te gusta.
- ♥ Mi vida es mejor desde que tú estás en ella.
- ♥ Cuando tengas dudas, busca las respuestas dentro de ti.
- ♥ Comparte tu vida con amigos que te respeten y respeta a tus amigos.
- ♥ Me encanta estar contigo.
- ♥ Equivocarse es normal, lo raro es no hacerlo.
- ♥ Tu opinión siempre es importante.
- ♥ Me encanta tu sonrisa.
- ♥ Siempre voy a estar para ti.
- ♥ Todas tus preguntas merecen respuesta.
- ♥ Eres la persona más importante para mí.
- ♥ Agradezcamos a la vida el poder compartirla.

- ♥ Sé libre.
- ♥ Lo importante es intentar aquello que deseamos.
- ♥ Siempre hay soluciones a los problemas.
- ♥ Disfruta de la naturaleza que nos rodea.
- ♥ Cuando te mires al espejo, siéntete feliz de ser quien eres.
- ♥ Me divierto mucho contigo.
- ♥ Disfruta de las nuevas amistades que la vida te propone.
- ♥ Lo que te hace diferente es lo que te hace especial.
- ♥ Perdóname por mis errores contigo.
- ♥ Aprende siempre las cosas nuevas para las que tengas motivación.
- ♥ Cuando pienses algo malo de ti mismo, transfórmalo en algo bueno de ti mismo.
- ♥ Tienes derecho a decir, hacer y pensar lo que necesites.
- ♥ No te compares con nadie, hay espacio para todos.
- ♥ Siente mi cariño y mis abrazos cada día.
- ♥ Las cosas no tienen por qué salir a la primera, lo importante es ser felices con lo que hacemos y decidimos.
- ♥ Siempre te ayudaré a encontrar soluciones.
- ♥ Tu mirada tiene un brillo especial.
- ♥ Cuando me necesites y no estemos juntos, siente mis abrazos y mis besos en tu piel, nuestros corazones están conectados.
- ♥ Decide siempre ser tú mismo, nadie es mejor que tú ni tú eres mejor que nadie.
- ♥ Lo que consideres un defecto, acéptalo y quiérelo. Forma parte de ti.
- ♥ Siéntete orgulloso de ser quien eres.
- ♥ Eres increíble.
- ♥ La persona más importante de tu vida eres tú.
- ♥ Vale la pena vivir la vida que de verdad queremos.

♥ Vive los conflictos con otras personas como oportunidades de aprendizaje.

♥ La vida es más bonita viviéndola contigo.

♥ Recuerda todos los días y a todas horas lo mucho que te quiero.

EPÍLOGO

AL FIN Y AL CABO, LA VIDA ES HOY

A lo largo de este libro he intentado transmitirte que lo más importante es vivir siempre en sintonía con nosotros mismos, fomentando de esta manera que nuestros hijos también lo hagan.

La felicidad, esa que nos venden socialmente como la gran meta, resulta que es una manera de vivir y que debe estar en nuestro día a día, en el ahora, en el hoy. No vamos a estar siempre alegres, por supuesto, pero sí podemos decidir estar siempre felices, es decir, lograr un equilibrio entre lo que decimos, pensamos, sentimos y hacemos. Esa es la verdadera felicidad y en eso debemos enfocarnos con tesón, liberándonos de nuestras mochilas cargadas y quitando piedras a las de nuestros hijos en la medida de lo posible para que alcancen su verdadera esencia.

Teniendo en cuenta que el recorrido que hemos hecho en este libro ha sido un camino muy práctico, antes de despedirnos me gustaría proponerte dos últimos ejercicios para acabar de afianzar los grandes aprendizajes que ha supuesto la lectura. Son ejercicios que utilizo en mis formaciones desde hace muchos años y que suelen desarrollarse entre lágrimas, abrazos, besos, escucha, secretos... En definitiva, te ayudarán a conectar contigo mismo y con tus hijos. Después de hacerlos, serás capaz de ver lo importante de la vida, aquello que es invisible y que no tiene que ver con lo material: el amor incondicional, el que debes tener por ti mismo y por tus hijos, lo que ayudará a que se amen incondicionalmente a sí mismos.

Te invito a hacerlos en total soledad y de forma honesta, tratando de disfrutar del viaje:

1. Escribe una carta a tu yo adolescente, de manera que puedas conectar con lo que necesitabas y con lo que ahora eres, haciendo de puente entre los dos mundos, ambos tuyos, por cierto.

2. Imagina que tus hijos ya son adultos y que deciden escribirte una carta para decirte lo que les apetezca, como muestra de agradecimiento por toda una vida juntos. Debes escribir lo que te gustaría que te dijeran.

Voy a ponerte un pequeño ejemplo de mis propias cartas, puesto que es un recurso que utilizo siempre que lo necesito. Espero que de este modo puedas entender correctamente el funcionamiento.

Primera carta

Querida Tania:

Hace mucho que no te escribo, no es porque no me acuerde de ti, ni mucho menos, te llevo presente allá donde voy, es solo que tengo muchísimas cosas que hacer diariamente y cada vez me siento más en paz con lo que soy, con lo que somos.

¿Sabes? Somos escritoras, ¡sí! Nuestro sueño de ayudar a la infancia y adolescencia se hizo realidad gracias sobre todo a nuestra pasión, la escritura. Es increíble ver la acogida que tienen nuestros libros; te siento mientras escribo, te llevo en mí para siempre.

Uriel y Gadea son las personas más maravillosas que pudiéramos conocer jamás. Si hubieses sabido en esas interminables noches sin dormir, cuando escuchabas la música tan alta para no oír tus propios pensamientos, que en el momento de encontrarte con ellos jamás volverías a sentirte sola, quizá no hubieses necesitado tanto volumen y escucharías mejor. Los días pasan rápidos a su lado y jamás he vuelto a desear que la vida se acabe, la mía, la tuya, la nuestra; todo lo contrario, cada día agradezco a la vida que me haya dado esta bella oportunidad.

Si te preguntas si nos siguen insultando... bueno, ya no son las mismas personas, todo eso está más que olvidado, nos hemos reconciliado con aquella etapa de nuestra vida que fue, pero que ya no existe, se esfumó. En las redes sociales, eso sí, recibo insultos constantemente, hay personas a las que mi defensa de la infancia les resulta difícil, ya sabes, hay veces que no estamos preparados para ver lo que otros sí pueden ver, todo llega a su debido tiempo; pero créeme, a mí ya no me afectan, no de la misma manera. Todo supone crecimiento y aprendizaje, escuchando siempre mi voz interior, mi motivación, el verdadero porqué de mi existencia.

Te volveré a escribir pronto, contándote de una pandemia mundial que te va a sorprender.

Sin más, quiero decirte que te sigo queriendo tanto o más, como siempre y para siempre.

Un beso enorme, mi amor.

TANIA

Segunda carta

Querida mami:

Mientras estás escribiendo en la mesa de la terraza, nosotros estamos en el salón escribiendo esta carta sin que lo sepas.

Gadea y yo solo queremos darte las gracias por ser la mejor madre del mundo, la que nos abrazaba y abraza en cualquier ocasión, la que atendía nuestros llantos y quejas con tranquilidad y amor, la que se inventaba cuentos y canciones para nosotros todos los días, la que nos dio la libertad de ser nosotros mismos, la libertad más importante.

Nos sentimos en paz cuando pensamos en ti, eres nuestro hogar, el sitio donde siempre regresamos. Tus brazos son nuestro refugio y guarida, sentir tu corazón y escuchar tu voz nos motiva a seguir viviendo la vida que deseamos, sin aferrarnos nunca al qué dirán, sin que nos importe lo que se imponga socialmente, respetando y respetándonos.

Respecto a nosotros, nos amamos, mami. Siempre lo haremos, somos unos hermanos que juntos somos uno, que nos apoyamos y alentamos, que nos escuchamos y sostenemos, y todo gracias a la bella manera en la que papi y tú nos habéis cuidado y tratado siempre, potenciando nuestra conexión, haciendo que nuestra relación sea verdaderamente sana... Incluso cuando estamos separados siempre nos sentimos cerca.

Solo nos gustaría decirte una vez más que te queremos y que tu sonrisa siempre nos refleja lo bello que es vivir y la suerte de hacerlo junto a ti.

Gracias por elegirnos, estamos encantados de haberte elegido.

Te amamos,

URIEL Y GADEA

Sin más, deseo que este viaje te haya aportado muchos aprendizajes y, si no han sido tantos, que lo que hayas descubierto te ayude a transformar una parte de tu día a día. Con eso, habrá valido la pena.

Te deseo una feliz vida, hoy y siempre, y mucha luz para ti y para tus hijos.

Un beso y gracias.

TANIA GARCÍA

AGRADECIMIENTOS

Solo quiero dar las gracias, una vez más, a las personas que leéis mis libros, realizáis mis formaciones y os decidís a dar el gran paso hacia la Educación Real®. Sois vosotros los que hacéis posible todo esto y por quienes vale la pena luchar en favor de una sociedad responsable con la infancia y la adolescencia.

A Javi, mi pareja, por ser el mejor compañero de viaje y el mejor padre para mis hijos. Te quiero, ayer, hoy y siempre.

A Chely, que ilustra mis libros con un amor y un respeto impecables. Es una suerte tenerte cerca.

A Elena, por ser una escritora bella y especial, por leer siempre la primera mis libros y confiar en lo que hago.

A Merci, por estar siempre ahí desde el principio de tus días, de manera incondicional.

A mis hijos, quienes acogen mis libros como parte de su familia.

LECTURAS RECOMENDADAS

BAUMAN, Z. (2009), *El arte de la vida*, Barcelona, Paidós.

BECHER, de Goldberg, D., Kuperman de Kuitca, M. (1999), *Maltrato infantil. Una deuda con la niñez*, Buenos Aires, Urbano.

BRANDEN, N. (1997), *El arte de vivir conscientemente: vida cotidiana y autoconciencia*, Barcelona, Paidós.

CORTINA, A. (2013), *¿Para qué sirve realmente la ética?*, Barcelona, Paidós.

CYRULNIK, B. (2003), *El murmullo de los fantasmas: volver a la vida después de un trauma*, Barcelona, Gedisa.

DELIGNY, F. (1971), *Los vagabundos eficaces*, Barcelona, Estela.

EGER, E. (2020), *En Auswitch no había Prozac*, Barcelona, Planeta.

FRANKL, V. (2015), *El hombre en busca de sentido*, Barcelona, Herder.

— (2019), *Educar sin perder los nervios*, Barcelona, Penguin Random House.

—. (2017), *Guía para madres y padres imperfectos que entienden que sus hijos también lo son*, Barcelona, Lectio.

— (2020), *Hermanos*, Barcelona, Penguin Random House.

— (2020), *¿Qué necesito cuando me enfado?*, Barcelona, Beascoa.

— (2021), *¿Qué necesito cuando tengo miedo?*, Barcelona, Beascoa.

Marquard, O. (2006), *Felicidad en la infelicidad. Reflexiones filosóficas*, Buenos Aires, Katz.

Stern. R. (2019), *Efecto luz de gas: Detectar y sobrevivir a la manipulación invisible de quienes intentan controlar tu vida*, Málaga, Sirio.

Verrier, N. (1993), *The Primal Wound*, California, Verrier Publishing.

Enlaces y estudios de interés

Alhusen, J. L., Gross, D., Hayat, M. J., Rose, L. y Sharps, P. (2012), «The role of mental health on Maternal-Fetal attachment in Low-Income women», *Journal of Obstetric, Gynecologic, & Neonatal Nursing*, 41, E71-E81.

Cohn, M. P. e Iglesias, S. (2015), «Presión ejercida por los padres en relación al rendimiento escolar de sus hijos: ¿una forma de violencia?», Buenos Aires, Universidad de Buenos Aires, <https://www.aacademica.org/000-015/293.pdf>.

Epstein, S. (1973), «The elf-concept revisited», *American Psychologist*, 28, pp. 403-416. [Hay trad. cast.: Fierro, A. (1981), *Lecturas de psicología de la personalidad*, Madrid, Alianza Editorial].

García, Y. *et al.* (2011), «Maltrato infantil en la familia en España», Ministerio de Sanidad, Política Social e Igualdad, Informe del Centro Reina Sofía, Madrid, IMGRAF IM-

PRESORES, <https://observatoriodelainfancia.vpsocial.
gob.es/productos/pdf/malt2011v4_total_100_acces.pdf>.
GARY, B. (2010), «Violence against young children: what does
gender have to do with it?», [Special issue Setting our
agenda on early learning, violence and physical environ-
ment], *Early Childhood Matters*, 114, pp. 27-32.
HERRERO, J., Musitu, G. y Gracia, E. (2014, enero), *Re-
vista de Psicología Social*, 10, pp. 191-204, <https://
www.tandfonline.com/doi/abs/10.1174/021347495763
810974>.
LÓPEZ, P. B. (2018), «El sistema cerebral de recompensa, del
aprendizaje a la adicción», <http://repositorio.racordoba.
es/jspui/bitstream/10853/190/30/BRAC167-28-pedro-
benito-lopez-el-sistema-cerebral-de-recompensa-del-
aprendizaje-a-la-adiccion.pdf>.
MUELLER, C. M. y Dweck, C. S. (1998), «Praise for intelli-
gence can undermine children's motivation and perfor-
mance», *Journal of Personality and Social Psychology*,
75(1): pp. 33-52.
O'CONNOR, T. G., Rutter, M., Beckett, C., Keaveney, L., Jana
M. Kreppner, J. M. (2003, enero), «The Effects of Global
Severe Privation on Cognitive Competence: Extension and
Longitudinal Follow-up», <https://srcd.onlinelibrary.
wiley.com/doi/abs/10.1111/1467-8624.00151>.
OSOFSKY, J. D. (1999), «The impact of violence on children»,
The Future of Children, 9(3), pp. 33-49.
PARRA, A., Oliva, A. y Sánchez-Queija, I. (2004), «Evolución
y determinantes de la autoestima durante los años ado-
lescentes», *Anuario de psicología*, vol. 35, n.º 3, pp. 331-346,
Facultad de Psicología de Barcelona, Elsevier, <https://
idus.us.es/bitstream/handle/11441/30520/Evolución%20
y%20determinantes%20de%20la%20autoestima%20du

rante%20los%20años%20adolescentes%20versión%20 editor.pdf?sequence=1&isAllowed=y>.

Perry, B. D. (2005), «Maltreatment and the developing child: How early childhood experience shapes child and culture», <https://www.lfcc.on.ca/mccain/perry.pdf>.

Pinquart, M. y Gerke, D. C. (2019), «Associations of Parenting Styles with Self-Esteem in Children and Adolescents: A Meta-Analysis», *Journal of Child and Family Studies,* vol. 28, pp. 2017–2035, <https://link.springer.com/article/10.1007/s10826-019-01417-5>.

Pollock, P. H. y Percy, A. (1999), «Maternal antenatal attachment style and potential fetal abuse», *Child Abuse & Neglect,* 23, pp. 1345-1357, <http://dx.doi.org/10.1016/S0145-2134(99)00101-5>.

Taylor, A., Wilson, C., Slater, A. y Mohr, P. (2012), «Self'esteem and body dissatisfaction in young children: Associations with weight and perceived parenting style», *Clinical Psychologist,* <https://www.tandfonline.com/doi/full/10.1111/j.1742-9552.2011.00038.x>.

Teicher, M. H., Anderson, C. M. y Polcari, A. (2012, febrero), «Childhood maltreatment is associated with reduced volume in the hippocampal subfields CA3, dentate gyrus, and subiculum», *PNAS,* 28, 109 (9), <https://www.pnas.org/content/109/9/E563>.

Van den Bergh, B. y Simons, A. (2009), «A review of scales to measure the mother-fetus relationship», *Journal of Reproductive and Infant Psychology,* 27, pp. 114-126, <http://dx.doi.org/10.1080/02646830802007480>.

Winnicott, D. (1963), «De la dependencia a la independencia en el desarrollo del individuo», Conferencia pronunciada en la Atlanta Psychiatric Clinic, <https://www.psicoanalisis.org/winnicott/confdesa.htm>.

WOLFE, D., Scott, K., Wekerle, C. y Pittman, A. (2001), «Child Maltreatment: Risk of Adjustment Problems and Dating Violence in Adolescence», *Journal of the American Academy of Child & Adolescent Psychiatry*, 40: pp. 282-289.

¿QUÉ ES LA EDUCACIÓN REAL®?

La Educación Real® fue creada por Tania García, autora de este libro. Es la educación basada en el respeto, la empatía, el Acompañamiento Emocional, el amor y la lógica. Los niños y las niñas deben ser libres y amados incondicionalmente, pase lo que pase y ocurra lo que ocurra.

Es imposible que la sociedad en la que vivimos se transforme y se convierta por fin en una sociedad basada en valores empáticos, de tolerancia, solidaridad, amabilidad y respetuosa con los derechos de todos los seres humanos si tratamos a nuestros hijos e hijas, los más vulnerables a nivel social (y los que más nos necesitan) mediante gritos, castigos, chantajes, malas formas, control, manipulación de sus emociones, etc. Es decir, pensando únicamente en nuestro bienestar e interés adulto.

Las bases de la Educación Real®, además, están creadas a partir de la evidencia científica y sobre lo que miles de estudios han corroborado (y siguen corroborando) a lo largo de los años. Tanto en Edurespeta como en los libros de Tania García, puedes encontrar muchos de estos estudios, que confirman que la Educación Real® no es tan solo la que deberíamos dar a nuestros hijos, sino que es la única posible si queremos que ellos sean fieles a sí mismos, se respeten y respeten a los demás.

19 principios de la Educación Real®

1. **Respeta:** Educa respetando las necesidades reales cerebrales de los niños, así como también sus ritmos naturales y los procesos de cada etapa de su desarrollo.
2. **Empatiza:** Conecta con tus hijos cuando expresen sus emociones en todos los momentos y situaciones de su día a día, tanto si están enfadados, furiosos o tristes como alegres y contentos. Escucha y entiende haciendo tuyas sus emociones, viendo más allá y conectando.
3. **Acompaña emocionalmente:** Comprende su mundo para poder guiar a tus hijos en la comprensión de sus emociones. Acompaña sus sentimientos sin prejuzgarlos o etiquetarlos, deshaciéndote de la visión adultista y centrándote en lo que necesitan de ti.
4. **Hazle caso a la lógica:** Si alguna vez has gritado, castigado, chantajeado, manipulado, amenazado o ignorado a tu hijo no te habrás sentido bien, sino todo lo contrario; incluso en aquellas ocasiones en las que has estado convencido de que tenías razón, dentro de ti queda un malestar. Esto se debe a una razón de sentido común: hacerlo no es natural y va en contra de la relación lógica que debería tener un padre o una madre con su hijo. La lógica y el sentido común nos empujan a educar de forma respetuosa, solo tienes que escuchar, de verdad, consciente y profundamente, a tu corazón, a tu mente y a tus emociones.

5. **Guía:** No tenemos poder sobre nuestros hijos, no somos su autoridad y mando. Aunque tampoco somos sus iguales (ellos viven la infancia y nosotros la vida adulta). Ellos nos necesitan para crecer y desarrollarse óptimamente como personas y nosotros se supone que ya somos independientes a nivel emocional y físico. Por ello, debemos ejercer de guías, unos guías respetuosos y empáticos que los orienten, sin abandonarlos a su suerte ni educarlos mediante el miedo, sino basándonos en el amor, el respeto, la paciencia, la tolerancia, el afecto y la sinceridad y enfocados en sus necesidades reales y sus etapas de desarrollo.

6. **Ama incondicionalmente y demuéstralo de manera constante:** Nuestros hijos deben saber con total seguridad que son queridos por lo que son, no por el grado en el que colman o no nuestras expectativas. No deben sentirse amados solo cuando consideramos «que se han portado bien», sino en todos los momentos. El amor incondicional y el afecto (las muestras físicas de este amor) son esenciales para un crecimiento y desarrollo emocional y neuronal sano. Es, además, un derecho de todos los niños y, en definitiva, de toda la humanidad, ya que el amor que les demos durante la infancia y la juventud influirá directamente en los adultos que serán y en su capacidad para superar todas las adversidades que la vida les ponga por delante.

7. **Sé ejemplo:** Recuerda que, para que tus hijos respeten, primero debes respetar tú. Para que no griten, tú no debes gritar, para que se laven los dientes, por ejemplo, tú debes llevar la iniciativa y hacerlo en primer lugar... La coherencia entre lo que decimos y lo que hacemos es esencial para que ellos integren valores y actitudes:

lo que ven de nosotros es lo que marca su aprendizaje. Somos su ejemplo y por esa misma razón debemos ser responsables de nuestros actos y nuestras palabras.

8. **Deja fuera tu ego:** El ego que tenemos los adultos es la herencia directa de que nos hayan educado mediante el control y sin atendernos emocionalmente, con juicios, castigos y gritos, así como de no tener nuestras necesidades reales cubiertas. Deja a un lado tu ego adulto con tus hijos, solo te servirá para poner barreras emocionales entre vosotros. Concéntrate en forjar un vínculo afectivo óptimo y fuerte.

9. **Olvida las etiquetas:** Entiende que los niños son seres emocionales. No te dediques a señalarlos con el dedo, ten en cuenta que, como todos, tienen días mejores y peores, pero no por ello debemos sentenciarlos, tratarlos mal y criticarlos. Deja el juicio a un lado y ayúdalos a que conozcan sus emociones y a que se sientan mejor.

10. **Su opinión sí importa:** Pregunta y escucha a tus hijos, no les impongas decisiones que no desean. Escúchalos y dialoga de manera sana, sin adoctrinarlos ni pretender imponer tus ideas. Su opinión es tan válida como cualquier otra y, si por motivos de peso no se puede llevar a cabo, qué mínimo que entender las emociones que eso implique.

11. **Cuida su autoestima:** Cada palabra que dices o cada pequeño gesto a la hora de tratar a tus hijos, por insignificante que parezca, cuenta e incide en su autoestima, en cómo se sienten y también en cómo se relacionan con su entorno personal y social. Una buena autoestima es esencial para que se desarrollen óptimamente a todos los niveles.

12. **Educar mediante el miedo solo daña y crea más miedo:** Educar no es amaestrar. No podemos prometer a nuestros hijos algo a cambio de que incumplan o cumplan un patrón, de que satisfagan o no nuestras expectativas. Atemorizarlos para conseguir nuestros propósitos (mediante amenazas, gritos, chantajes, autoridad, exigencias, manipulaciones, atemorizándolos, ignorándolos...) solo hace que integren el miedo como una herramienta educativa y comunicativa y se alejen de la visión real del miedo, que es, justamente, una emoción que nos ayuda a sobrevivir cuando es preciso, pero no algo con lo que hay que vivir a diario y en cada situación.

13. **Di adiós al adultocentrismo:** Los niños no son seres inferiores, son personas. Como adulto tienes la responsabilidad de guiar el camino vital de tus hijos, pero no tienes derecho a escoger su camino o coartarlo.

14. **Escucha la evidencia científica:** No hay ni un solo estudio o investigación que demuestre que los castigos, los gritos, las amenazas, las consecuencias impuestas, las exigencias, las manipulaciones, la autoridad, etc., sean beneficiosos para la salud mental de tus hijos ni que los presente como una herramienta educativa positiva y no dañina. En cambio, existen miles de investigaciones en todo el mundo que evidencian lo contrario. Si atendemos a la ciencia para otras cuestiones como la higiene bucal o las horas necesarias de sueño, ¿por qué no lo hacemos con algo tan importante para el ser humano como es una buena salud psicológica?

15. **Respeta su cuerpo:** Es muy importante que el respeto hacia su cuerpo sea una premisa para ti. Esto implica no obligarlos a hacer nada que no quieran: ni dar besos

a la abuela, ni la mano a la vecina, ni un abrazo a su tío, ni a comer, ni ponerle la ropa de malas maneras... Nuestro objetivo es que aprendan a respetar su cuerpo y, para ello, debemos respetarlo primero nosotros, enseñarles que su cuerpo es suyo y que nunca deben hacer nada con él o sus necesidades fisiológicas que no quieran. Una cosa es guiarlos hacia el autocuidado y otra es obligarlos a este tipo de cosas, puesto que conseguiremos todo lo contrario.

16. **Adáptate a sus ritmos:** Uno de los problemas más grandes que tenemos al educar es que queremos que los niños sigan nuestros ritmos adultos en todos los sentidos: que se despierten o se vayan a dormir cuando queremos, que coman la cantidad que estimamos oportuna, que jueguen los minutos que estipulamos, que no se enfaden nunca, etc. Lo importante es, en la medida de lo posible (la sociedad no está pensada para los niños), adaptarnos a sus ritmos y necesidades, ser flexibles, buscar siempre qué hay detrás y valorar si estamos cubriendo de verdad su necesidad o no. Si no se puede cubrir en ese momento, al menos seremos conscientes de que no puede ser y de la emoción que va a generar eso en nuestros hijos, y será necesario entonces un buen Acompañamiento Emocional.

17. **Sé ético:** Para educar realmente en el respeto por nosotros mismos y por los demás, debemos ser éticos, que es, concretamente, tener la habilidad de ser conscientes en cada momento de cómo nuestras acciones, palabras y actitudes afectan a las personas con las que nos relacionamos y a nosotros mismos. La ética nos hace de guía en la vida, para saber si seguimos un buen o mal camino, en el que somos responsables con noso-

tros y con los demás, teniendo buenas intenciones y teniendo en cuenta la felicidad de todos, luchando por el bien común.

18. **Cuida de ti mismo:** Para poder cuidar óptimamente de tus hijos debes cuidar también de ti. Enfócate en cuidarte y quererte, en vivir con alegría y con buena autoestima. De esta forma, estarás preparado para cuidar a tus hijos y para vivir acorde con tus motivaciones reales sin que te importe la opinión ajena y el ritmo social.

19. **Comprométete:** Querer educar mediante la Educación Real® supone un gran compromiso con uno mismo y con los hijos, un compromiso consciente que nos lleva a educar de otra forma y a esforzarnos en ello día tras día.

ALGUNOS TESTIMONIOS DE MI TRABAJO

Hace casi seis años, gracias a la formación de Tania García, decidí dar un cambio a mi vida, uno de esos cambios tras los que nunca vuelves a ser la misma. Su formación me ha empoderado en todos los niveles como persona, mujer, pareja, hija, hermana y, sobre todo, como mamá. Me ha ayudado a encontrarme a mí misma, a curar heridas, a saber amar y perdonar, a darle importancia a las cosas más sencillas, a ser más empática, comprensiva, tolerante, a elevar la consciencia, a profundas reflexiones... En fin, ha sido y sigue siendo un viaje maravilloso, lleno de subidas y de bajadas, de aciertos y otras decisiones que no lo fueron tanto, de un saber estar y acompañar el aquí y el ahora. Todos los días hay EDUCACIÓN REAL.

Con todo mi respeto, amor y admiración, gracias eternamente. Tu trabajo es esperanza: El CAMBIO ES POSIBLE. Gracias. Gracias. Gracias.

TANIA MORENO ARIZA

Conocí a Tania por casualidad. Contacté con ella, pues dudaba de si la formación intensiva que ofrecía iba a ser realmente de calidad o iban a ser cuatro PDF sueltos como me había pasado en alguna ocasión. Tomé la decisión de dar el paso y es de lo mejor que he hecho en toda mi vida.

Por aquel entonces aún no era madre, pero lo que aprendí me hizo tomar consciencia de muchas cosas de mí misma y de muchas cosas que normalizamos cuando no debería ser así.

Me hizo crecer como persona y tener claro cómo quería educar a mis hijos cuando los tuviera. Hoy soy mamá de un pequeñín de tres años y ya puedo ver las ventajas de educarlo de esta forma, a pesar de que cometo errores.

Si volviera atrás, volvería a dar el paso sin dudarlo. Es una inversión para toda la vida, y para la de tus hijos y sus hijos... Porque lo que hagas hoy como madre o padre repercutirá en varias generaciones. Sin duda, ¡recomiendo a Tania al 1000 %!

NEREA GARCÍA ASTRAIN
www.nereagarciaastrain.com

El día a día con mis hijos de catorce y diez años ahora es sin gritos, sin peleas, sin amenazas, sin chantajes. Con muchos abrazos, besos, muchos «te quiero», contacto físico, masajes (que les encantan), presencia. Parece increíble, ¿verdad? Lo he conseguido gracias a Tania. A su trabajo, a sus formaciones, a sus libros, a su apoyo y a su ayuda. Feliz de haberla conocido. Sigo trabajando con ella, ahora más centrada en establecer los límites respetuosos adecuados, el conocimiento de mis emociones y el acompañamiento, puntos claves de sus enseñanzas. Gracias, Tania.

MERCÈ VICENTE GARCÍA

Hace unos cinco años que conocí a Tania y encontrarme con ella ha supuesto una transformación en mi vida a todos los niveles. Gracias a su acompañamiento, he podido *maternar* a mi hijo de la manera que él necesita y yo quiero. Pero la transformación no ha sido solo en mi maternidad, sino también en mi forma de ver la vida y, sobre todo, a los niños. Tania, gran defensora de la infancia, desde el sentido común y el respeto, te enseña una forma de ver las cosas que, a la vez que sencilla y coherente, es difícil de obtener en nuestros días.

Necesitamos que el mundo tenga «Tanias». Si defendemos y tratamos a los niños como se merecen, nuestro mundo será un mundo más comprensivo, coherente y humano. Creo que lo necesitamos y poco a poco lo conseguiremos. Muchas gracias, Tania, por tu aportación a este mundo.

BELINDA YAGÜE

Conocer a Tania para mí significó un antes y un después en la gran experiencia de la maternidad. Tras realizar sus formaciones y conocer más a fondo la Educación Real®, basada en el amor y el respeto hacia los peques, descubrí una nueva forma de relacionarme con mis hijos y con el mundo que nos rodea.

Cada formación se complementa con las demás, todas aportan cosas nuevas con las que seguir aprendiendo cada día más y más. Además, sus libros y sus cuentos son algo imprescindible en casa (a mis hijos les encantan), son una guía maravillosa a la cual acudir cuando una se siente algo perdida en el día a día con sus hijos. Solo puedo estar agradecida. Te queremos muchísimo, Tania. Gracias por traer una educación real a tantas y tantas familias. Gracias por todo, eres nuestra inspiración.

PATRICIA FERNÁNDEZ GONZÁLEZ

Me encontré con Tania por casualidad, hace ya unos cuantos años, en un momento de mi maternidad en que estaba muy perdida y desbordada y, a pesar de que sabía lo que no quería para mis hijos, no sabía qué hacer ni por dónde avanzar.

Conocer a Edurespeta y, sobre todo, el cariño que se desprende del saber hacer de Tania ha sido un regalo del cielo. Hacer sus cursos y leer sus libros (y, lo más importante, ir poniendo en práctica todas las herramientas que ella nos proporciona) ha supuesto un cambio profundo, increíble y esperanzador en mi familia, no solo en cuanto a cómo educar a nuestros hijos desde el respeto, sino a nivel de crecimiento personal y autoconocimiento.

Estoy profundamente agradecida a la vida por haberme encontrado con Tania y su trabajo en el momento adecuado y poder avanzar con paso seguro hacia la familia y la educación real que todos merecemos. ¡Muchas gracias por todo, Tania!

SOFÍA ESPUÑA

Tania apareció en mi vida en el momento perfecto, cuando tuve a Paula. Inicialmente la busqué para mi marido, pero adentrarme en su mundo de la Educación Real® supuso para mí encontrar un apoyo para mi instinto y mi corazón. Eso en cuanto a educación y crianza y, por otro lado, me abrió los ojos en cuanto a que otra forma de vida es posible. Así que, en un momento muy difícil para mí, Tania vino a Donosti a la firma de su primer libro y nuevamente encontré refugio en su tribu, en la Escuela. Tania refleja con su labor lo que todas las madres guardamos dentro de nosotras, muchas bajo un candado cuya llave no podemos o no queremos encontrar. No lo tenemos fácil, pero el amor real por nuestras hijas e hijos debe ser revolucionario en una sociedad que aún hoy en día los tiene invisibilizados. Mi agradecimiento a todo lo que Tania supone para mí lo pude reflejar en el primer libro que autopubliqué *Hasta que el divorcio nos separe. Guía para empezar a divorciarte bien*, el cual me ha ayudado a ser quien verdaderamente quiero ser.

Por si aún no ha quedado del todo claro, dejo pública constancia de que el día que yo falte le tengo dicho a mi marido que contacte con Tania para todo lo relacionado con nuestra hija. Un beso y gracias, Tania.

LEIRE LIZARRAGA
www.leirelizarraga.com

Conocer a Tania y su trabajo hace ya muchos años ¡¡¡ha sido MARAVILLOSO!!! Ver otra manera posible de educar. Son muchos años de educación adultista hacia los niños, lo hemos mamado y sin querer nos sale de manera automática. Yo sabía cómo quería educarlos, pero por mis vivencias me salía todo lo que no quería. Lo peor, los gritos. Es un trabajo de día a día, me cuesta, pero lo voy venciendo y, si me equivoco, como dice ella, lo reconocemos, les pido perdón y volvemos a empezar.

Me da mucha pena ver tan normalizado el mundo adulto, donde para muchos los niños son «de segunda división» o directamente no tienen voz ni voto.

Gracias a Tania y a la tribu que construye en sus formaciones, podemos detectarlo en cosas que sin ella nos costaría mucho más y eliminarlo, porque esa no es la educación que quería para mis hijos.

Me da esperanzas de conseguir un mundo mejor para ellos y formar a niños seguros de sí mismos y a los que se les escucha, rompiendo con tantas generaciones de autoridad adulta. Lo intentamos hacer lo mejor posible y que sean niños felices porque ELLOS son el cambio. Por todo esto y mucho más, GRACIAS, Tania García.

MÓNICA FERNÁNDEZ

Conocer a Tania García y empezar a leer su libro *Educar sin perder los nervios* me cambió la vida. Desde que mi hija cumplió dos años o incluso un poco antes me di cuenta de que me estaba comportando de la misma manera que lo hacía mi madre en casa cuando yo era pequeña y que precisamente estaba copiando todo aquello que no me gustaba o incluso me había hecho daño. Aun siendo consciente, lo dejé pasar, pero al poco tiempo me separé y eso marcó un antes y un después en mi vida. Necesitaba reconectar con mi esencia, volver a ser yo, y qué mejor manera de hacerlo que averiguando cuál era la forma en la que quería educar a mi pequeña, cómo quería tratarla, qué clase de relación quería tener con ella y, muy importante para mí, cómo dejar una huella positiva en su vida adulta y minimizar el impacto de todo lo que pudiera perjudicarla o suponer un lastre para su futuro.

Desde mi embarazo me llegaron noticias de los cursos de Tania, pero no me atrevía a dar el paso, hasta que decidí que no tenía nada que perder y probablemente mucho que ganar. Comencé la formación intensiva y me leí su libro, ¡¡¡qué descubrimiento!!! Cosas que para mí eran totalmente nuevas, pero con las que me sentía profundamente conectada y en las que veía un razonamiento sencillo y muy lógico que concordaba totalmente con mi visión de la vida, la educación, el respeto y el amor.

Mi pequeña pasaba por un mal momento tras la separación, no inicialmente, pero sí a medida que pasaba el tiempo, y esto se traducía en comportamientos que hacían que sacase mi peor versión. En cuanto empecé a poner en práctica los aprendizajes comenzaron a llegar los resultados; no está siendo fácil, pero los cambios han sido brutales. Lo que más valoro es la conexión tan profunda que tenemos las dos y la relación tan bonita que nos une; estoy segura de que Tania en gran medida es responsable de ello, junto con mis ganas, mi esfuerzo y el amor que nos tenemos.

Muchas gracias, Tania, por dedicarte a esto y ayudar a muchas familias como has hecho con la mía.

SARA COHEN

Al principio desconfianza... ¿Cómo iba alguien a enseñarme mi mejor versión de madre? ¿De verdad era posible que, aun amando a tus hijos sobre todas las cosas, no supieras hacerlo bien?

Comencé la formación intensiva llena de dudas, y solo con el primer tema descubrí la niña que yo fui y que no volverá y las oportunidades que perdí debido a unas carencias educativas importantes. Lo tuve claro: solo era el comienzo del programa, pero ya sabía lo que quería y lo que NO quería para las dos personas más importantes de mi vida.

En ese momento ya había descubierto cosas impensables para aplicar en el día a día, pequeñas cosas, pero que suponían grandes cambios y, sobre todo, grandes beneficios, así que tenía que seguir empapándome de más y así lo hice. Hasta hoy, que sigo formándome con Tania, aprendiendo y disfrutando de educar, enseñar y, sobre todo, amar sin condiciones de ningún tipo para nadie, sin enfados, nervios ni chantajes o manipulaciones, valorando, siempre, lo mejor para mis dos personas favoritas.

Tania ha sido la guía definitiva para llegar al éxito absoluto en la relación con mis hijas a través de una constante: el amor incondicional. Es un trabajo diario, no puedo decir que sea algo fácil de poner en práctica desde el primer instante, ni que no haya días en los que resulta muy difícil aplicar la teoría, pero Tania da las pautas para que nunca te pierdas en el intento y sepas controlar lo malo. Todo completamente desmenuzado para que sea siempre lo más sencillo posible y coherente. Es fácil ver que lo que haces es lo correcto, ves los maravillosos resultados y, entonces, todo compensa. Incluso los peores días, porque, a pesar de esos peores días en los que no lo he hecho del todo bien, he aprendido a perdonarme y a mitigar el daño que he podido hacer, arreglarlo y empezar de nuevo solo con más ganas, además de enseñarles ese ejemplo de humildad y aceptación de errores a mis dos peques.

Vivo más tranquila, sé que las emociones de mis niñas están cuidadas al milímetro y que conocen de primera mano la vida desde un punto respetuoso, donde sabrán poner límites y reconocer lo que no está bien viniendo de otros adultos: una inversión a largo plazo que no tiene precio.

Solo puedo agradecer el trabajo de Tania y no solo por lo que le supondrá esto a mis niñas, sino también por lo que ha supuesto como autoayuda para mí: me he superado como madre, como persona y como mujer.

CAROLINA S. C.

Varios años aprendiendo con Tania han contribuido a que mi vida haya mejorado. Por un lado, me siento mucho más segura de mí misma y cada vez me resulta más sencillo actuar en consecuencia con lo que dicta mi corazón, en vez de limitarme a seguir lo que se supone que está socialmente aceptado. Y, por otro lado, la relación con mi hijo es estupenda y tenemos una gran conexión. Es un niño genial que crece feliz. Tiene la confianza suficiente como para compartir conmigo tanto las cosas buenas como sus meteduras de pata o sus preocupaciones. Sabe reconocer cuándo alguien no lo trata como se merece y, a medida que crece, le resulta más sencillo expresar su punto de vista. Así que me siento tranquila porque sé que está aprendiendo recursos que lo ayudarán a lo largo de toda su vida y nuestra relación familiar es cada día mejor.

JESSICA GESTOSO
www.jessicagestoso.com

Compré el libro *Educar sin perder los nervios* por casualidad cuando lo vi en una librería. Agradezco a la vida esa casualidad porque soy consciente de que me ha cambiado completamente.

Cada página de ese libro resonaba en mi interior con una fuerza que no sabía explicar y me di cuenta de que había una persona —¡¡¡gracias, Tania García!!!— que había plasmado en papel todo lo que yo sentía dentro. Eso me ayudó a entender que estaba en el camino adecuado.

Desde ese momento, empezó mi viaje a través de una educación consciente. He realizado todos los cursos y leído todos los libros de Tania. Todos y cada uno de ellos proporcionan nuevos granitos de arena que se unen a los anteriores. Es un viaje emocionante, donde se privilegian las emociones conscientes, el amor, el respeto hacia los niños. Los niños, la maravilla del mundo, el futuro. Gracias a este tipo de consciencia que enseña Tania, yo como adulta tengo siempre en mente que soy la guía de mi hija, pero que ella es una persona diferente a mí y que ha de ser la persona que quiera ella y volar hacia los lugares que necesite ella, no a los que yo considere oportunos.

Cada día sigo aprendiendo, sigo trabajando dentro de mí todos los conceptos y pautas para poder ser cada día una madre mejor, no perfecta, pero sí intentando ser siempre la mejor versión de mí misma. Gracias, Tania, por abrir nuestras mentes a todo este mundo fantástico que es el mundo interior de los niños.

DIANA PÉREZ CORRADINI

Me llamo Rocío Mena González, soy madre de dos niños de siete y diez años y además soy maestra.

Cuando me convertí en madre empecé a ser consciente

de todas las lagunas que tenía y de todas aquellas áreas que tenía que mejorar en cuanto a la educación de mis hijos. Había cosas de la educación tradicional que me chirriaban mucho y que no iban conmigo. Hace algo más de cinco años, el universo puso en mi camino a Tania García y su forma de entender la educación y me di cuenta de que esa era la educación que yo quería para mis hijos. Empecé un camino de conocimiento personal apasionante e interesante y las cosas empezaron a cambiar a mejor. Es un camino, para mí el camino adecuado, que requiere implicación, responsabilidad y compromiso, y a veces no es fácil. Pero merece la pena porque los resultados son muy positivos.

Estoy muy agradecida por haber tenido la posibilidad de conocer a Tania, de poder formar parte de la familia que formamos todas las personas de Edurespeta y de ser parte del cambio que nuestra sociedad necesita para que la educación sea real y respetuosa. De este modo, el futuro para todos será mucho mejor. Tengo mucho que aprender todavía, pero, una vez que empiezas, ya no puedes parar; tendrías que mirar mucho para atrás para estar donde estabas antes y eso... ya no lo quieres en tu vida.

Rocío Mena González

Desde que fui madre, me di cuenta de que no quería educar a mis hijos como el resto de la sociedad. Hacer la formación con Tania me ha servido para entenderlos, respetarlos, elegir un colegio diferente y cambiar nuestro modo de vida. A todos nos hace falta trabajarnos, analizar nuestro pasado, mejorar nuestro presente y construir un futuro mejor. A veces necesitamos ese clic que nos haga ver las cosas desde otro punto de vista; en nuestro caso, ese clic ha sido ella. Gracias, ojalá que tu formación llegue a todo el mundo.

RAQUEL Z.

Cuando murió mi madre me sentí perdida y triste, sin poder controlar mi ira, esa rabia y ese enfado que salía y me hacía decir y hacer cosas que dañaban a las personitas que más quería en esta vida. Llevaba tiempo perdida y no había sido consciente de ello, no estaba siendo capaz de gestionar mis emociones y había llegado al punto en que todo lo decía gritando. Una noche perdí el control de la situación, grité muchísimo, tanto que pude ver en sus ojos el miedo, y el mundo se me vino encima. Esa misma noche pasé horas en el ordenador buscando ayuda, intentando encontrar esa luz que necesitaba, y apareció Tania García, así de repente, en el momento oportuno. Me lancé sin pensarlo a hacer todos sus cursos. Es el mejor dinero que he invertido, cada día doy gracias al universo por encontrarme con Tania y su tribu. Aprendí a gestionar mis emociones, a enseñar a mis hijas a gestionar las suyas, a no gritar, a respetarlas, a ser la madre que ellas necesitaban, a no importarme la opinión de los demás. He conseguido gracias a la Educación Real® muchísimas herramientas para hacer frente a situaciones complicadas, y hacerlo desde el respeto y el amor incondicional. Cada día soy mejor madre y mejor persona.

Gracias, Tania, por cruzarte en mi camino y darme la luz que necesitaba en uno de los momentos más difíciles de mi vida. Gracias por la escuela y por todas esas personas maravillosas que he conocido gracias a ti. Siempre en mi corazón. Gracias por existir.

VERÓNICA ALCOLEA

Dicen que toda vivencia, incluso desde antes de nacer, tiene un impacto en nuestras vidas. Hace cinco años, justo cuando mi hijo tenía unos doce, para no perder la conexión quise investigar sobre el RESPETO y me encontré a Tania, a partir de ahí empecé su formación intensiva, distintos cursos y su escuela. La EDUCACIÓN REAL que nos muestra Tania es un cambio brutal que vas entendiendo con los años, la sociedad, la educación recibida... El patriarcado ha hecho mucho daño y quitarse de encima todo lo que NO es respetuoso cuesta porque lo tenemos integrado en nuestro ser. Tania es un amor de persona, muy generosa y experta en el respeto mutuo, no conozco a nadie que proteja al menor y al adolescente como lo hace ella.

Tania enseña más allá del respeto y yo he aprendido a querer a mi hijo de una manera sana e incondicional entre otras muchas cosas. Te quiero, profe.

JUDITH ROBLES

Tengo dos hijos, actualmente de dieciséis y veinte años, descubrí a Tania García cuando tenían doce y dieciséis años y para mí y para toda la familia ha supuesto un antes y un después.

He aprendido y sigo aprendiendo cómo pasar de lo que yo consideraba «educar» a lo que ahora prefiero hacer: acompañar.

He aprendido a descubrir, a conocer y a respetar sus necesidades en cada momento en función de su etapa vital y con ello he conseguido un mejor acercamiento a ellos y una comprensión de sus actitudes en muchos casos.

Estoy encantada y orgullosa de educar en el respeto, en el respeto a sus necesidades como personas.

He aprendido lo fundamental que es la empatía, los límites y el acompañamiento desde el amor incondicional.

Me siento orgullosa de mis hijos tal como son, aprendo de ellos cada día y estoy enamorada de su etapa actual: la adolescencia, como todo en la vida, con lo bueno y con lo malo.

Estoy muy agradecida a la labor de Tania García para con la infancia y la adolescencia y en especial a todo lo que he aprendido en sus formaciones y cuyo resultado veo en mis hijos cada día.

Recomiendo al cien por cien sus formaciones, libros y colaboraciones, todas aportan, todas suman, todas enseñan y hacen reflexionar, identificar y trabajar desde uno mismo y su infancia hasta la de nuestros hijos.

Una vez que se descubre, no hay vuelta atrás...

Gracias, Tania.

MARÍA DEL MAR DÍAZ

Tania, gracias a ti he conseguido conectar con mis hijos y tratarlos con respeto. Sin tu ayuda, no hubiera logrado trabajar mi infancia y adolescencia y poder así comprender mis emociones y sentimientos. Me has enseñado que la EMPATÍA es imprescindible en la relación con mis hijos. El ACOMPAÑAMIENTO EMOCIONAL es la experiencia más maravillosa que he puesto en práctica con mis hijos.

¡MUCHAS GRACIAS!

MELISA LUSILLA

A ti, que has cambiado mi relación conmigo misma.

A ti, que has cambiado mi relación con mis hijos.

A ti, que has calado dentro de mi ser.

A ti, a quien mis hijos nombran cuando me desvío del camino.

A ti, persona cercana, empática, respetuosa, cariñosa...

A ti, que has cambiado y ayudado a miles de mujeres y hombres a ser mejores personas.

A ti, que ayudas a miles de niñas y niños a ser más felices, respetuosos, empáticos... a través de sus familias.

A ti, Tania García, creadora de EDURESPETA, de la Educación Real♥ y Acompañamiento Emocional.

Gracias por tu trabajo, tu dedicación, tu sabiduría.

Se te quiere,

MAITE ALMAGRO (tu fiel discípula)

REGALO PARA TI POR TENER
QUIÉRETE MUCHO

Si envías una foto tuya junto al libro a la dirección de correo foto@edurespeta.com, obtendrás varios regalos exclusivos para continuar esta aventura.

Recuerda que puedes encontrarme en:

www.edurespeta.com

 edurespeta

tania_edurespeta

O consultarme cualquier duda que tengas en mi correo electrónico, tania@edurespeta.com.

Un gran abrazo y MUCHAS GRACIAS.

SIGUE APRENDIENDO CONMIGO

Si quieres seguir formándote en autoestima, puedes inscribirte a mi curso «Me quiero, se quieren», para el cual, tienes más del 80 por ciento de descuento por ser lector de este libro.

Un curso para aumentar la autoestima de tus hijos y la tuya, perfeccionando lo aprendido. Y disfrutando, además, de los siguientes regalos:

- El taller online «Di adiós a la culpa», puesto que el sentimiento de culpabilidad es uno de los que más nos invaden, sobre todo en la maternidad, y vale la pena trabajar en él para transformar nuestra autoestima y la de nuestros hijos e hijas.
- Esquemas explicativos de cada lección, para integrar mejor lo aprendido.
- Curso online «Aprender a hablar de la muerte a nuestros hijos e hijas», una formación reveladora con la que aprenderemos a utilizar la imaginación para fomentar la autoestima.

ÍNDICE

SEGUNDA PARTE
HERRAMIENTAS PARA MEJORAR LA AUTOESTIMA EN EL DÍA A DÍA

«Para viajar lejos no hay mejor nave que un libro».

EMILY DICKINSON

Gracias por tu lectura de este libro.

En **penguinlibros.club** encontrarás las mejores
recomendaciones de lectura.

Únete a nuestra comunidad y viaja con nosotros.

penguinlibros.club